全国高等职业教育财会类规划教材·工学结合项目化系列

财务会计项目化教程

（第2版）

U0837792

张流柱 主 编
马 健 肖小飞 副主编
银样军 主 审

電子工業出版社
Publishing House of Electronics Industry
北京·BEIJING

内 容 简 介

全书以湖南怡清源茶业有限公司为背景，以该公司的经济业务为主线将会计的工作任务整合为8个项目。每个项目均融入会计职业判断与业务操作所需的相关知识与技能，包括任务引入、任务分析、知识准备、任务实施和典型任务示例等内容。为了便于读者在学习的过程中达到学用结合，理论与实践的结合，每个项目还配备了具有代表性的实践训练。

本书可作为高等职业技术学院、高等专科学校、成人高等学校及本科院校的二级职业技术学院的会计专业的必修专业课教材，也可作为经济管理类专业的选修课教材，还可供各层次会计职称考试及会计、审计、财税、金融部门干部培训与自学之用。

图书在版编目（CIP）数据

财务会计项目化教程 / 张流柱主编. —2版. —北京：电子工业出版社，2018.2
ISBN 978-7-121-33625-6

Ⅰ. ①财… Ⅱ. ①张… Ⅲ. ①财务会计－高等学校－教材 Ⅳ. ①F234.4

中国版本图书馆CIP数据核字（2018）第021887号

策划编辑：贾瑞敏
责任编辑：贾瑞敏
印　　刷：三河市良远印务有限公司
装　　订：三河市良远印务有限公司
出版发行：电子工业出版社
　　　　　北京市海淀区万寿路173信箱　邮编 100036
开　　本：787×1 092　1/16　印张：17.5　字数：448千字
版　　次：2012年1月第1版
　　　　　2018年2月第2版
印　　次：2018年2月第1次印刷
印　　数：1 500册　　定价：43.00元

前　言

“财务会计”是会计专业的一门核心课程，是会计专业知识结构中的主体部分，既是会计知识体系的主体部分，又是会计工作最重要、最基本的内容。

本书以湖南省怡清源茶业有限公司为背景，将该公司会计岗位的工作任务整合成资金筹集岗位的会计核算、出纳岗位的会计核算、往来结算岗位的会计核算、工资和税费岗位的会计核算、存货岗位的会计核算、资产管理岗位的会计核算、主管岗位的会计核算和会计报表编制 8 个项目。每个项目均融入会计职业判断与业务操作所需的相关知识与技能，包括任务引入、任务分析、知识准备、任务实施和典型任务示例等内容。为了便于读者在学习的过程中实现理论与实践的结合，每个项目还配备了具有代表性的实践训练和综合练习。

本次修订的内容主要有以下几个方面：一是所有经济业务均按 2017 年 7 月 1 日修订后的税率和会计制度进行处理；二是为了便于读者在学习的过程中实现理论与实践的结合，每个项目在原有实践训练的基础上增加了综合训练，包括单项选择、多项选择和判断三种类型的客观题和少量的业务分析题。

本书的特点主要有以下两点：一是打破财务会计按会计要素顺序编排内容的传统，根据企业会计岗位的工作任务进行整合编排项目内容；二是教材的内容在考虑实际工作需要外，难度上以高职学生面临参加的助理会计师资格证的考试大纲为准，难易适当。

本书由张流柱担任主编，马健、肖小飞担任副主编。主编提出了详细的写作大纲，并对全书进行了总纂和审核，熊永红（湖南省怡清源茶业公司）提供企业经济业务案例。具体编写分工为：张流柱（长沙民政职业技术学院）编写项目五、项目六和项目八，马健（长沙民政职业技术学院）编写项目二和项目四，肖冰姝（长沙民政职业技术学院）编写项目三，肖小飞（湖南铁道职业技术学院）编写项目七，王峰（长沙民政职业技术学院）和熊永红（湖南怡清源茶业有限公司）编写项目一。

本书在编写过程中参考了大量的相关文献，在此，对文献的作者深表感谢！在编写过程中，还得到了有关领导和同行的大力帮助与支持，对书稿内容提出了宝贵的补充和修改意见，在此致以诚挚的谢意！

由于编者的社会实践和知识水平有限，加之编写时间仓促，书中错漏之处在所难免，诚请读者提出意见，以利今后修改和补充。

编　者

目　　录

项目一 资金筹集岗位的会计核算

任务一　接受投资的核算

学习目标

【知识目标】

- 熟悉实收资本（或股本）的管理规定，掌握实收资本账户（或股本）的账务处理流程和会计核算方法。
- 熟悉资本公积的来源及管理规定，掌握资本公积的账务处理流程和会计核算方法。

【技能目标】

能够对权益资金筹资的经济业务，进行熟练、准确的会计处理。

任务导入

近年来黑茶越来越受到消费者的青睐。2017 年 10 月，湖南怡清源茶业有限公司计划扩大生产规模。目前公司的注册资本为 5 000 万元，增资后注册资本达到 6 000 万元。经协商，与云南白溪茶叶有限公司和安化利源茶厂签订了投资协议，云南白溪茶叶有限公司投资 650 万元现金，占增资后注册资本 10%的份额；安化利源茶厂以其现有的厂房和设备投资入股，其厂房的原值为 140 万元，已折旧 80 万元，设备的原值为 160 万元，已折旧 40 万元，投资协议约定厂房的价值为 210 万元，设备的价值为 110 万元，占增资后注册资本 5%的份额（协议约定的资产价值与公允价值相符）。

要求：以湖南怡清源茶业有限公司会计的身份对接受的这些投资进行会计核算。

任务分析

为了准确核算湖南怡清源茶业有限公司接受投资的经济业务，会计人员需要参与或负责完成以下工作。

（1）聘请专业机构对安化利源茶厂准备投入的厂房和设备进行资产评估，取得资产评估报告原件。

（2）分别与云南白溪茶叶有限公司和安化利源茶厂签订投资协议，确定各自的投资额占公司注册资本的比例，完成增资相关手续。

（3）根据投资协议、银行进账通知、资产评估报告和厂房设备的其他单据进行会计核算。

知识准备

阅读材料：《企业会计准则》中的《基本准则》《存货》《固定资产》《无形资产》等准则，会计账户的相关规定。

一、一般企业的实收资本

一般企业是指除股份公司以外的企业。对一般企业接受的投资应设置“实收资本”账户进行核算，该账户属于所有者权益类账户。

（一）实收资本的概述

1. 实收资本的定义

一般企业的实收资本是指投资者按照企业章程、合同或协议的约定，实际投入企业的资本。

投资者向企业投入的资本，一般无须偿还，并可长期周转使用，是企业生产经营所必需的“本钱”。我国《民法通则》规定，设立企业法人必须要有必要的财产。《企业法人登记管理条例》也规定，企业申请开业，必须具备符合国家规定并与其生产经营和服务规模相适应的资金数额。

2. 实收资本的种类

按投资者不同，实收资本可分为国家资本金、法人资本金、个人资本金及外商资本金等。国家资本金是指有权代表国家投资的政府部门或机构以国有资产投入企业而形成的资本金；法人资本金是指企业法人和其他法人单位以其依法可以支配的资产投入企业而形成的资本金；个人资本金是指社会个人或企业内部职工以个人合法财产投入企业而形成的资本金；外商资本金是指外商投资者以其合法财产投入企业而形成的资本金。

3. 投资资产的种类

投资者可以用货币资金投资，也可以用实物投资，如固定资产、材料物资等，还可以用无形资产出资，如专利权、土地使用权等，但企业不得吸收已设立担保物资产和租赁资产的出资。我国《公司法》规定，对作为出资的实物、知识产权、非专利技术或土地使用权，必须进行评估作价。《公司法》还规定，全体股东的货币资金的出资额不得低于有限责任公司注册资本的30%。

4. 注册资本的变更

我国《企业法人登记管理条例》规定，企业的注册资本应当与实收资本相一致。我国实行注册资本制度，要求企业的实收资本与其注册资本相一致。企业实收资本比原注册资金数额增减超过20%时，应持资金使用证明或者验资证明，向原登记主管机关申请变更登记，如擅自改变注册资本或抽逃资金等，将要受到工商行政管理机关的处罚。

（二）“实收资本”的核算

1. “实收资本”账户

“实收资本”账户属于所有者权益类账户，贷方登记实际收到的投资额，借方登记按法定程序减少的资本额，期末余额在贷方表示投入资本的实有数，本账户应按投资人设置明细分类账，进行明细核算。一般企业增加资本主要有3条途径：接受投资者投资（包括追加投资）；资本公积转增资本和盈余公积转增资本；企业部分投资人撤资、企业解散或破产时实收资本会减少。

2. 接受投资的核算

当企业收到投资者以现金投入的资本时，应当以实际收到或者存入企业开户银行的金额借记“银行存款”账户，按投资者占被投资者注册资本中所占份额的部分作为“实收资本”入账，实际收到或者存入企业开户银行的金额超过其在该企业注册资本中所占份额的部分作“资本公积”处理。

当企业收到投资者以非现金资产投入的资本时，应按投资协议约定价值确定资产（“原材料”“固定资产”和“无形资产”等）的价值，按投资方在注册资本中享有的份额作为“实收资本”入账。对于投资各方确认的资产价值超过其在注册资本中所占份额的部分作“资本公积”处理。

3. 转增资本的核算

当企业将资本公积和盈余公积转增资本时，按原投资人的出资比例贷记“实收资本”各投资人的明细，借方登记转出的“资本公积”和“盈余公积”。

二、股份有限公司的股本

1. 股本的定义

股本是指股东在公司中享有的权益，等于股票的面值与股份数的乘积。股份有限公司的股本应等于其注册资本。

股份有限公司是指全部资本由等额股份构成并通过发行股票筹集资金，股东以其所持股份对公司承担有限责任，公司以其全部资产对公司债务承担责任的企业法人。与其他企业相比，其显著特点在于将企业的资本划分为等额股份，并通过发行股票的方式来筹集资本。

公司发行股票取得的收入与股本总额往往不一致：公司发行股票取得的收入大于股本总额的，称为溢价发行；小于股本总额的，称为折价发行；等于股本总额的，称为面值发行。我国不允许企业折价发行股票。

2. “股本”账户的核算

股份有限公司应设置“股本”账户，核算股东投入企业的股本情况——按普通股和优先股及股东单位或姓名分别设置明细账，进行明细核算，将核对的股本总额、股份总数、每股面值，在“股本”账户中作备查记录。

公司发行股票收到现金等资产时，应按实际收到的金额，借记“库存现金”“银行存款”等账户，按其面值和核对的股份总数的乘积计算的金额，贷记“股本”账户，超过面值发行取得的收入，其超过面值的部分，即为股本溢价，作为资本公积处理，贷记“资本公积”账户。

任务实施

根据任务描述，应编制如下会计分录。

（1）接受云南白溪茶叶有限公司出资的现金时：

借：银行存款　　6 500 000

　贷：实收资本——云南白溪茶叶有限公司　　6 000 000

　　　资本公积——资本溢价　　500 000

（2）接受安化利源茶厂投资的厂房和设备时：

借：固定资产——厂房　　2 100 000

　　　　　　——设备　　1 100 000

　贷：实收资本——安化利源茶厂　　3 000 000

　　　资本公积——资本溢价　　200 000

典型任务示例

【典型任务示例 1-1】

假如在上面任务中，湖南怡清源茶业有限公司收到安化利源茶厂投资的不是设备和厂房，而是原材料（绿茶毛茶）一批，该批原材料投资协议约定的价值（不含可抵扣的增值税进项税额部分）为 270 万元，安化利源茶厂已经开具增值税专用发票，增值税进项税额为 45.90 万元，占湖南省怡清源茶业有限公司增资后注册资本 5%的份额（协议约定的资产价值与公允价值相符）。

要求：以湖南怡清源茶业有限公司会计的身份对接受该项投资进行会计核算。

借：原材料——绿茶毛茶　　2 700 000

　　应交税费——应交增值税（进项税额）　　459 000

　贷：实收资本——安化利源茶厂　　3 000 000

　　　资本公积——资本溢价　　159 000

【典型任务示例 1-2】

假如在上例任务中，湖南怡清源茶业有限公司收到云南白溪茶叶有限公司投资的不是现金，而是一项非专利技术，并收到增值税专用发票，该项非专利技术投资合同约定的不含税价值为 620 万元，增值税税额为 37.2 万元，湖南怡清源茶业有限公司接受该非专利技术符合国家注册资本管理的相关规定。增资后云南白溪茶叶有限公司享有 10%的份额（协议约定的资产价值与公允价值相符）。

要求：以湖南怡清源茶业有限公司会计的身份对接受该项投资进行会计核算。

借：无形资产——非专利技术　　6 200 000
　　应交税费——应交增值税（进项税额）　　372000
　贷：实收资本——云南白溪茶叶有限公司　　6 000 000
　　　资本公积——资本溢价　　572 000

实践训练

【实践训练 1-1】

甲、乙、丙共同投资设立 A 有限责任公司，注册资本为 2 000 000 元，甲、乙、丙持股比例分别为 60%、25%和 15%。按照章程规定，甲、乙、丙投入资本分别为 1 200 000 元、500 000 元和 300 000 元。A 公司已如期收到各投资者一次缴足的款项。

要求：根据以上经济业务，编制会计分录。

【实践训练 1-2】

2017 年某一般企业的投资者决定扩大生产经营规模，经批准将注册资本扩充到 2 000 000 元。

（1）5 月 5 日，A 公司投入土地使用权，投资各方确认其价值为 260 000 元，投入资金占企业注册资本的 10%。

（2）5 月 10 日，C 公司投入现款 100 000 元，以增加其投资额。现款已存入银行，投入的资金占企业注册资本的 4%。

（3）5 月 15 日，B 公司以某项非专利技术作为投资，投资各方确认价值为 120 000 元。投入资金占注册资本的 5%。

要求：根据以上经济业务，编制会计分录。

任务二　借款的核算

学习目标

【知识目标】

理解短期借款和长期借款的含义，了解短期借款和长期借款的种类，掌握借款利息的计算方法及各类借款业务的具体核算方法。

【技能目标】

具备负责或者辅助企业进行银行融资业务的能力，具备借款取得、利息摊销和支付及借款归还业务的会计处理能力。

任务导入

湖南怡清源茶业有限公司因扩大生产规模和生产经营周转的需要，2017 年 9 月 20 日经研究决定向长沙交通银行星沙支行申请两笔借款。

（1）第一笔借款为满足生产经营周转需借入资金 50 万元，计划从 2017 年 10 月 1 日一次借入，2018 年 3 月 1 日到期一次归还，期限 5 个月。借款利息按季度支付，以设备作抵押，借款合同确定的年利率为 9.36%。

（2）第二笔借款为购建厂房需借入资金 200 万元，计划从 2017 年 11 月 1 日一次借入，2019 年 11 月 1 日利息随本金一次归还。以现有的一栋办公楼作抵押，借款合同确定的年利率为 9.6%。厂房估计在 2019 年 6 月 30 日达到预定可使用状态（不考虑借款费用）。

要求：以湖南怡清源茶业有限公司会计的身份对这两笔借款进行会计核算。

任务分析

为了准确核算湖南怡清源茶业有限公司取得借款的核算，会计人员需要参与或负责完成以下工作。

（1）提交申请银行借款所需的资料及财务报表。

（2）填写银行借款申请书，并提交银行审核，签订银行借款合同。

（3）根据银行放款通知进行会计核算。

知识准备

阅读材料：《企业会计准则第 18 号——借款费用》银行贷款的相关规定、会计账户的相关规定。

一、短期借款

（一）短期借款概述

1. 短期借款的定义

短期借款通常是指企业为了满足正常生产经营需要从银行或非银行的金融机构借入的期限在一年以内（含一年）的各种借款。

2. 短期借款的种类

企业的短期借款一般包括经营周转借款、临时借款、票据贴现借款及结算借款等。经营周转借款是指企业因流动资金不能满足正常生产经营需要，而从银行或其他金融机构取得的借款；临时借款是指企业因季节性和临时性等客观原因申请取得的借款；票据贴现借款是指持有银行承兑汇票或商业承兑汇票的企业，在发生经营周转困难时，申请票据贴现的借款，期限一般不超过 3 个月；结算借款是指企业在采用托收承付结算方式办理销售货款结算的情况下，为解决结算资产占用的资金的需要，在商品发出后至收到托收货款前以托收承付结算凭证为保证而借入的款项。

（二）“短期借款”的核算

1. “短期借款”账户

“短期借款”账户属于负债类账户，贷方登记增加额，即企业借入短期借款的本金；借方登记减少额，即企业偿还借款的本金；期末余额在贷方，表示企业尚未偿还借款的本金。本账户可按借款种类、币种及贷款人进行明细分类核算。

2. 借入短期借款的核算

当企业借入短期借款时，根据银行放款通知单，借记“银行存款”账户，贷记“短期借款”账户。

3. 短期借款利息的核算

短期借款利息属于筹资费用，根据权责发生制原则，企业应当在资产负债表日根据借款本金、借款利率及借款期限预提短期借款利息金额，借记“财务费用”账户，贷记“应付利息”账户；银行一般于每个季度末收取短期借款利息，企业在实际支付利息时，根据已预提的利息，借记“应付利息”账户，根据当期应计提的利息，借记“财务费用”账户，根据应付短期借款利息总额，贷记“银行存款”账户。

当短期借款的利息数额不大时，根据重要性原则，可以于实际支付时，或者收到银行的计息通知时，直接记入“财务费用”账户。

4. 偿还短期借款本金的核算

企业应当于短期借款到期日偿还短期借款本金，借记“短期借款”账户，贷记“银行存款”账户。

二、长期借款

（一）长期借款概述

1. 长期借款的定义

长期借款是指企业从银行或非银行的其他金融机构借入的期限在一年以上（不含一年）或超过一年的一个营业周期以上的各种借款。它具有信用期长，借款数额大等特点。

2. 长期借款的种类

长期借款按照用途不同可分为固定资产投资借款、更新改造借款、基建借款、技术改造借款、科技开发和新产品试制借款；按借款偿还方式可分为定期偿还借款和分期偿还借款；按借款的条件可分为担保借款、信用借款和抵押借款。

（二）“长期借款”的核算

1. “长期借款”账户

企业为了核算各种长期借款，需设置“长期借款”账户。“长期借款”账户属于负债类账户，贷方登记增加额，即借入长期借款的本金及利息的增加额；借方登记减少额，即归还长期借款的本金及利息的减少额；期末余额在贷方，表示企业尚未归还的长期借款的本金及利息。本账户可以按照贷款的种类和提供贷款的机构设置明细账，分别按“本金”“利息调整”等进行明细分类核算。

2. 借入长期借款的核算

当企业借入长期借款，应根据银行放款通知，按实际收到的金额，借记“银行存款”账户，贷记“长期借款——本金”账户。若有差额，应借记“长期借款——利息调整”账户。

3. 长期借款利息的核算

长期借款利息的计算目前有单利和复利两种方法。单利就是只按本金计算利息，其所生成利息不再加入本金重复计算利息。计算公式为：

借款本利和=本金+本金×利率×期数

复利是指不仅按本金计算利息，对尚未支付的利息也要计算应付利息，即俗称“利滚利”。

在西方国家，长期借款利息一般按复利计算。在我国，国内企业的长期借款利息一贯采用单利计算；外商投资企业、中外合营企业的长期借款利息则一般按复利计算。

长期借款的利息偿还有两种方式：一种是分期付息；另一种是利随本清，到期一次还本付息。分期付息的长期借款的利息通过“应付利息”账户核算；到期一次还本付息的长期借款的利息通过“长期借款——应计利息”账户核算。

长期借款利息费用应当在资产负债表日按照实际利率计算确定。实际利率与合同利率差异较小的，也可以采用合同利率计算利息费用。长期借款计算确定的利息费用，应当按以下原则计入有关成本、费用：属于筹建期间的，计入管理费用；属于生产经营期间的，计入财务费用；用于生产存货的，计入存货成本；用于无形资产研发的，计入研发成本；如果长期借款用于购建固定资产的，在固定资产尚未达到预定可使用状态前，所发生的应当资本化的利息支出数，计入在建工程成本；固定资产达到预定可使用状态后发生的利息支出，以及按规定不予资本化的利息支出，计入财务费用。长期借款按实际利率计算的金额，借记“在建工程”“制造费用”“财务费用”“研发支出”等账户；按合同利率计算确定的应付未付利息，贷记“应付利息”账户；按其差额贷记“长期借款——利息调整”账户。

4. 偿还长期借款的核算

企业应当于长期借款到期日偿还长期借款本金，借记“长期借款”账户，贷记“银行存款”账户。按应归还的利息，借记“应付利息”账户，贷记“银行存款”账户。同时存在利息调整余额的，借记或贷记“在建工程”“制造费用”“财务费用”“研发支出”等账户，贷记或借记“长期借款——利息调整”账户。

任务实施

根据任务描述，对第一笔借款应编制如下会计分录。

（1）2017 年 10 月 1 日，收到银行放款通知单时：

借：银行存款　　　　500 000

　贷：短期借款——交通银行星沙支行　　　　500 000

（2）2017 年 10 月 31 日，预提本月短期借款利息。

本月应计提的利息金额=500 000×9.36%÷12×1 = 3 900（元）

借：财务费用　　　　3 900

　贷：应付利息　　　　3 900

（3）2017 年 11 月 30 日，预提本月短期借款利息。

本月应计提的利息金额=500 000×9.36%÷12×1 = 3 900（元）

借：财务费用　　　　3 900

　贷：应付利息　　　　3 900

（4）2017 年 12 月 31 日，支付本季度利息。

借：财务费用　　　　3 900

　　应付利息　　　　7 800
　贷：银行存款　　　　11 700

（5）2018 年 1 月、2 月每月末预提利息的会计处理同上。

（6）2018 年 3 月 1 日，短期借款到期，企业用银行存款归还短期借款本金及 1、2 月份预提的利息。

借：短期借款——交通银行星沙支行　　　　500 000
　　应付利息　　　　7 800
　贷：银行存款　　　　507 800

根据任务描述，对第二笔借款应编制如下会计分录。

（1）2017 年 11 月 1 日，收到银行放款通知单时：

借：银行存款　　　　2 000 000
　贷：长期借款——本金　　　　2 000 000

（2）因为 2019 年 6 月 30 日，厂房达到预定可使用状态，所以 2017 年 11 月 1 日～2019 年 6 月 30 日期间的借款利息计入“在建工程”，分年度核算。

2017 年 12 月 31 日，预提 2017 年的长期借款利息。

应计提的利息金额=2 000 000×9.6%÷12×2 = 32 000（元）

借：在建工程　　　　32 000
　贷：长期借款——应计利息　　　　32 000

（3）2018 年 12 月 31 日，计提 2018 年长期借款利息。

应计提的利息金额=2 000 000×9.6% = 192 000（元）

借：在建工程　　　　192 000
　贷：长期借款——应计利息　　　　192 000

（4）2019 年 6 月 30 日，预提 2019 年 1 月至 6 月的长期借款利息。

应计提的利息金额=2 000 000×9.6%÷12×6 = 96 000（元）

借：在建工程　　　　96 000
　贷：长期借款——应计利息　　　　96 000

（5）2019 年 7 月～11 月每月末计提借款利息。

因为 2019 年 6 月 30 日，厂房达到预定可使用状态，那么 2019 年 7 月 1 日～2017 年 11 月 1 日的利息就不能再计入工程的成本而应该计入财务费用。

每月应计提的利息金额=2 000 000×9.6%÷12 = 16 000（元）

借：财务费用　　　　16 000
　贷：长期借款——应计利息　　　　16 000

（6）2019 年 11 月 1 日，归还长期借款本金及利息。

借：长期借款——本金　　　　2 000 000
　　　　　　——应计利息　　　　384 000
　贷：银行存款　　　　2 384 000

典型任务示例

【典型任务示例 1-3】

湖南怡清源茶业有限公司 2017 年 10 月 12 日，因临时性需要从工商银行长沙金鹏支行取得一笔金额为 20 万元，期限为 2 个月的借款。借款年利率为 4.86%，利息随本金一次归还。

要求：以湖南怡清源茶业有限公司会计的身份对该临时借款进行会计核算。

应计利息=200 000×4.86%÷12×2 = 1 620（元）

利息金额不大的情况下，可在归还时直接计入财务费用，不用预提。

（1）取得借款时，根据银行放款通知单编制会计分录。

借：银行存款　　200 000

　贷：短期借款——工商银行长沙金鹏支行　　200 000

（2）归还借款时，根据支付凭证编制会计分录。

借：短期借款——工商银行长沙金鹏支行　　200 000

　　财务费用　　1 620

　贷：银行存款　　201 620

【典型任务示例 1-4】

湖南怡清源茶业有限公司 2017 年 1 月 2 日因购建生产线向交通银行北大桥支行申请借入资金 100 万元，期限 2 年，每年 1 月 1 日支付上年利息，到期归还本金。借款合同确定的年利率为 9.48%。生产线建设工程期限 1 年，于 2017 年年底生产线达到预定可使用状态。（不考虑借款手续费用）

要求：以湖南怡清源茶业有限公司会计的身份对该长期借款进行会计核算。

编制如下会计分录。

（1）2017 年 1 月 12 日，收到银行放款通知单时：

借：银行存款　　1 000 000

　贷：长期借款——本金　　1 000 000

（2）2017 年 12 月 31 日，计提 2017 年长期借款利息。

应计提的利息金额=1 000 000×9.48% = 94 800（元）

借：在建工程　　94 800

　贷：应付利息　　94 800

（3）2018 年 1 月 1 日支付 2017 年的长期借款利息。

借：应付利息　　94 800

　贷：银行存款　　94 800

（4）2018 年 1 月～12 月每月末计提长期借款利息。

应计提的利息金额=1 000 000×9.48%÷12 = 7 900（元）

借：财务费用　　7 900
　贷：应付利息　　7 900

（5）2019 年 1 月 1 日支付 2018 年的长期借款利息。

借：应付利息　　94 800
　贷：银行存款　　94 800

（6）2019 年 1 月 2 日，归还借款本金。

借：长期借款——本金　　1 000 000
　贷：银行存款　　1 000 000

实践训练

【实践训练 1-3】

红星公司 2017 年 7 月 1 日从银行借入资金 1 000 万元，年利率为 8%，期限为 3 年，每半年付息一次，到期还本。企业所筹资金用于建造厂房，该工程于 2018 年年底完工。

要求： 编制借入资金、计提利息、每年 6 月 30 日付息、到期还本的会计分录。

任务三　发行债券的核算

学习目标

【知识目标】

理解应付债券的含义，掌握应付债券利息调整的摊销方法及各类应付债券业务的具体核算方法。

【技能目标】

具备负责或辅助企业采用债券筹资的能力，并能对各类应付债券业务做出正确的会计处理。

任务导入

为了调整资本结构，湖南怡清源茶业有限公司向相关部门申请发行长期债券募集资金，其中一部分用来归还长期借款，另一部分用来补充生产流动资金。2017 年 12 月，湖南怡清源茶业有限公司债券发行的申请获得批准，与长沙光大证券公司正式签订承销协议，拟发行面值总额为 500 万元，三年期年利率为 6.3%一次还本付息的债券。债券的发行价格等于面值（不考虑债券发行费用）。

要求： 以湖南怡清源茶业有限公司会计的身份对此次发行债券进行会计核算。

任务分析

为了准确对湖南怡清源茶业有限公司发行的债券进行核算，会计人员需要参与或负责完成以下工作。

（1）发行债券的申请获批后，公告募集办法。

（2）与债券经销商洽谈，签订正式的债券承销协议。

（3）应当设置“企业债券备查簿”。

（4）收到债券款并进行会计处理。

知识准备

阅读材料：《企业会计准则第 18 号——借款费用》、发行债券的相关规定、《企业债券管理条例》和会计账户的相关规定。

一、应付债券概述

应付债券是企业为了筹集长期资金，依照法定程序对外发行，约定在一定期间内还本付息的有价证券。债券的发行价格，即投资者购买债券时支付的价格，一般取决于债券票面金额、债券票面利率、发行时的市场利率以及债券期限的长短。债券的发行价格通常有 3 种形式：平价、溢价和折价。债券以面值价格发行，称为平价发行；债券以高于面值的价格发行，称为溢价发行；债券以低于面值的价格发行，称为折价发行。

二、“应付债券”的核算

1. “应付债券”账户

为了核算企业发行的债券，应设置“应付债券”总分类账户。该账户属于负债类账户，贷方登记应付债券的面值及利息，借方登记归还债券的面值及利息，期末贷方余额表示企业尚未偿还的长期债券的面值及利息。该总分类账户有 3 个明细账户：“面值”“利息调整”“应计利息”。它们用于分别核算债券的发行、计提利息、溢折价的摊销及还本付息等情况。此外，企业还应当设置“企业债券备查簿”。

2. 发行债券的核算

企业发行债券时，按照实际收到的金额，借记“银行存款”等账户；按债券的票面金额，贷记“应付债券——面值”账户。两者若有差额，借记或贷记“应付债券——利息调整”账户。

3. 债券利息的核算

债券的利息有两种支付形式：一种是分期付息，到期还本；一种是到期一次还本付息。企业发行的长期债券，应在资产负债表日计提利息的同时摊销债券的溢折价。

对于分期付息、到期还本的债券，在资产负债表日按照摊余成本和实际利率计算确定的债券利息费用，借记“在建工程”“财务费用”“制造费用”“研发支出”等账户；按照票面金额和票面利率确定的应付而未付的利息，贷记“应付利息”账户。若有差额，借记或贷记“应付债券——利息调整”账户。支付利息时，借记“应付利息”账户，贷记“银行存款”账户。

对于一次还本付息的债券，在资产负债表日按照摊余成本和实际利率计算确定的债券利息费用，借记“在建工程”“财务费用”“制造费用”“研发支出”等账户；按照票面金额和票面利率确定的应付而未付的利息，贷记“应付债券——应计利息”账户。若有差额，借记或贷记“应付债券——利息调整”账户。

4. 到期偿还债券的核算

对于分期付息，一次还本的债券，在债券到期时，应偿还债券本金，借记“应付债券——面值”账户，贷记“银行存款”账户。

对于一次还本付息的债券，在债券到期时，应偿还债券的本金及利息，借记“应付债券——面值”“应付债券——应计利息”账户，贷记“银行存款”账户。

任务实施

根据任务描述，应编制如下会计分录。

（1）收到债券款。

借：银行存款　　5 000 000

　贷：应付债券——面值　　5 000 000

（2）资产负债表日，每月末计提债券利息。

应计提的债券利息=5 000 000×6.3%÷12 = 26 250（元）

借：财务费用　　26 250

　贷：应付债券——应计利息　　26 250

（3）债券到期，偿还债券本金及利息。

借：应付债券——面值　　5 000 000

　　　　　——应计利息　　945 000

　贷：银行存款　　5 945 000

典型任务示例

【典型任务示例 1-5】

湖南怡清源茶业有限公司 2017 年建立新厂区，需要筹集资金 400 万元。新厂区工程建设期为 2 年，经研究决定采用发行债券的方式来筹集该笔资金。拟发行三年期，面值总额为 400 万元的长期债券——债券的票面利率为 6%，每月末计提利息，年初支付上年利息，到期还本，按面值发行，不考虑债券发行的费用。发行日期为 2016 年 1 月 2 日。

要求：以湖南怡清源茶业有限公司会计的身份对此次发行的债券进行会计核算。

应编制如下会计分录。

（1）收到债券款。

借：银行存款　　4 000 000

　贷：应付债券——面值　　4 000 000

（2）2017 年每月末，计提债券利息。

应计提的债券利息=4 000 000×6% ÷12= 20 000（元）

借：在建工程　　20 000

　贷：应付利息　　20 000

（3）2018 年年初支付上年利息。

借：应付利息　　240 000

　贷：银行存款　　240 000

（4）2018 年每月末计提债券利息。

应计提的债券利息=4 000 000×6%÷12 = 20 000（元）

借：在建工程　　20 000

　贷：应付利息　　20 000

（5）2019 年年初支付利息。

借：应付利息　　240 000

　贷：银行存款　　240 000

（6）2019 年每月末计提债券利息。

应计提的债券利息=4 000 000×6%÷12 = 20 000（元）

工程已经在 2018 年年末达到预定可使用状态，所以 2019 年的利息不应予以资本化，应该记入“财务费用”账户。

借：财务费用　　20 000

　贷：应付利息　　20 000

（7）2020 年年初支付利息和债券本金。

借：应付利息　　240 000

　　应付债券——面值　　4 000 000

贷：银行存款　　　　　　　　　　　　　　　　　　4 240 000

实践训练

【实践训练 1-6】

2017 年 1 月 1 日，创维有限公司经批准发行五年期一次还本分期付息的公司债券 60 000 000 元。债券利息在每年 12 月 31 日支付，票面利率为年利率 6%。

要求：编制该债券发行、计提利息、到期还本付息的会计分录。

综合训练

一、单项选择题

1．企业接受非现金资产投资时，应按（　　）（其不公允的除外）确定非现金资产价值和在注册资本中应享有的份额。

A．投资合同约定的价值　　B．被投资方确定的价值

C．投资方非现金资产的账面价值　　D．投资方确定的价值

2．甲、乙公司均为增值税一般纳税人，适用的增值税税率为 17%，甲公司接受乙公司投资转入的原材料一批，账面价值 100 000 元，投资协议约定的价值 120 000 元，假定投资协议约定的价值与公允价值相符，该项投资没有产生资本溢价。甲公司实收资本应增加（　　）元。

A．100 000　　B．117 000　　C．120 000　　D．140 400

3．企业实收资本比原注册资本数额增减超过（　　）时，应持相关文件，向原登记主管机关申请变更登记？

A．10%　　B．20%　　C．30%　　D．40%

4．下列各项经济业务中，会引起公司股东权益增减变动的有（　　）。

A．用资本公积转增资本　　B．向投资者分配股票股利

C．向投资者宣告分配现金股利　　D．用盈余公积弥补亏损

5．A 公司为建造一厂房，于 2016 年 12 月 1 日向银行借入五年期借款 2 000 万元，年利率为 6%。2017 年 1 月 1 日开始建造该项固定资产，并发生支出 1 000 万元，2017 年 4 月 1 日又发生支出 1 000 万元。2017 年 7 月 1 日又为该厂房建设发行期限为三年，面值为 1 000 万元，年利率为 9%，到期一次还本付息的债券，发行价为 1 000 万元。同日又发生支出 600 万元。2017 年 10 月 1 日发生支出为 400 万元。该固定资产于 2017 年 12 月 31 日完工交付使用。假定 A 公司利息资本化金额按年计算，A 公司该项工程应予资本化的借款费用金额为（　　）万元。

A．120　　B．160　　C．165　　D．0

6．甲公司为建造固定资产于 2017 年 1 月 1 日借入三年期、年利率为 7%的专门借款 3 600

万元。此外，甲公司在建造固定资产过程中，还占用了 11 月 1 日借入的一年期、年利率为 6% 的一般借款 1 800 万元。甲公司无其他借款。该工程于当年 1 月 1 日开始建造，至 10 月末累计发生工程支出 3 200 万元，11 月 1 日发生工程支出 1 600 万元，12 月 1 日发生工程支出 600 万元，年末工程尚未完工。甲公司 2011 年一般借款利息资本化的金额为（　　）万元。

A. 16　　B. 15　　C. 16.5　　D. 2.5

7. 关于短期借款，下面说法不正确的是（　　）。

A. 短期借款的期限一定在一年（含一年）以下

B. “短期借款”账户借方登记归还的短期借款

C. 短期借款的利息一律记入“财务费用”账户

D. 短期借款的利息一定要预提

8. “短期借款”账户期初贷方余额为 1 000 元，本期贷方发生额为 5 000 元。本期借方发生额为 3 000 元，该账户期末余额为（　　）。

A. 借方 1 000 元　　B. 借方 3 000 元　　C. 贷方 1 000 元　　D. 贷方 3 000 元

9. 企业“长期借款”账户的贷方不登记（　　）。

A. 长期借款的汇兑收益

B. 借入的长期借款的本金

C. 借入的到期一次还本付息的长期借款的利息

D. 长期借款的汇兑损失

10. 某企业期初资产总额为 468 000 元，负债总额为 210 000 元，以银行存款归还长期借款企业的所有者权益是（　　）。

A. 358 000 元　　B. 258 000 元　　C. 158 000 元　　D. 410 000 元

二、多项选择题

1. 企业减少实收资本应按法定程序报经批准，一般发生在企业（　　）而需要减资的情况下。

A. 资本过剩　　B. 发生重大亏损　　C. 投资者要求　　D. 盈利

2. 关于实收资本下列说法中正确的是（　　）。

A. 实收资本就是投资者投入的资本

B. 实收资本是企业所有者权益中的主要部分

C. 企业的实收资本应按实际投资数额入账

D. 企业生产经营中的收益不得直接增加投入资本，但提取的盈余公积，经批准可以转增资本金

3. 下列属于企业实收资本增加途径的有（　　）。

A. 接受投资者投资　　B. 经批准用盈余公积转赠资本

C. 经批准用资本公积转赠资本　　D. 接受现金捐赠

E. 将债务转为资本

4. 企业的留存收益包括（　　）。

A．实收资本　　B．资本公积　　C．盈余公积　　D．未分配利润

5．长期借款计息所涉及的账户有（　　）。

A．管理费用　　B．财务费用　　C．在建工程　　D．应付利息

6．关于短期借款的利息处理方法，下列说法正确的有（　　）。

A．采用预提方法，分期计入财务费用　　B．一次记入财务费用

C．一次记入短期借款　　D．采用预提方法分期计入短期借款

7．对购建固定资产而专门借入的款项，所发生的利息可以计入（　　）。

A．固定资产成本　　B．财务费用　　C．销售费用　　D．制造费用

8．某企业 2017 年 1 月 31 日从银行取得期限为 3 个月，金额 30 000 元的短期借款。年利率为 4%。下列关于该短期借款账务处理正确的有（　　）。（假设按月计提利息）

A．借：短期借款　　30 300

　　贷：银行存款　　30 300

B．借：财务费用　　100

　　贷：应付利息　　100

C．借：财务费用　　100

　　贷：短期借款　　100

D．借：短期借款　　30 000

　　　　应付利息　　200

　　　　财务费用　　100

　　贷：银行存款　　30 300

9．某公司 1 月 2 日从银行借入期限为半年，年利率为 6%的借款 1 000 000 元，每月月末计提当月应负担的借款利息；假定合同约定为到期还本付息；7 月 1 日期满，如期归还。编制的以下相关会计分录中，正确的有（　　）。

A．借：短期借款　　1 000 000

　　贷：银行存款　　1 000 000

B．借：应付利息　　30 000

　　贷：银行存款　　30 000

C．借：财务费用　　5 000

　　贷：应付利息　　5 000

D．借：银行存款　　1 000 000

　　贷：短期借款　　1 000 000

10．长期借款所发生的利息支出，可能借记的科目有（　　）。

A．制造费用　　B．财务费用　　C．在建工程　　D．管理费用

三、判断题

1．实收资本即投资者实际投入企业的资本金。（　　）

2．“实收资本”账户是资产类账户，用以核算企业固定资产的增减变动情况。（　　）

3. 所有企业核算接受投资者投入的资本金设置的会计科目都是“实收资本”。（　　）

4. 实收资本与资本公积都是所有者共同享有的投入资本，实收资本是投入资本，而资本公积，不是投入产生的，而是后天累积的。（　　）

5. 实收资本代表一个企业的实力，是创办企业的“本钱”，反映企业所有者投入企业的外部资金来源。（　　）

6. 为购建固定资产而借入的专门借款的利息应全部计入固定资产的成本。（　　）

7. 为了及时、如实反映款项的借入和偿还情况，企业应设置“短期借款”科目。该科目贷方登记取得借款的本金数额，借方登记偿还借款的本金数额。（　　）

8. 长期借款是为了满足生产经营周期资金不足临时需要而借入的款项。（　　）

9. 企业的借款通常按照其流动性或偿还时间的长短，划分为短期借款和长期借款。（　　）

10. 期限在一年以上（包括一年）的各种借款为长期借款。（　　）

四、业务题

1. 甲公司由投资者 A 和 B 共同出资成立，其中 A 以货币出资 40 万元，B 出资 16.6 万元，已如期将款项缴足存入银行。另外，B 以一台不需安装的机器设备作为资本投入，该设备原价为 26 万元，已提折旧 4.5 万元，合同约定该设备的价值为 20 万元，增值税进项税额为 3.4 万元（假设不允许抵扣），A、B 各占甲公司 50%的股份。经营两年后，有新投资者 C 要求加入甲公司，公司决定吸收 C 加入，并将注册资本增加到 120 万元，C 应缴资本 40 万元，占甲公司 20%的股份，甲公司已收到该现金投资存入银行。

要求：根据以上资料编写会计分录。

2. 创维股份有限公司委托中信证券公司发行普通股 1 000 万股，每股面值 1 元，发行价格为 5 元，与证券公司约定，支付佣金及手续费 100 万元，并从发行收入中扣除，收到的股款已存入银行。

要求：根据以上资料编写会计分录。

3. 湖南省怡清源茶叶有限公司 2017 年 6 月 30 日，“短期借款”账户贷方余额 20 000 元，利率为 6%，“应付利息”账户余额为 400 元（全部为该借款所产生的利息）。

（1）7 月 1 日，从银行借入为期 3 个月的短期借款 80 000 元，利率 4.8%。

（2）8 月 31 日，以银行存款归还短期借款 20 000 元及其利息。

（3）10 月 1 日，以银行存款归还短期借款本息 80 960 元。

要求：根据上述经济业务编制各月预提借款利息，以及还本付息的会计分录。

4. 湖南省怡清源茶叶有限公司 2017 年 1 月 1 日向银行专门借入资金 2 000 万元全部用于购建新型生产设备，年利率为 6%，借款期限为 3 年，付息时间为每年年末，本金于期满后一次性偿还。工程于 2017 年 9 月底完工，工程验收后交付使用。

要求：根据上述资料编制借入资金、工程完工计息、2017 年末支付利息、2018 年每月末计算应付利息、到期归还本金和最后一年支付利息的会计分录。

项目二 出纳岗位的会计核算

任务一　库存现金的核算

学习目标

【知识目标】

理解库存现金的含义，熟悉库存现金的管理制度，掌握库存现金各类业务的会计处理方法。

【技能目标】

遵守现金管理制度，能够正确填写现金收支的各类凭证、编制记账凭证并登记日记账；配合其他会计人员做好现金清查，并做出正确的会计处理。

任务导入

2017 年 6 月 1 日，湖南怡清源茶业有限公司开出现金支票一张，从银行提取现金 3 000 元。6 月 2 日，采购员张立新出差借支 2 000 元，以现金支付。6 月 19 日，采购员张立新出差归来，报销差旅费 1 880 元，退回现金 120 元。6 月 19 日，以现金支付办公室接待客户费用 520 元。6 月 22 日，以现金支付职工王丹困难补助费 500 元。

要求：以湖南怡清源茶业有限公司出纳的身份对这些业务进行会计核算。

任务分析

为了准确核算湖南怡清源茶业有限公司的库存现金，出纳需要完成以下工作。

（1）填制与现金收支有关的原始凭证。

（2）按照《现金管理暂行条例》，依据审核后的合法收支凭证办理现金收付业务，同时在收付款原始凭证上加盖“现金收讫”“现金付讫”印章。

（3）根据收款凭证、付款凭证登记现金日记账。

（4）保管好现金，确保资金安全。

知识准备

阅读材料：《企业会计准则——基本准则》、会计账户的相关规定、《现金管理暂行条例》《内部会计控制规范——货币资金（试行）》等。

出纳岗位会计核算的内容主要是现金收付和银行存款、有价证券的结算及有关账务。具体核算内容包括营业款的收取、往来账的结算、费用的报销、工资的发放及与现金、银行存款相关的其他收支业务；现金日记账、银行日记账的登记与核对；现金、空白支票、收付款凭证的管理；与各相关主管会计对账、出具相关报表等。

出纳是企业货币资金的第一经管人。货币资金是指企业生产经营过程中处于货币形态的资产，包括库存现金、银行存款和其他货币资金。

一、现金管理制度

根据国务院发布的《现金管理暂行条例》的规定，现金管理制度主要包括以下内容。

（一）现金的使用范围

企业可用现金支付的款项有以下几种。

（1）职工工资、津贴。

（2）个人劳务报酬。

（3）根据国家规定颁发给个人的科学技术、文化艺术、体育等各种奖金。

（4）各种劳保、福利费用及国家规定的对个人的其他支出。

（5）向个人收购农副产品和其他物资的款项。

（6）出差人员必须随身携带的差旅费。

（7）结算起点（1 000 元人民币）以下的零星支出。

（8）中国人民银行确定需要支付现金的其他支出。

除上述情况可以用现金支付外，其他款项的支付应通过银行转账结算。

（二）现金的限额

现金的限额是指为了保证企业日常零星开支的需要，允许单位留存现金的最高数额。这一限额由开户银行根据单位的实际需要核定，一般按照单位 3～5 天日常零星开支的需要确定；边远地区和交通不便地区开户单位的库存现金限额，可按多于 5 天但不超过 15 天的日常零星开支的需要确定。核定后的现金限额，开户单位必须严格遵守，超过部分应于当日终了前存入银行。需要增加或减少现金限额的单位，应向开户银行提出申请，由开户银行核定。

（三）现金收支的规定

企业收入现金应于当日送存开户银行，当日送存确有困难的，由开户银行确定送存时间；企业支付现金，可以从本单位库存现金中支付或从开户银行提取，不得从本单位的现金收入中直接支付，即不得“坐支”现金，因特殊情况需要坐支现金的单位，应事先报经开户银行审批，并在核定的范围和限额内进行，同时，收支的现金必须入账。企业从开户银行提取现金时，应如实写明提取现金的用途，由本单位财会部门负责人签字盖章，并经开户银行审查批准后予以支付。

按照《现金管理暂行条例》及其实施细则的规定，现金管理应遵守以下“八不准”原则。

（1）不准用不符合国家统一会计制度的凭证顶替库存现金，即不得以“白条顶库”。

（2）不准单位之间互相借用现金。

（3）不准谎报用途套取现金。

（4）不准用银行账户代其他单位和个人存入或支取现金。

（5）不准用单位收入的现金以个人名义存入储蓄。

（6）不准保留账外公款，即不得“公款私存”，不得设置“小金库”。

（7）不准发行变相货币。

（8）不准以任何票券代替人民币在市场上流通。

银行对于违反上述规定的单位，将按照违规金额的一定比例予以处罚。

（四）现金的内部控制

现金流动性最强，最容易被挪用或侵占，为保证现金的安全、完整，必须建立、健全现金的内部控制制度。现金的内部控制包括现金收入的内部控制、现金支出的内部控制和库存现金的内部控制。

1. 现金收入的内部控制

（1）对收据和发票的数量和编号进行控制并定期进行核对。

（2）签发收款凭证与收款的职责分开。

（3）所有现金收入都必须开具收款收据。

（4）开出收据的存根与已入账的收据联按编号进行核对注销，作废的收据应贴在存根上，以便核查。

2. 现金支出的内部控制

（1）建立现金支出审批制度，并按现金管理制度和结算制度的要求办理现金支出业务。

（2）出纳、记账不得由同一人担任。

（3）签发支票和现金的支付，应由两个人分别签章。

（4）付款业务必须有原始凭证，经主管人员和会计人员审核同意后，出纳方可付款。

（5）付款后的付款凭证加盖“现金付讫”戳记并定期装订成册，由专人保管。

3. 库存现金的内部控制

（1）遵守核定的库存限额，超过限额的现金及时送存银行。

（2）不得用不符合财务制度的凭证抵充库存现金。

（3）现金日记账应根据收付凭证逐笔序时登记，每日终了结出余额，同现金库存数相核对，如有不符，及时查明原因并予以处理。

（4）内部审计或稽核人员对库存现金定期核查，也可根据需要随时抽查。

二、现金的核算

为了总括地反映企业库存现金的收入、支出和结存情况，企业应当设置“库存现金”账户，借方登记现金的增加，贷方登记现金的减少，期末余额在借方，反映企业实际持有的库存现金的金额。企业内部各部门周转使用的备用金，可以单独设置“备用金”账户进行核算。

企业应当设置现金总账和现金日记账，分别进行企业库存现金的总分类核算和明细分类核算。

现金日记账由出纳人员根据收付款凭证，按照业务发生顺序逐笔登记。每日终了，应当在现金日记账上计算出当日的现金收入合计额、现金支出合计额和结余额，并将现金日记账的账面结余额与实际库存现金额相核对，保证账款相符；月度终了，现金日记账的余额应当与现金总账的余额核对，做到账账相符。

三、现金的清查

企业应当按规定进行现金的清查。一般采用实地盘点法，对于清查的结果应当编制“现金盘点报告单”。如果有挪用现金、白条顶库的情况，应及时予以纠正；对于超限额留存的现金应及时送存银行。如果账款不符，发现的有待查明原因的现金短缺或溢余，应先通过“待处理财产损溢”账户核算。

（一）库存现金短缺的账务处理

（1）清查中发现现金短缺时，按实际短缺金额，借记“待处理财产损溢——待处理流动资产损溢”账户，贷记“库存现金”账户。

（2）查明原因后，属于应由责任人赔偿的部分，借记“其他应收款——应收库存现金短缺款（××个人）”或“库存现金”账户，贷记“待处理财产损溢——待处理流动资产损溢”账户。

（3）属于应由保险公司赔偿的部分，借记“其他应收款——应收保险赔款”账户，贷记“待处理财产损溢——待处理流动资产损溢”账户。

（4）属于无法查明的其他原因，按管理权限报经批准后，借记“管理费用”账户，贷记“待处理财产损溢——待处理流动资产损溢”账户。

（二）库存现金溢余的账务处理

（1）清查中发现现金溢余时，应按溢余金额，借记“库存现金”账户，贷记“待处理财产损溢——待处理流动资产损溢”账户。

（2）查明原因后，属于应支付给有关人员或单位的，应借记“待处理财产损溢——待处理流动资产损溢”账户，贷记“其他应付款——应付现金溢余（××单位或个人）”账户。

（3）属于无法查明原因的，经批准后，借记“待处理财产损溢——待处理流动资产损溢”账户，贷记“营业外收入”账户。

任务实施

根据任务描述，应编制如下会计分录，并及时登记现金日记账。

（1）6月1日，开出现金支票一张，从银行提取现金3 000元时：

借：库存现金　　3 000

　贷：银行存款　　3 000

（2）6月2日，采购员张立新出差借支2 000元，以现金支付时：

借：其他应收款——张立新　　2 000

　贷：库存现金　　2 000

（3）6月9日，采购员张立新出差归来，报销差旅费1 880元，退回现金120元时：

借：库存现金　　120

　　管理费用　　1 880

　贷：其他应收款——张立新　　2 000

（4）6月19日，以现金支付办公室接待客户费用520元时：

借：管理费用　　520

　贷：库存现金　　520

（5）6月22日，以现金支付职工王丹困难补助费500元时：

借：应付职工薪酬——职工福利　　500

　贷：库存现金　　500

典型任务示例

【典型任务示例2-1】

（1）6月1日，从银行提取30 000元备发工资。

（2）6月2日，实际发放职工工资30 000元。

（3）6月5日，购买办公用品共计600元，以现金支付。

（4）6月30日，盘点库存现金，发现短缺100元，尚待查明原因。

要求：针对上述经济业务，编制会计分录。

（1）针对上述经济业务（1），编制如下会计分录。

借：库存现金　　30 000

　贷：银行存款　　30 000

（2）针对上述经济业务（2），编制如下会计分录。

借：应付职工薪酬——工资　　30 000

　贷：库存现金　　30 000

（3）针对上述经济业务（3），编制如下会计分录。

借：管理费用　　600

　贷：库存现金　　600

（4）针对上述经济业务（4），编制如下会计分录。

借：待处理财产损溢——待处理流动资产损溢　　100

　贷：库存现金　　100

任务二　银行存款的核算

学习目标

【知识目标】

了解银行存款账户的分类，理解银行存款的含义，熟悉银行存款的管理制度，掌握银行存款业务的核算方法。

【技能目标】

作为单位的出纳，能遵守银行存款结算制度，妥善保管支票、银行印鉴卡及相关印章；能够正确填写收付款凭证、编制记账凭证并登记银行存款日记账，正确编制银行存款余额调节表。

任务导入

2017 年 6 月 1 日，湖南怡清源茶业有限公司与长沙银行湘银支行签订一项三年期的借款合同。当天办妥手续，从银行取得 1 000 000 元的借款用于生产经营，年利率 6%。利息于每月末计算，每年末支付，本金到期归还，收到银行进账通知。6 月 4 日，收到银行进账通知，通程商业公司前欠货款 936 000 元已到账。6 月 8 日，开出现金支票一张用于购买办公用品一批，计 3 000 元，直接分发给各个职能部门。6 月 30 日，银行存款日记账的余额为 5 400 000 元，银行转来对账单的余额 8 300 000 元。经逐笔核对，发现以下未达账项。

（1）企业送存转账支票 6 000 000 元，并已登记银行存款增加，但银行尚未记账。

（2）企业开出转账支票 4 500 000 元，但持票单位尚未到银行办理转账，银行尚未记账。

（3）企业委托银行代收红星公司购货款 4 800 000 元，银行已收妥并登记入账，但企业尚未收到收款通知，尚未记账。

（4）银行代企业支付电话费 400 000 元，银行已登记企业银行存款减少，但企业未收到银行付款通知，尚未记账。

要求：以湖南怡清源茶业有限公司出纳的身份对这些业务进行会计核算。

任务分析

为了准确核算湖南怡清源茶业有限公司的银行存款，出纳需要完成以下工作。

（1）办理各种银行结算业务，购买空白结算凭证。

（2）保管空白支票，专设登记簿进行登记，规范签发支票。

（3）根据收款凭证、付款凭证登记银行存款日记账。

（4）妥善保管银行印鉴卡和相关印章，确保资金安全。

（5）定期到银行领取银行对账单，与银行存款日记账核对，并编制银行存款余额调节表，对企业可支配的银行存款做到心中有数。

知识准备

阅读材料：《企业会计准则——基本准则》、会计账户的相关规定、《支付结算办法》《内部会计控制规范——货币资金（试行）》等。

银行存款是指企业存入银行或其他金融机构的各种款项。企业办理各项经济业务，除按规定使用现金外，大部分通过银行办理转账结算。企业应当根据业务需要，按照规定在其所在地银行开设账户，运用所开设的账户，进行存款、取款及各种收支转账业务的结算。转账结算方式包括支票、银行本票、银行汇票、商业汇票、信用卡、汇兑、托收承付、委托收款等。银行存款的收付应严格执行银行结算制度的规定。

一、银行存款开户的有关规定

银行存款账户分为基本存款账户、一般存款账户、临时存款账户和专用存款账户。企业工资、奖金等现金的支取，只能通过基本存款账户办理。一般存款账户是企业在基本存款账户以外的银行借款转存、与基本存款账户的企业不在同一地点的附属非独立核算单位的账户。本账户可办理转账结算和现金缴存，但不能办理现金支取。临时存款账户是企业因临时经营活动需要开立的账户，可办理转账结算和按现金管理规定办理现金收付。专用存款账户是企业因特定用途需要开立的账户。企业只能选择一家银行的一个营业机构开立一个基本存款账户，不得在多家银行机构开立基本存款账户，也不得在同一银行的几个分支机构开立一般存款账户。

二、银行结算制度

中国人民银行于 1997 年 9 月 19 日颁布《支付结算办法》，规定如下。

（1）单位和个人办理支付结算，不准签发没有资金保证的票据或远期支票，套取银行信用。

（2）不准签发、取得和转让没有真实交易和债权债务的票据，套取银行和他人的资金。

（3）不准无理由拒绝付款，任意占用他人资金。

（4）不准违反规定开立和使用账户。

三、银行存款的核算

银行存款核算业务包括存入现金或通过银行收入款项、提取现金或通过银行付出款项。企业应当设置“银行存款”账户，核算银行存款的增加、减少和结余金额。“银行存款”账户的借方登记银行存款的增加额；贷方登记银行存款的减少额；余额在借方，表示银行存款的结余额。

企业应当设置银行存款总账和银行存款日记账，分别进行银行存款的总分类核算和明细分类核算。“银行存款日记账”可按开户银行和其他金融机构、存款种类等设置，根据收付款凭证，按照业务的发生顺序逐笔登记。每日终了，应结出余额。

“银行存款日记账”应定期与“银行对账单”核对，至少每月核对一次。企业银行存款日记账账面余额与银行对账单余额之间如有差额，应编制“银行存款余额调节表”调节相符，如没有记账错误，调节后的双方余额应相等。银行存款余额调节表只是为了核对账目，并不能作为调整银行存款账面余额的记账依据。企业银行存款账面余额与银行对账单余额之间不一致的原因是因为存在未达账项。发生未达账项的具体情况有 4 种：一是企业已收款入账，银行尚未收款入账；二是企业已付款入账，银行尚未付款入账；三是银行已收款入账，企业尚未收款入账；四是银行已付款入账，企业尚未付款入账。

任务实施

根据任务描述，应编制如下会计分录，并及时登记银行存款日记账。

（1）6 月 1 日，从银行取得 1 000 000 元的借款用于生产经营，收到银行进账通知时：

借：银行存款　　　　1 000 000

　贷：长期借款　　　　1 000 000

（2）6 月 4 日，收到银行进账通知，通程商业公司前欠货款 936 000 元已到账时：

借：银行存款　　　　936 000

　贷：应收账款——通程商业公司　　　　936 000

（3）6 月 8 日，开出现金支票购买办公用品一批，计 3 000 元时：

借：管理费用　　　　3 000

贷：银行存款　　3 000

（4）6月30日，编制银行存款余额调节表如表2.1所示。

表2.1　银行存款余额调节表

2017年6月30日　　单位：元

项　目	金　额	项　目	金　额
企业银行存款日记账余额	5 400 000	银行对账单余额	8 300 000
加：银行已收、企业未收款	4 800 000	加：企业已收、银行未付款	6 000 000
减：银行已付、企业未付款	400 000	减：企业已付、银行未付款	4 500 000
调节后的存款余额	9 800 000	调节后的存款余额	9 800 000

典型任务示例

【典型任务示例2-2】

2017年6月8日，公司收到银行付款通知，支付上月的自来水费53 000元，电费117 000元（均系生产部门耗费）。

要求：编制会计分录。

编制会计分录如下。

借：制造费用　　170 000

　贷：银行存款　　170 000

【典型任务示例2-3】

2017年6月12日，用银行存款支付省电视台广告费，取得增值税专用发票列明价款200 000元，税款12 000元。

要求：编制会计分录。

编制会计分录如下。

借：销售费用　　200 000

　　应交税费——应交增值税（进项税额）　　12 000

　贷：银行存款　　212 000

【典型任务示例2-4】

2017年6月17日，向长沙银行湘银支行销售黑玫瑰茶叶2件，含税单价为5 850元，款项存入银行。

要求：编制会计分录。

编制会计分录如下。

借：银行存款　　11 700

　贷：主营业务收入——黑玫瑰茶叶　　10 000

应交税费——应交增值税（销项税额）　　1 700

实践训练

【实践训练 2-1】

2017 年 6 月 31 日，公司收到银行送达的账单。当日银行存款日记账余额为 160 000 元，银行对账单余额为 106 000 元。经核对，有下列未达账项：银行已收企业未收的款项 90 000 元；银行已付企业未付的款项 50 000 元；企业已收银行未收的款项 164 000 元；企业已付银行未付的款项 70 000 元。

要求：根据以上资料编制银行存款余额调节表。

任务三　其他货币资金的核算

学习目标

【知识目标】

理解其他货币资金的内容，掌握其他货币资金业务的核算方法。

【技能目标】

遵守银行结算制度，妥善保管各类凭证、有价证券及相关印鉴卡等；正确办理各类结算业务，并能根据业务凭证编制记账凭证，登记账簿。

任务导入

2017 年 6 月 15 日，湖南怡清源茶业有限公司向银行提出申请，开立银行汇票一张用于采购毛茶，金额 450 000 元，另银行扣取汇票手续费 50 元。6 月 16 日，从外地一加工企业购进毛茶一批，价款 360 000 元，其中包含增值税税额 46 800 元，以银行汇票进行结算。毛茶验收入库，收到增值税专用发票，余款收到银行进账通知单一张。

要求：以湖南怡清源茶业有限公司出纳的身份对这些业务进行会计核算。

任务分析

为了准确核算湖南怡清源茶业有限公司的其他货币资金，出纳需要完成以下工作。

（1）购买空白结算凭证并妥善保管。

（2）按照《银行结算办法》办理结算业务。

（3）根据收款凭证、付款凭证登记其他货币资金明细账。

（4）保管有价证券和相关印鉴，确保资金安全。

知识准备

阅读材料：《企业会计准则——基本准则》、会计账户的相关规定、《银行结算办法》《内部会计控制规范——货币资金（试行）》等。

一、其他货币资金的内容

其他货币资金是指企业除库存现金、银行存款以外的各种货币资金，主要包括银行汇票存款、银行本票存款、信用卡存款、信用证保证金存款、外埠存款等。

（1）银行汇票存款。银行汇票是指由出票银行签发的，由其在见票时按照实际结算金额无条件支付给收款人或者持票人的票据。银行汇票的出票银行为银行汇票的付款人。单位和个人各种款项的结算，均可使用银行汇票。银行汇票可以用于转账，填明“现金”字样的银行汇票也可以用于支取现金。

（2）银行本票存款。银行本票是指由银行签发的，承诺自己在见票时无条件支付确定的金额给收款人或持票人的票据。单位和个人在同一票据交换区域需要支付的各种款项，均可使用银行本票。银行本票可以用于转账，注明“现金”字样的银行本票也可以用于支取现金。

（3）信用卡存款。信用卡存款是指企业为取得信用卡而存入银行信用卡专户的款项。信用卡是银行卡的一种。信用卡按使用对象分为单位卡和个人卡；按信用等级分为金卡和普通卡；按是否向发卡银行交存备用金分为贷记卡和准贷记卡。

（4）信用证保证金存款。信用证保证金存款是指采用信用证结算方式的企业为开具信用证而存入银行信用证保证金专户的款项。企业向银行申请开立信用证，应按规定向银行提交开证申请书、信用证申请人承诺书和购销合同。

（5）外埠存款。外埠存款是指企业为了到外地进行临时或零星采购，而汇往采购地银行开立采购专户的款项。该账户的存款不计利息、只付不收、付完清户，除了采购人员可从中提取少量现金外，一律采用转账结算。

二、其他货币资金的核算方法

为了反映和监督其他货币资金的收支和结存情况，企业应当设置“其他货币资金”账户，借方登记其他货币资金的增加数；贷方登记其他货币资金的减少数；期末余额在借方，反映企业实际持有的其他货币资金。本账户应按其他货币资金的种类设置明细账户。

1. 银行汇票存款

汇款单位（即申请人）使用银行汇票，应向出票银行填写“银行汇票申请书”，填明收款人名称、汇票金额、申请人名称、申请日期等事项并签章——签章为其预留银行的签章。出票银行受理银行汇票申请书，收妥款项后签发银行汇票，并用压数机压印出票金额，将银行汇票和解讫通知一并交给申请人。申请人应将银行汇票和解讫通知一并交付给汇票上记明的收款人。收款人受理申请人交付的银行汇票时，应在出票金额以内，根据实际需要的款项办理结算，并将实际结算的金额和多余金额，准确、清晰地填入银行汇票和解讫通知的有关栏内，到银行办理款项入账手续。收款人可以将银行汇票背书转让给被背书人。银行汇票的背书转让以不超过出票金额的实际结算金额为准。未填写实际结算金额或实际结算金额超过出票金额的银行汇票，不得背书转让。银行汇票的提示付款期限为自出票日起一个月，持票人超过付款期限提示付款的，银行将不予受理。持票人向银行提示付款时，必须同时提交银行汇票和解讫通知，缺少任何一联，银行不予受理。

银行汇票丧失，失票人可以凭人民法院出具的其享有票据权利的证明，向出票银行请求付款或退款。

企业填写"银行汇票申请书"，将款项交存银行时，借记"其他货币资金——银行汇票"账户，贷记"银行存款"账户；企业持银行汇票购货、收到有关发票账单时，借记"材料采购"或"原材料""库存商品""应交税费——应交增值税（进项税额）"等账户，贷记"其他货币资金——银行汇票"账户；采购完毕收回剩余款项时，借记"银行存款"账户，贷记"其他货币资金——银行汇票"账户。企业收到银行汇票、填制进账单到开户银行办理款项入账手续时，根据进账单及销货发票等，借记"银行存款"账户，贷记"主营业务收入""应交税费——应交增值税（销项税额）"等账户。

2. 银行本票存款

银行本票分为不定额本票和定额本票两种。定额本票面额为 1 000 元、5 000 元、10 000 元和 50 000 元。银行本票的提示付款期限自出票日起最长不得超过两个月。在有效付款期内，银行见票付款。持票人超过付款期限提示付款的，银行不予受理。

申请人使用银行本票，应向银行填写"银行本票申请书"。申请人或收款人为单位的，不得申请签发现金银行本票。出票银行受理银行本票申请书，收妥款项后签发银行本票，在本票上签章后交给申请人。申请人应将银行本票交付给本票上记明的收款人。收款人可以将银行本票背书转让给被背书人。

申请人因银行本票超过提示付款期限或其他原因要求退款的，应将银行本票提交到出票银行并出具单位证明。出票银行对于在本行开立存款账户的申请人，只能将款项转入原申请人账户；对于现金银行本票和未到本行开立存款账户的申请人，才能退付现金。

银行本票丧失，失票人可以凭人民法院出具的其享有票据权利的证明，向出票银行请求付款或退款。

企业填写"银行本票申请书"，将款项交存银行时，借记"其他货币资金——银行本票"账户，贷记"银行存款"账户；企业持银行本票购货、收到有关发票账单时，借记"材料采购"或"原材料""库存商品""应交税费——应交增值税（进项税额）"等账户，贷记"其他货币资金——银行本票"账户。企业收到银行本票、填制进账单到开户银行办理款项入账手续时，根据进账单及销货发票等，借记"银行存款"账户，贷记"主营业务收入""应交税费——应交增值税（销项税额）”等账户。

3. 信用卡存款

凡在中国境内金融机构开立基本存款账户的单位可申领单位卡。单位卡可申领若干张，持卡人资格由申领单位法定代表人或其委托的代理人书面指定和注销。单位卡账户的资金一律从其基本存款账户转账存入，不得交存现金，不得将销货收入的款项存入其账户。持卡人可持信用卡在特约单位购物、消费，但单位卡不得用于 10 万元以上的商品交易、劳务供应款项的结算，不得支取现金。特约单位在每日营业终了，应将当日受理的信用卡签购单汇总，计算手续费和净计金额，并填写汇（总）计单和进账单，连同签购单一并送交收单银行办理进账。

信用卡按是否向发卡银行交存备用金分为贷记卡、准贷记卡两类。贷记卡是指发卡银行给予持卡人一定的信用额度，持卡人可在信用额度内先消费后还款的信用卡；准贷记卡是指持卡人须先按发卡银行要求交存一定金额的备用金，当备用金账户余额不足支付时，可在发卡银行规定的信用额度内透支的信用卡。

准贷记卡的透支期限最长为 60 天，贷记卡的首月最低还款额不得低于其当月透支余额的 10%。

企业应填制“信用卡申请表”，连同支票和有关资料一并送存发卡银行，根据银行盖章退回的进账单第一联，借记“其他货币资金——信用卡”账户，贷记“银行存款”账户；企业用信用卡购物或支付有关费用，收到开户银行转来的信用卡存款的付款凭证及所附发票账单，借记“管理费用”等账户，贷记“其他货币资金——信用卡”账户；企业信用卡在使用过程中，需要向其账户续存资金的，借记“其他货币资金——信用卡”账户，贷记“银行存款”账户；企业持卡人如不需要继续使用信用卡时，应持信用卡主动到发卡银行办理销户——销卡时，单位卡账户余额转入企业基本存款户，不得提取现金，借记“银行存款”账户，贷记“其他货币资金——信用卡”账户。

4. 信用证保证金存款

企业填写“信用证申请书”，将信用证保证金交存银行时，应根据银行盖章退回的“信用证申请书”回单，借记“其他货币资金——信用证保证金”账户，贷记“银行存款”账户。企业接到开证行通知，根据供货单位信用证结算凭证及所附发票账单，借记“材料采购”或“原材料”“库存商品”“应交税费——应交增值税（进项税额）”等账户，贷记“其他货币资金——信用证保证金”账户；将未用完的信用证保证金存款余额转回开户银行时，借记“银行存款”账户，贷记“其他货币资金——信用证保证金”账户。

5. 存出投资款

企业向证券公司划出资金时，应按实际划出的金额，借记“其他货币资金——存出投资款”账户，贷记“银行存款”账户；购买股票、债券等时，借记“交易性金融资产”等账户，贷记“其他货币资金——存出投资款”账户。

6. 外埠存款

企业将款项汇往外地时，应填写汇款委托书，委托开户银行办理汇款。汇入地银行以汇款单位名义开立临时采购账户，该账户的存款不计利息、只付不收、付完清户，除了采购人员可从中提取少量现金外，一律采用转账结算。企业将款项汇往外地开立采购专用账户时，根据汇出款项凭证，编制付款凭证，进行账务处理，借记“其他货币资金——外埠存款”账户，贷记“银行存款”账户；收到采购人员转来供应单位发票账单等报销凭证时，借记“材料采购”或“原材料”“库存商品”“应交税费——应交增值税（进项税额）”等账户，贷记“其他货币资金——外埠存款”账户；采购完毕收回剩余款项时，根据银行的收账通知，借记“银行存款”账户，贷记“其他货币资金——外埠存款”账户。

任务实施

根据任务描述，应编制如下会计分录，并及时登记其他货币资金明细账。

（1）6 月 15 日，向银行提出申请，开出银行汇票一张用于采购毛茶，金额为 450 000 元，另外银行扣取汇票手续费 50 元时：

借：其他货币资金——银行汇票　　450 000
　贷：银行存款　　450 000
借：财务费用　　50
　贷：银行存款　　50

（2）6 月 16 日，向外地一加工企业购进毛茶一批，价款为 360 000 元，增值税税额 46 800 元，用银行汇票进行结算，毛茶验收入库，收到增值税专用发票，余款收到银行进账通知单一张时：

借：原材料　　313 200
　　应交税费——应交增值税（进项税额）　　46 800
　　银行存款　　90 000
　贷：其他货币资金——银行汇票　　450 000

典型任务示例

【典型任务示例 2-5】

湖南怡清源茶业有限公司 2017 年 6 月 9 日通过银行汇款 100 000 元在杭州开立采购专户，由采购员张立新负责相关事宜。

要求：编制会计分录。

借：其他货币资金——外埠存款　　100 000
　贷：银行存款　　100 000

【典型任务示例 2-6】

6 月 15 日，采购员张立新交来茶叶采购账单，向茶农收购茶叶支付货款 80 000 元，其中包含增值税税额 10 400 元。余款转回收到银行进账通知单。

要求：编制会计分录。

借：原材料　　69 600
　　应交税费——应交增值税（进项税额）　　10 400
　贷：其他货币资金——外埠存款　　80 000
借：银行存款　　20 000
　贷：其他货币资金——外埠存款　　20 000

【典型任务示例 2-7】

6 月 12 日，湖南怡清源茶业有限公司将 30 000 元存入信用卡，6 月 18 日，企业用信用卡支付业务招待费 6 000 元。

要求：编制会计分录。

借：其他货币资金——信用卡存款　　30 000
　贷：银行存款　　30 000
借：管理费用　　6 000
　贷：其他货币资金——信用卡存款　　6 000

【典型任务示例 2-8】

湖南怡清源茶业有限公司 6 月 25 日向湘财证券公司存入资金 200 000 元。

要求：编制会计分录。

借：其他货币资金——存出投资款　　200 000
　贷：银行存款　　200 000

任务四　交易性金融资产的核算

学习目标

【知识目标】

理解交易性金融资产的含义及相应会计账户的核算范围，掌握交易性金融资产的取得、持有及处置的核算方法。

【技能目标】

具备一般证券业务常识及处理能力，能够对交易性金融资产业务进行正确的会计处理。

任务导入

2017 年 12 月 30 日，购入三一公司发行的公司债券。该笔债券于 2016 年 5 月 1 日发行，面值 250 万元，票面利率 4%，债券利息按年支付。甲公司将其划分为交易性金融资产，支付价款 255 万元，另支付交易费用 3 万元。2017 年 5 月 3 日，甲公司收到债券利息 10 万元。2017 年 6 月 30 日，该笔债券的市价为 256 万元。2017 年 7 月 15 日，公司出售了该笔债券，售价为 256.5 万元。

2017 年 6 月 4 日，湖南怡清源茶业有限公司通过湘财证券公司购买股票 10 000 股作为交易性金融资产，其公允价值 100 000 元，另支付相关交易费用 300 元。6 月 30 日，将股票全部出售，收到出售价款 128 000 元。

要求：以湖南怡清源茶业有限公司会计人员的身份对这些业务进行会计核算。

任务分析

为了准确核算湖南怡清源茶业有限公司的交易性金融资产，会计人员需要完成以下工作。

（1）交易性金融资产的初始确认。

（2）进行交易性金融资产的初始计量及其相关的账务处理。

（3）进行交易性金融资产的后续计量及其相关的账务处理。

（4）交易性金融资产的处置及其相关的账务处理。

（5）保护交易性金融资产的安全与完整。

知识准备

阅读材料：《企业会计准则第 22 号——金融工具的确认和计量》、会计账户的相关规定等。

一、交易性金融资产概述

交易性金融资产主要是指企业为了近期内出售而持有的金融资产，如企业以赚取差价为目的从二级市场购入的股票、债券、基金等。

交易性金融资产核算应设置的会计账户如下。

1. “交易性金融资产”账户

“交易性金融资产”账户核算企业为交易目的所持有的债券投资、股票投资、基金投资等交易性金融资产的公允价值。企业持有的直接指定为以公允价值计量且其变动计入当期损益的金融资产也在“交易性金融资产”账户核算。“交易性金融资产”账户的借方登记交易性金融资产的取得成本、资产负债表日其公允价值高于账面余额的差额等；贷方登记资产负债表日其公允价值低于账面余额的差额，以及企业出售交易性金融资产时结转的成本和公允价值变动损益。企业应当按照交易性金融资产的类别和品种，分别设置“成本”“公允价值变动”等明细账户进行核算。

2. “公允价值变动损益”账户

“公允价值变动损益”账户核算企业交易性金融资产等公允价值变动而形成的应计入当期损益的利得或损失。借方登记资产负债表日企业持有的交易性金融资产等的公允价值低于账面余额的差额；贷方登记资产负债表日企业持有的交易性金融资产等的公允价值高于账面余额的差额。

3. “投资收益”账户

“投资收益”账户核算企业持有交易性金融资产等期间取得的投资收益及处置交易性金融资产等实现的投资收益或投资损失。借方登记企业出售交易性金融资产等发生的投资损失；贷方登记企业出售交易性金融资产等实现的投资收益。

二、交易性金融资产的初始计量及其账务处理

企业取得交易性金融资产时，应当按照该金融资产取得时的公允价值作为其初始确认金额，记入“交易性金融资产——成本”账户。取得交易性金融资产所支付价款中包含了已宣告但尚未发放的现金股利或已到付息期但尚未领取的债券利息的，应当单独确认为应收项目，记入“应收股利”或“应收利息”账户。

取得交易性金融资产所发生的相关交易费用应当在发生时计入投资收益。交易费用是指可直接归属于购买、发行或处置金融工具新增的外部费用，包括支付给代理机构、咨询公司、券商等的手续费和佣金及其他必要支出。

三、交易性金融资产的后续计量及其账务处理

企业持有交易性金融资产期间，对于被投资单位宣告发放的现金股利或企业在资产负债表日按分期付息、一次还本债券投资的票面利率计算的利息收入，应当确认为应收项目，记入“应收股利”或“应收利息”账户，并计入投资收益。

在资产负债表日，交易性金融资产应当按照公允价值计量。公允价值与账面余额之间的差额计入当期损益。企业应当在资产负债表日按照交易性金融资产公允价值与其账面余额的差额，借记或贷记“交易性金融资产——公允价值变动”账户，贷记或借记“公允价值变动损益”账户。

四、交易性金融资产处置的核算

出售交易性金融资产时，应当将该金融资产出售时的公允价值与其初始入账金额之间的差额确认为投资收益，同时调整公允价值变动损益。

企业应按实际收到的金额，借记“银行存款”等账户；按该金融资产的账面余额，贷记“交易性金融资产”账户；按其差额，贷记或借记“投资收益”账户。同时，将原计入该金融资产的公允价值变动转出，借记或贷记“公允价值变动损益”账户，贷记或借记“投资收益”账户。

任务实施

根据任务描述，应编制如下会计分录，并及时登记交易性金融资产明细账。

1. 债券投资

（1）2016 年 12 月 30 日，购入三一公司发行的公司债券时：

借：交易性金融资产——成本　　2 550 000

　　投资收益　　30 000

　贷：银行存款　　2 580 000

（2）2017 年 5 月 1 日，确认公司债券利息收入时：

借：应收利息　　100 000

　贷：投资收益　　100 000

（3）2017 年 5 月 3 日，收到公司债券利息时：

借：银行存款　　100 000

　贷：应收利息　　100 000

（4）2017 年 6 月 30 日，该笔债券的市价为 256 万元时：

借：交易性金融资产——公允价值变动　　10 000

　贷：公允价值变动损益　　10 000

（5）2017 年 7 月 15 日，出售债券时：

借：银行存款　　2 565 000

　贷：交易性金融资产——成本　　2 550 000

　　　　　　　　　——公允价值变动　　10 000

　　　投资收益　　5 000

同时，

借：公允价值变动损益　　10 000

　贷：投资收益　　10 000

2. 股票投资

（1）6 月 4 日，购买股票时：

借：交易性金融资产——成本　　100 000

　贷：其他货币资金——存出投资款　　100 000

（2）支付相关交易费用时：

借：投资收益　　300

　贷：其他货币资金——存出投资款　　300

（3）6 月 30 日，将股票全部出售，收到价款 128 000 元时：

借：其他货币资金——存出投资款　　128 000

　贷：交易性金融资产——成本　　100 000

投资收益　　28 000

（4）将存入证券公司的资金转回时：

借：银行存款　　128 000

　贷：其他货币资金——存出投资款　　128 000

典型任务示例

【典型任务示例 2-9】

2017 年 4 月 5 日，湖南怡清源茶业有限公司委托某证券公司购入股票 10 万股——每股价格 10 元（含已宣告但尚未发放的现金股利 0.5 元），作为交易性金融资产，发生相关交易费用 2 000 元。5 月 8 日，收到现金股利 5 万元。6 月 30 日，股票价格为每股 9.2 元。10 月 23 日，将股票全部抛售，每股售价 15 元。

要求：编制会计分录。

（1）4 月 5 日，购买股票时：

借：交易性金融资产——成本　　950 000

　　应收股利　　50 000

　贷：其他货币资金——存出投资款　　1 000 000

同时，

借：投资收益　　2 000

　贷：其他货币资金——存出投资款　　2 000

（2）5 月 8 日，收到现金股利时：

借：其他货币资金——存出投资款　　50 000

　贷：应收股利　　50 000

（3）6 月 30 日，确认股价变动时：

借：公允价值变动损益　　30 000

　贷：交易性金融资产——公允价值变动　　30 000

（4）10 月 23 日，售出股票时：

借：其他货币资金——存出投资款　　1 500 000

　　交易性金融资产——公允价值变动　　30 000

　贷：交易性金融资产——成本　　950 000

　　　投资收益　　580 000

同时，

借：投资收益　　30 000

　贷：公允价值变动损益　　30 000

将资金转出时，

借：银行存款　　1 500 000

贷：其他货币资金——存出投资款　　　　1 500 000

实践训练

【实践训练 2-2】

湖南通程商业集团公司 2017 年 3 月 15 日以银行存款购入中国水利水电建设股份有限公司股票 80 000 股作为交易性金融资产投资，每股市价 5 元，其中包括已宣告发放但尚未领取的现金股利每股为 0.2 元，另支付相关费用 2 500 元。2017 年 3 月 31 日，中国水利水电建设股份有限公司股票每股为 4.8 元。2017 年 4 月 15 日，收到中国水利水电建设股份有限公司现金股利 16 000 元。2017 年 4 月 30 日中国水利水电建设股份有限公司股票每股为 4.5 元。湖南通程商业集团公司于 2017 年 5 月 10 日将上述股票全部转让，取得转让收入 370 000 元。

要求：编制湖南通程商业集团公司上述有关业务的会计分录。

综合训练

一、单项选择题

1. 采购人员预借差旅费，以库存现金支付，应借记（　　）账户核算。

A. 库存现金　　B. 管理费用　　C. 其他应收款　　D. 其他应付款

2. 当发现无法查明原因的库存现金溢余时，经批准后，贷记（　　）账户。

A. 待处理财产损益　　B. 营业外收入　　C. 其他应收款　　D. 管理费用

3. 被审计单位某银行账户的银行对账单余额为 1 585 000 元，在检查该账户银行存款余额调节表时，注册会计师注意到以下事项：在途存款 100 000 元，未提现支票 50 000 元，未入账的银行存款利息收入 35 000 元，未入账的银行代扣水电费 25 000 元。假设不考虑其他因素，注册会计师审计后确认的该银行存款账户余额应是（　　）。

A. 1 535 000　　B. 1 575 000　　C. 1 595 000　　D. 1 635 000

4. 下列各项中，不通过“其他货币资金”科目核算的是（　　）。

A. 银行本票存款　　B. 信用证保证金存款

C. 外币存款　　D. 外埠存款

5. 企业存入证券公司 20 万元银行存款，准备购买债券作为企业的交易性金融资产，但是尚未进行交易，则应该借记的科目为（　　）。

A. 银行存款　　B. 其他应收款　　C. 其他货币资金　　D. 交易性金融资产

6. 企业将款项委托开户银行汇往采购地银行，开立采购专户时，应借记的科目是（　　）。

A.“银行存款”科目　　B.“材料采购”科目

C.“其他货币资金”科目　　D.“其他应收款”科目

7. 企业在进行现金清查时，查出现金溢余，并将溢余数记入“待处理财产损溢”科目。

后经进一步核查，无法查明原因，经批准后，对该现金溢余正确的会计处理方法是（　　）。

A. 将其从“待处理财产损溢”科目转入“管理费用”科目

B. 将其从“待处理财产损溢”科目转入“营业外收入”科目

C. 将其从“待处理财产损溢”科目转入“其他应付款”科目

D. 将其从“待处理财产损溢”科目转入“其他应收款”科目

8. 企业在交易性金融资产持有期间所取得的现金股利，应贷记（　　）科目。

A. 公允价值变动损益　　B. 投资收益

C. 交易性金融资产　　D. 短期投资

9. 2017 年 2 月 2 日，甲公司支付 830 万元取得一项股权投资作为交易性金融资产核算，支付价款中包括已宣告尚未领取的现金股利 20 万元，另支付交易费用 5 万元。甲公司该项交易性金融资产的入账价值为（　　）万元。

A. 810　　B. 815　　C. 830　　D. 835

10. 甲公司于 2017 年 5 月 20 日从证券市场购入 A 公司股票 60 000 股，划分为交易性金融资产，每股购买价 8 元（其中包含已宣告发放尚未领取的现金股利 0.5 元），另外支付印花税及佣金 5 000 元。2017 年 12 月 31 日，甲公司持有的该股票的市价总额（公允价值）为 510 000 元。2017 年 2 月 10 日，甲公司出售 A 公司股票 60 000 股，收入现金 540 000 元。甲公司出售该项金融资产时应确认的投资收益为（　　）元。

A. 30 000　　B. 60 000　　C. 85 000　　D. 90 000

二、多项选择题

1. 现金清查后，按照管理权限报经批准后，分别根据以下情况处理（　　）。

A. 如为现金短缺，属于应由责任人赔偿或保险公司赔偿的部分，计入其他应收款

B. 无法查明原因的现金短缺，计入管理费用

C. 如为现金溢余，属于应支付给有关人员或单位的，计入其他应付款

D. 属于无法查明原因的现金溢余，计入营业外收入

2. 根据内部控制制度的要求，会计人员（非出纳人员）可以经办的是（　　）。

A. 债权、债务类账目的登记　　B. 库存现金管理业务

C. 库存现金收付业务　　D. 会计档案保管

3. 银行存款的清查应根据（　　）进行核对。

A. 银行存款余额调节表　　B. 银行存款总分类账

C. 银行存款日记账　　D. 银行对账单

4. 下列存款中，不在“银行存款”科目核算的有（　　）。

A. 存入其他金融机构的存款　　B. 银行本票存款

C. 银行汇票存款　　D. 信用卡存款

5. 下列项目中，不通过“其他货币资金”科目核算的有（　　）。

A. 银行汇票存款

B. 不能提前支取的定期存款

C．信用证保证金存款

D．企业存放在证券公司客户保证金账户中的余款

E．外币贷款抵押存款

6．下列各项中，企业应确认为企业其他货币资金的有（　　）。

A．销售商品而收到的银行承兑汇票　　B．为购买股票向证券公司划出的资金

C．汇往外地建立临时采购专户的资金　　D．持有的 3 个月内到期的债券投资

7．下列项目中，不能用现金支付的项目是（　　）。

A．向职工个人发放奖金 5 000 元　　B．偿还前欠 M 公司购货款 10 000 元

C．张山出差借支差旅费 1 200 元　　D．购买设备一台，价款 20 000 元

8．交易性金融资产的借方登记（　　）。

A．交易性金融资产的取得成本

B．资产负债表日其公允价值高于账面余额的差额

C．资产负债表日其公允价值低于账面余额的差额

D．企业出售交易性金融资产时结转的成本

9．下列项目中，不应计入交易性金融资产取得成本的是（　　）。

A．支付的购买价格

B．支付的相关税金

C．支付的手续费

D．支付价格中包含的已宣告但尚未领取的现金股利

10．“交易性金融资产”科目，核算作为交易目的而持有的（　　）。

A．股票投资　　B．债券投资　　C．基金投资

D．衍生金融资产　　E．衍生金融负债

三、判断题

1．企业银行存款账面余额与银行对账单余额因未达账项存在差额时，应按照银行存款余额调节表调整银行存款日记账。（　　）

2．实行定额备用金制度的企业，其“其他应收款——备用金”账户的余额应随有关部门报销金额的增加而减少。（　　）

3．企事业单位在需要库存现金开支时，可以从本单位的库存现金中支付，也可以从本单位的库存现金收入中直接支付。（　　）

4．商业汇票属于“应收票据”，不属于“其他货币资金”。（　　）

5．未达账款是指企业与银行之间由于凭证传递上的时间差，一方已登记入账而另一方尚未入账的账项。（　　）

6．企业在初始确认时将某项金融资产划分为以公允价值计量且其变动计入当期损益的金融资产后，视情况变化可以将其重分类为其他类金融资产。（　　）

7．企业为取得交易性金融资产发生的交易费用应计入交易性金融资产初始确认金额。（　　）

8．根据企业会计准则的划分，直接指定为以公允价值计量且其变动计入当期损益的金融资产不属于交易性金融资产，但通过“交易性金融资产”科目核算。（　　）

9．企业作为交易性金融资产持有的股票投资，在持有期间对于被投资单位宣告发放的现金股利，应在实际收到被投资单位发放的现金股利时确认应收项目，并计入当期投资收益。（　　）

10．资产负债表日，交易性金融资产应当按照公允价值计量，公允价值与账面余额之间的差额计入当期损益。（　　）

四、业务题

1．华盛公司 2017 年 7 月 31 日银行存款日记账的余额为 27 000 元，而银行对账单上的存款余额是 28 180 元，经逐笔核对后，发现有以下未达账项：

（1）华盛公司 7 月 30 日存入转账支票 5 000 元，但银行因内部手续尚未办妥，还未入账。

（2）华盛公司 7 月 30 日开出的一张转账支票 4 000 元和一张现金支票 280 元，由于持票人尚未到银行办理转账及取款手续，故银行尚未入账。

（3）委托银行代收的货款 3 000 元，7 月 30 日银行已经收到登记入账，由于收账通知尚未到达企业，故企业尚未入账。

（4）电信局委托银行代收华盛公司应付的电话费 1 100 元，银行已从企业存款中代付，由于转账通知尚未送达企业，故企业尚未记账。

要求：根据上述资料编制该公司银行存款余额调节表。

2．湖南省怡清源茶业公司 2016 年至 2017 年发生如下与股票投资有关的业务:

（1）2016 年 4 月 1 日，用银行存款购入 A 上市公司的股票 8 000 股作为交易性金融资产，每股买入价为 18 元，其中 0.5 元为已宣告但尚未分派的现金股利，另支付相关税费 720 元。

（2）2016 年 4 月 18 日，收到 A 公司分派的现金股利。

（3）2016 年 12 月 31 日，该股票的每股市价下跌至每股 16 元。

（4）2017 年 2 月 3 日，出售持有的 A 公司股票 6 000 股，实得价款 104 000 元。

（5）2017 年 4 月 15 日，A 公司宣告分派现金股利，每股派发 0.1 元。

（6）2017 年 4 月 30 日，收到派发的现金股利。

（7）2017 年 12 月 31 日，A 公司的股票每股市价为 17 元。

要求：编制甲公司上述业务的会计分录。

项目三 往来结算岗位的会计核算

任务一　应收票据与应付票据的核算

学习目标

【知识目标】

理解应收票据的含义、分类、计价、利息的计算方法，掌握票款收回、应收票据贴现及转让业务的会计核算方法；理解应付票据的含义，掌握应付票据的出票、利息及偿付业务的核算方法。

【技能目标】

熟练处理商业汇票业务，具体包括应收票据的托收、贴现及转让等业务，应付票据的出票、偿付等业务，并正确地进行会计处理。

任务导入

湖南怡清源茶业有限公司为生产在采购所需要的原材料时，可以按照国家相关规定的13%抵扣率计算进项税额，销售的产品按照17%的增值税税率计算销项税额。对外销售的价格除特别指明的外，均为不含税销售单价。2017年6月发生如下相关经济业务（计算过程中涉及的小数一律保留两位）。

（1）6月1日，销售一批产品给湖南通程商业集团公司，货已发出，贷款50 000元，增值税税款8 500元。于当天收到湖南通程商业集团公司开来的一张带息3个月到期的商业承兑汇票，面值58 500元，票面年利率6%。

（2）6月15日，采用商业汇票方式购入一批毛茶。根据有关发票账单，材料的收购价150 000元。材料已经验收入库，企业开出90天银行承兑汇票，票据的票面年利率6%，并按面值的0.5‰向承兑银行缴纳手续费。

（3）6月20日，将其持有的一张商业承兑汇票向银行贴现。该票据3月20日开出，面值100 000元，票面年利率6%，期限6个月，银行年贴现率10%。

要求：以湖南怡清源茶业有限公司会计的身份对上述应收票据和应付票据业务进行会计核算。

任务分析

为了准确核算湖南怡清源茶业有限公司应收票据业务，会计人员需要参与或负责完成以下工作。

（1）正确办理商业汇票的托收、贴现、转让等业务。

（2）正确进行票据到期日、利息计提、到期利息、贴现利息等的计算。

（3）区分票据取得业务、期末利息计提、票据到期、票据贴现、票据背书转让等业务，编制会计分录、填写记账凭证并登记账簿。

（4）应当设置和填写“应收票据备查簿”。

为了准确核算湖南怡清源茶业有限公司应付票据业务，会计人员需要参与或负责完成以下工作。

（1）正确办理商业汇票出票、承兑、偿付款等业务。

（2）正确进行票据到期日、利息计提、到期利息等的计算。

（3）区分票据发生、期末利息计提、票据到期等业务，编制会计分录、填写记账凭证并登记账簿。

（4）企业应当设置和填写“应付票据备查簿”。

知识准备

阅读材料：《企业会计准则第 22 号——金融工具确认和计量》、会计账户的相关规定、《中华人民共和国增值税暂行条例实施细则》等。

一、应收票据

（一）应收票据概述

1. 应收票据的概念与分类

应收票据是指企业因销售商品、产品或提供劳务等而收到的票据，包括支票、银行本票、银行汇票、商业汇票等。在我国，除商业汇票外，大部分票据都是即期票据，可以即刻收款或存入银行成为货币资金，不需要作为应收票据核算。

应收票据是指应收的商业汇票。按承兑人不同，商业汇票分为商业承兑汇票和银行承兑汇票。商业承兑汇票的承兑人是企业或个人，银行承兑汇票的承兑人是银行。

按票面是否带息，商业汇票分为带息票据和不带息票据。不带息票据是指商业汇票票面未标明利息，票据到期时，承兑人只按票面金额向收款人或被背书人支付款项的汇票；带息票据是指商业汇票的票面载明年利率，票据到期时，承兑人必须按票面金额加上应计利息，向收款人或被背书人支付票款的汇票。

2. 应收票据的计价

我国商业票据的期限一般较短（一般为3～6个月），利息金额相对来说不大，用现值记账麻烦且其折价还要逐期摊销，过于烦琐。应收票据一般应按面值计价，即企业收到应收票据时，按票据的面值入账。但对于带息的应收票据，应于期末计提利息，计提的利息应增加应收票据的账面余额。到期不能收回的应收票据，应按其账面余额转入应收账款，并不再计提利息。超过承兑期收不回的应收票据应转为应收账款，并按照规定计提坏账准备。对确实无法收回的，按照企业的管理权限，经股东大会或董事会，或经理（厂长）会议或类似机构批准作为坏账损失冲销计提的坏账准备。

（二）应收票据的核算

1. 不带息应收票据的核算

不带息票据的核算内容，包括应收票据的取得、到期收回或遭到拒付等。不带息票据的到期价值等于应收票据的面值。企业应当设立“应收票据”账户核算应收票据的票面金额。因销售商品、抵前欠货款取得票据时，按面值借记“应收票据”账户，按取得原因不同，贷记“主营业务收入”“应收账款”账户；按专用发票上注明的增值税税额，贷记“应交税费——应交增值税（销项税额）”账户。应收票据到期收回时，按票据面值，借记“银行存款”账户，贷记“应收票据”账户。到期承兑人违约拒付或无力支付票款，应将到期票据的票面金额转入“应收账款”账户。

2. 带息应收票据的核算

对于带息应收票据，除按上述原则核算外，还应按期于中期期末和年度终了，按规定计算票据利息，并增加应收票据的票面价值，同时冲减财务费用。其计算公式如下：

应收票据利息=应收票据票面金额×票面利率×期限

上式中，“票面利率”一般以年利率表示；“期限”是指签发日至到期日的时间间隔（有效期），可以按月表示，也可以按日表示。按月表示时，应以到期月份中与出票日相同的那一天为到期日，如3月10日签发的3个月票据，到期日应为6月10日。月末签发的票据，不论月份大小，以到期月份的月末那一天为到期日，如1月31日签发，1个月到期的商业汇票，到期日为2月28日或29日；如果是2个月到期的商业汇票，到期日为3月31日；如果是3个月到期的商业汇票，到期日为4月30日，依次类推。同时，利率要换算成月利率（算法为：年利率÷12）。

票据期限按日表示时，应以出票日起按实际经历天数计算。通常出票日和到期日，只能计算其中的一天，即“算头不算尾”，或“算尾不算头”。例如，6月15日签发的60天票据，其到期日为8月14日，算法为：60天减去6月份剩余天数减去7月份实有天数=60−(30−15)−31=14。

同时，利率要换算成日利率（算法为：年利率÷360）。“算头不算尾”与“算尾不算头”的计算过程如表3.1所示。

表3.1 应收票据到期日的计算

月份＼算法	算头不算尾	算尾不算头
6月	16	15
7月	31	31
8月	13	14

带息应收票据到期收回款项时，应按收到的本息，借记“银行存款”账户；按票面价值，贷记“应收票据”账户；按其差额（未计提利息部分），贷记“财务费用”账户。到期不能收回的带息应收票据，转入“应收账款”账户，期末不再计提利息，其所包含的利息，在有关备查簿中进行登记，待实际收到时再冲减收到当期的财务费用。

3. 应收票据的贴现

企业持有的应收票据在到期前，如果出现资金短缺，可以将所持未到期的商业汇票向其开户银行申请贴现，以便获得所需资金。贴现是指持票人因急需资金，将未到期的商业汇票背书后转让给银行，银行受理后，从票面金额中扣除按银行的贴现率计算确定的贴现息后，将余额付给持票人，作为银行对企业的短期贷款。其实质上是企业融通资金的一种形式。

（1）票据贴现的计算。在贴现中，企业付给银行的利息称为贴现息，银行计算贴现息的利率称为贴现率，企业从银行获得的票据到期值扣除贴现利息后的贴现所得，称为票据贴现值。

票据贴现值=票据到期值−贴现息

贴现息=票据到期值×贴现率×贴现天数÷360

贴现天数=贴现日至票据到期日实际天数−1

票据到期值=票据面值×(1+年利率×票据到期天数÷360)

=票据面值×(1+年利率×票据到期月数÷12)

不带息的应收票据的到期值就是其面值。

按中国人民银行《支付结算方法》的规定，实付贴现金额按票面金额扣除贴现日至汇票到期前一日的利息计算。承兑人在异地的，贴现利息的计算应另加3天的划款日期。

（2）贴现的财务处理。企业将未到期的应收票据向银行贴现，应按扣除其贴现息后的净额，借记“银行存款”账户；按贴现息部分，借记“财务费用”账户，按应收票据的面值，贷记“应收票据”账户。如果为带息应收票据，按实际收到金额，借记“银行存款”账户；按应收票据的账面价值，贷记“应收票据”账户；按其差额，借记或贷记“财务费用”账户。

如贴现的商业汇票到期，承兑人的银行账户不足支付，银行即将已贴现的票据退回申请贴现的企业，同时从贴现企业的账户中将票据款划回，此时，贴现企业应按所付票据本息转作“应收账款”账户，借记“应收账款”账户，贷记“银行存款”账户。如果申请贴现的企业的银行存款账户余额不足，银行将作为逾期贷款处理，贴现企业应借记“应收账款”账户，贷记“短期借款”账户。

票据贴现后应在“应收票据备查簿”中登记。企业应将尚未到期的已贴现票据作为或有负债，在资产负债表附注中披露。

4. 应收票据的转让

应收票据的转让是指持票人因偿还前欠货款等原因，将未到期的商业汇票背书后转让给其他单位或个人的业务活动。企业可以将自己持有的商业汇票背书转让。背书是指持票人在票据背面签字。签字人称为背书人。背书人对票据的到期付款负有连带责任。

企业将持有的应收票据背书转让，以取得所需物资时，按应计入物资成本的价值，借记“材料采购”“原材料”等账户；按取得的专用发票上注明的增值税税额，借记“应交税费——应交增值税（进项税额）”账户；按应收票据的账面价值，贷记“应收票据”账户；如有差额，借记或贷记“银行存款”等账户。

二、应付票据

应付票据是指企业因购买材料、商品和接受劳务供应等而开出、承兑的商业汇票，包括商业承兑汇票和银行承兑汇票。

（一）应付票据的账户设置

应付票据的核算主要包括签发或承兑商业汇票、支付票款等内容。根据商业承兑汇票与银行承兑汇票的不同，在会计处理上也有所不同。企业应设置“应付票据”账户，贷方登记开出并承兑汇票的面值；借方登记支付票据的款项；余额在贷方，表示尚未支付票据的面值。

（二）应付票据的核算

1. 发生应付票据

对于发生的应付商业承兑汇票，应借记“材料采购”或“应付账款”等账户，贷记“应付票据”账户。对于发生的银行承兑汇票，在按面值的 0.5‰向承兑银行缴纳手续费时，应当作财务费用处理，借记“财务费用”账户，贷记“银行存款”账户。

2. 计算应付票据利息

前已述及，商业汇票分为带息票据和不带息票据。带息票据的票面金额仅表示本金，票据到期时除按面值支付外，还应根据票面利率另行计算和支付利息。对于计算支付的应付票据利息，计入当期财务费用，借记“财务费用”账户，贷记“应付票据”账户。

3. 偿付应付票据

应付票据到期全额偿付票款时，借记“应付票据”“财务费用”账户，贷记“银行存款”账户。如果企业不能按期足额付款，对于商业承兑汇票应转入“应付账款”账户，待协商后再行处理，如果已重新签发新的票据以清偿原应付票据的，再从“应付账款”账户转入“应付票据”账户；对于银行承兑汇票在接到银行转来的“××号汇票无款支付转入逾期贷款户”等有关凭证时，借记“应付票据”账户，贷记“短期借款”账户。对计收的利息，按短期借款利息的处理办法处理。

任务实施

1. 根据任务描述中经济业务（1），编制如下会计分录

6月1日，收到湖南通程商业集团公司开来的商业率兑汇票。

借：应收票据——湖南通程商业集团公司　　58 500

　贷：主营业务收入　　50 000

　　　应交税费——应交增值税（销项税额）　　8 500

6月30日，计提利息。

票据利息=58 500×6%×$\frac{1}{12}$=292.5（元）

借：应收票据　　292.5

　贷：财务费用　　292.5

9月1日，票据到期收回款项。

利息总金额=58 500×6%×$\frac{3}{12}$=877.5（元）

应计提的利息=877.5−292.5=585（元）

借：银行存款　　59 377.5

　贷：应收票据　　58 792.5

　　　财务费用　　585

2. 根据任务描述中经济业务（2），编制如下会计分录

（1）发生应付票据时：

毛茶可抵扣增值税金额=150 000×0.13=19 500（元）

借：原材料——毛茶　　130 500

　　应交税费——应交增值税（进项税额）　　19 500

　贷：应付票据　　150 000

同时按0.5‰向银行支付手续费。

承兑手续费=150 000×0.000 5=75（元）

借：财务费用　　75

　贷：银行存款　　75

（2）6月30日，计提票据利息时：

应计提利息=150 000×6%÷360×15=375（元）

借：财务费用　　375

　贷：应付票据　　375

（3）根据计算，票据到期日为 9 月 13 日（15+31+31+13）。

9 月 13 日到期时：

应计提利息=150 000×6%÷360×75=1 875（元）

① 若企业以银行存款全额支付票款时：

借：应付票据　　150 375

　　财务费用　　1 875

　贷：银行存款　　152 250

② 若企业无力支付票款时：

借：应付票据　　150 375

　　财务费用　　1 875

　贷：应付账款　　152 250

3. 根据任务描述中经济业务（3），编制如下会计分录

（1）6 月 20 日票据贴现，取得款项时：

到期值=100 000×(1+6%×6÷12)=103 000（元）

贴现息=103 000×10%÷12×3=2 575（元）

贴现值=103 000−2 575=100 425（元）

借：银行存款　　100 425

　贷：应收票据　　100 000

　　　财务费用　　425

（2）若票据到期时，承兑人无力支付款项时：

借：应收账款　　103 000

　贷：银行存款　　103 000

（3）若票据到期时，贴现企业银行存款不足时：

借：应收账款　　103 000

　贷：短期借款　　103 000

典型任务示例

【典型任务示例 3-1】

湖南怡清源茶业有限公司 2017 年 11 月 1 日向湖南通程商业集团公司销售商品一批，按所签合同采用商业汇票结算。商品价款 35 000 元，适用的增值税税率 17%。票据为不带息票据，期限为 3 个月。该企业 2017 年 1 月 5 日将持有的应收票据背书转让给安化福缘茶业公司，以取得所需材料。该批材料价款 50 000 元，增值税税额 8 500 元。另外，以转账支票补付材料差价款 18 216 元，支付 C 运输公司材料运输费 666 增值税可抵扣）。

要求：编制上述经济业务的会计分录。

2017 年 11 月 1 日，商品销售取得商业汇票时：

借：应收票据　　40 950
　贷：主营业务收入　　35 000
　　　应交税费——应交增值税（销项税额）　　5 950

2017年1月5日年背书转让商业汇票时：

借：原材料　　50 600
　应交税费——应交增值税（进项税额）　　8 566
　贷：应收票据　　40 950
　　　银行存款　　18 216

其中，增值税进项税额为8 566元（8500+666÷（1+11%）×11%）。

实践训练

【实践训练3-1】

创维有限公司2017年应收票据的有关资料如下。

（1）向长沙大华商业公司销售产品一批，货款为100 000元，尚未收到，已办妥托收手续，增值税税率17%。

（2）10日后，收到长沙大华商业公司寄来一张3个月期限的商业承兑汇票，面值117 000元，抵付货款。

（3）3个月后该票据到期，长沙大华商业公司无力偿还票款。

（4）创维有限公司将4月1日取得的面值100 000元，4个月到期的不带息商业承兑票据，于6月1日向银行贴现，贴现率12%。

要求：根据以上经济业务编制会计分录。

任务二　应收账款与应付账款的核算

学习目标

【知识目标】

理解应收账款、商业折扣和现金折扣的含义，掌握应收账款发生和收回的核算方法，以及现金折扣的核算方法；理解应付账款的含义，掌握应付账款发生及偿还业务的核算方法。

【技能目标】

合理分工，能够正确开具、审核销售凭证及货款支付等凭证，并根据凭证进行应收账款发生及收回等业务的正确核算；正确审核购货凭证及货款支付等凭证，并根据凭证进行应付账款发生及支付等业务的正确核算。

任务导入

湖南怡清源茶业有限公司进行生产所需要的原材料在采购时可以按照国家相关规定的13%抵扣率计算进项税额，销售的产品按照17%的增值税税率计算销项税额，对外销售的价格除特别指明的外，均为不含税销售单价。计算过程中涉及的小数一律保留两位。

2017年6月发生如下相关经济业务。

（1）6月10日，向新邦物流公司销售一批商品，价目表上标明售价为100 000元。由于是批量销售，企业给予10%的商业折扣。该企业开出增值税专用发票，价款为90 000元，增值税税额15 300元。货已发出，款项未收。

（2）6月12日，销售一批商品给湖南通程商业集团公司，价款为100 000元，增值税税额17 000元，现金折扣条件为2/10、1/20、*n*/30。

（3）6月17日，从农业生产者个人处收购一批毛茶，货款100 000元。已运到并验收入库（该企业材料按实际成本计价核算），款项尚未支付。

（4）6月20日，从宏大公司购入专用工具一批。增值税专用发票上列明，该批专用工具的价款为200 000元，增值税税额34 000元（货款尚未支付）。按照购货协议的规定，如在10天内付清货款，将获得1%的现金折扣。

（5）6月25日，收到银行收款通知，6月12日销售给湖南通程商业集团公司的前欠货款116 000元已到账。

（6）6月28日，以银行存款支付农业生产者毛茶采购货款100 000元。以银行存款支付宏大公司专用工具购买货款，共计232 000元。

要求：以湖南怡清源茶业有限公司会计的身份对上述业务进行会计核算。

任务分析

为了准确进行有关应收账款业务的核算，会计人员需要参与或负责完成以下工作。

（1）设置“应收账款”账户，并按照债务人进行明细核算。

（2）销售发生时，填写、审核销售发票等相关凭证，并考虑是否存在商业折扣和现金折扣。正确编制记账凭证并登记账簿。

（3）应收账款收回时，审核银行收款通知，并根据收款时间计算现金折扣金额。正确编制记账凭证并登记账簿。

为了准确进行有关应付账款业务的核算，会计人员需要参与或负责完成以下工作。

（1）设置“应付账款”账户，并按照债权人进行明细核算。

（2）购货业务发生时，仔细审核采购发票等相关凭证。正确编制记账凭证并登记账簿。

（3）支付货款时，审核货款支付凭证，并根据支付时间计算现金折扣金额。正确编制记账凭证并登记账簿。

知识准备

阅读材料：《企业会计准则第 22 号——金融工具确认和计量》、会计账户的相关规定、《中华人民共和国增值税暂行条例实施细则》等。

一、应收账款

（一）应收账款概述

应收账款是指企业在正常经营过程中，因销售商品、产品或提供劳务等，应向购货单位或接受劳务单位收取的款项，是企业因销售商品、产品或提供劳务等经营活动所形成的债权，代表企业能获得的未来的现金流入。它主要包括企业出售商品、产品、材料或提供劳务等应向债务人收取的价款及代购货方垫付的运杂费等。

应收账款是企业流动资产的重要组成部分，具有以下特征：应收账款是由于商业信用而产生的——商业信用的发展，使应收账款在企业流动资产中的比例加大，成为企业货币收入的重要来源；应收账款是企业与外单位之间的赊销业务产生的。企业与外单位之间和与企业内部各部门及职工之间的其他各种往来关系不属于应收账款核算的范围，如各种赔款、罚款、备用金及各种垫付款项等；应收账款的形成一般有能证明债权债务关系成立的书面文件，如购销合同、劳务合同及产品的出库单、发货单等；应收账款应于一年之内或下一个经营周期内收回。

应收账款的实质是在商业信用条件下，基于买卖双方相互信任的基础上，买方向卖方所做的承诺。企业应加强对应收账款的管理，控制应收账款的限额和回收时间，采取有效的措施，积极组织催收，避免企业的资金长期被其他单位占用，以及时弥补企业生产经营活动过程中的资金耗费，确保企业的持续经营和扩大再生产。对于确定无法收回的应收账款，按规定程序报批后，做坏账损失处理。通常情况下，应收账款应按实际发生额入账；在有折扣的情况下，还应考虑商业折扣和现金折扣的因素。

（二）商业折扣

商业折扣是指企业为了促销，给顾客低于商品标价的优惠金额。它通常以百分比来表示，如 5%、10%、15%等。商业折扣是企业最常用的促销手段。企业为了占领市场、扩大销售，对于批发商往往给予商业折扣：采用销量越多、价格越低的促销策略。对于季节性的商品，在销售的淡季，为了扩大销售，企业通常也采用商业折扣的方式。

商业折扣一般在交易发生时即已确定，仅仅是确定实际销售价格的一种手段，不需要在买卖双方任何一方的账上反映，所以商业折扣对应收账款的入账价值没有什么实质性的影响。因此，在存在商业折扣的情况下，企业应收账款入账金额应按扣除商业折扣后的实际售价金额入账。

（三）现金折扣

现金折扣是指销货企业为了鼓励客户在一定期限内尽早偿还货款而给予客户的折扣优惠。企业为了鼓励客户提早偿付货款，通常与债务人达成协议，债务人在不同期限内付款可享受不同比例的折扣。现金折扣一般以 2/10、1/20、*n*/30 等来表示，含义分别为 10 天内付款享受 2%的折扣；20 天内付款享受 1%的折扣；30 天内付款不享受折扣。有现金折扣的情况下，应收账款入账金额的确定有两种方法。

（1）总价法。这是指应收账款按总金额（发票价格）入账，不考虑可能发生的现金折扣，即将未减去现金折扣前的金额作为实际售价，记作应收账款的入账价值。现金折扣只有客户在折扣期内支付货款时，才予以确认。

（2）净价法。这是指应收账款按发票价格扣除最大现金折扣后的余额入账，即将扣减现金折扣后的金额作为实际售价，据此确定应收账款的入账价值。视客户取得现金折扣为正常现象，认为客户一般都会提前付款，而将由于客户超过折扣期限而多收的金额，视为提供信贷获得的收入。

我国《企业会计准则》规定，存在现金折扣时，应收账款的入账价值应采用总价法，实际发生的现金折扣视为融资的理财费用，计入发生当期的损益，作为财务费用处理。

（四）应收账款的核算

为反映应收账款的增减变动及结存情况，企业应设置“应收账款”账户，核算企业因销售商品或提供劳务等业务而应向购货单位或提供劳务单位收取的款项。借方登记企业应收的款项，贷方登记已收回的款项、转作商业汇票结算的款项和已结转坏账损失的款项，期末借方余额反映尚未收回的应收账款。该账户应按不同的债务人设置明细账户，进行明细分类核算。

不单独设置“预收账款”账户的企业，预收账款也在本账户核算。

1. 没有商业折扣情况下的核算

在没有商业折扣的情况下，应收账款按全部应收金额入账。

2. 有商业折扣情况下的核算

在有商业折扣的情况下，应收账款应按扣除商业折扣后的金额入账。

3. 现金折扣情况下的核算

在现金折扣情况下，应收账款的核算方法有两种。

（1）总价法。在总价法下，销售时按未扣减现金折扣的销售额作为实际售价入账，借记“应收账款”账户，贷记“主营业务收入”“应交税费——应交增值税（销项税额）”等账户。在折扣期内收到款项时，按实际收款额，借记“银行存款”账户；按发生的现金折扣，借记“财务费用”账户；按应收账款的入账价值，贷记“应收账款”账户。

（2）净价法。在净价法下，将扣减最大现金折扣后的金额作为应收账款的入账价值，将客户取得折扣视为正常情况；对客户丧失的现金折扣，视为提供信贷而取得的收入，贷记“财务费用”账户，按实际收到的款项，借记“银行存款”账户；按应收账款的入账价值，贷记“应收账款”账户。

二、应付账款

（一）应付账款的概念

应付账款是指因购买材料、商品或接受劳务供应等而发生的债务。这是买卖双方在购销活动中由于取得物资与支付货款在时间上不一致而产生的负债。

应付账款与应付票据不同，两者虽然都是由于交易而引起的负债，都属于流动负债的性质，但应付账款是尚未结清的债务，而应付票据是一种期票，是延期付款的证明，有承诺付款的票据作为凭证。

（二）应付账款的账户设置

为反映企业应付账款的形成及其偿还情况，应设置“应付账款”账户进行核算，借方登记偿还的应付账款，或开出商业汇票抵付应付账款的款项，或冲销无法支付的应付账款等；贷方登记企业购买材料物资、接受劳务等形成的应付而未付款项；余额一般在贷方，表示尚未偿还的应付账款。本账户按供应单位名称设置明细账户。

（三）应付账款的核算

企业发生应付账款时，借记有关账户，贷记“应付账款”账户；偿还应付账款或开出商业汇票抵付应付账款的款项或冲销无法支付的应付账款等时，借记“应付账款”账户，贷记有关账户。

如果购入的资产在形成一笔应付账款时是带有现金折扣的，应付账款入账金额的确定按发票上记载的应付金额的总值（即不扣除折扣）记账。在这种方法下，应按发票上记载的全部应付金额，借记有关账户，贷记“应付账款”账户；付款时获得的现金折扣，冲减财务费用。

1. 企业发生的应付账款，不管是否有现金折扣，均应按应付的全部金额入账

借：材料采购

　　应交税费——应交增值税（进项税额）

　贷：应付账款

2. 在享受现金折扣的情况下，企业应于应付账款支付时，将发生的现金折扣作为财务费用处理

借：应付账款

　贷：财务费用（按实际发生的现金折扣）

　　　银行存款（按实际支付的款项）

企业将应付账款划转出去，或者确实无法支付的应付账款，直接转入营业外收入，借记“应付账款”账户，贷记“营业外收入”账户。

任务实施

（1）根据任务描述中经济业务（1），编制如下会计分录。

借：应收账款——新邦物流公司　　105 300
　贷：主营业务收入　　90 000
　　　应交税费——应交增值税（销项税额）　　15 300

（2）根据任务描述中经济业务（2），编制如下会计分录。

根据企业会计准则，使用总价法进行核算。

借：应收账款——湖南通程商业集团公司　　117 000
　贷：主营业务收入　　100 000
　　　应交税费——应交增值税（销项税额）　　17 000

（3）根据任务描述中经济业务（3），编制如下会计分录。

借：原材料——毛茶　　87 000
　　应交税费——应交增值税（进项税额）　　13 000
　贷：应付账款——农户　　100 000

（4）根据任务描述中经济业务（4），编制如下会计分录。

借：周转材料——低值易耗品　　200 000
　　应交税费——应交增值税（进项税额）　　34 000
　贷：应付账款——宏大公司　　234 000

（5）根据任务描述中经济业务（5），编制如下会计分录。

20 天内付款，可以享受 1%的现金折扣。

折扣金额=100 000×1%=1 000（元）

注意：根据财政部和有关税法的规定，现金折扣只对货款打折，对增值税不打折。

借：银行存款　　116 000
　　财务费用　　1 000
　贷：应收账款——湖南通程商业集团公司　　117 000

（6）根据任务描述中经济业务（6），编制如下会计分录。

支付农业生产者毛茶采购款时的会计分录如下。

借：应付账款——农业生产者　　100 000
　贷：银行存款　　100 000

支付宏大公司专用工具采购款，10 天内付款，可以享受 1%的现金折扣。

折扣金额=200 000×1%=2 000（元）

借：应付账款——宏大公司　　234 000
　贷：银行存款　　232 000
　　　财务费用　　2 000

典型任务示例

【典型任务示例 3-2】

湖南怡清源茶业有限公司向海昌公司销售产品一批，价目表中该产品价格（不含税）为150 000元，增值税税率17%。商业折扣10%，现金折扣为3/5，*n*/10。客户于第3天付款。

要求： 采用总价法编制销售产品、收到货款的会计分录。如果客户于第12天付款，则收到货款时的会计分录应如何编制？

（1）销售商品时，编制如下会计分录。

借：应收账款——海昌公司　　157 950
　贷：主营业务收入　　135 000
　　　应交税费——应交增值税（销项税额）　　22 950

其中，应收账款金额为157 950元（150 000×(1−10%)×1.17），即收入按照扣除商业折扣10%之后进行确认，相应增值税金额也在商业折扣的基础上进行计算和缴纳。

（2）若第3天收到货款，则现金折扣金额为4 050元（135 000×3%），编制如下会计分录。

借：银行存款　　153 900
　　财务费用　　4 050
　贷：应收账款——海昌公司　　157 950

（3）若第12天收到货款，编制如下会计分录（无现金折扣）。

借：银行存款　　157 950
　贷：应收账款——海昌公司　　157 950

实践训练

【实践训练 3-2】

创维有限公司对赊销商品给予销售折扣优惠，其折扣条件为2/10、1/20、*n*/30。2017年4月发生下列有关的经济业务。

（1）4月8日，赊销给湖南通程商业集团公司商品一批，货款15 000元，增值税税额2 550元。

（2）4月18日，销售给三一有限公司商品一批，货款 12 000元，增值税税额2 040元，以转账支票垫付运杂费150元，今一并向银行办妥托收手续。

（3）4月24日，湖南通程商业集团公司付来本月8日赊购商品货款及增值税税额的转账支票一张，已存入银行。

（4）4月30日，三一有限公司因商品外观质量不符要求而拒付货款。经联系协商后，决定给予对方5%的折扣，今收到对方汇来扣除折扣后的全部款项。

要求： 根据以上经济业务，编制会计分录。

任务三　预付账款与预收账款的核算

学习目标

【知识目标】

理解预付账款和预收账款的含义，掌握预付账款和预收账款的核算方法。

【技能目标】

能够准确进行有关预付账款如下业务的核算：预付定金、到货、补付（多付转入银行存款）等；能够准确进行有关预收账款如下业务的核算：预收定金、发货、补收（多余款项退还）等。

任务导入

湖南怡清源茶业有限公司 2017 年 6 月发生如下相关经济业务（计算过程中涉及的小数一律保留两位）。

（1）6 月 2 日，根据合同规定，预付 100 000 元，从昌隆公司元订购一批专用工具。6 月 20 日收到供应单位提供的商品和开具的发票，发票上注明价款 150 000 元，增值税税额 25 500 元。6 月 25 日，公司将余额支付给昌隆公司。

（2）6 月 4 日，与湖南通程商业集团公司签订供货合同，向其出售黑玫瑰一批，货款金额共计 200 000 元，应缴纳增值税 34 000 元。根据购货合同规定，湖南通程商业集团公司在购货合同签订一周内，应当向本公司预付货款 120 000 元，剩余货款在交货后付清。6 月 10 日，公司收到湖南通程商业集团公司交来的预付款 120 000 元，并存入银行。6 月 25 日，按照合同向湖南通程商业集团公司发出货物，并开出增值税发票，湖南通程商业集团公司验收合格后付清了剩余货款。

要求：以湖南怡清源茶业有限公司会计的身份对上述业务进行会计核算。

任务分析

为了准确核算预付账款，会计人员需要参与或负责完成以下工作。

（1）设置“预付账款”账户，并按供应单位设置明细。

（2）准确进行预付定金、到货、补付（多付的转入银行存款）等环节的核算。

为了准确核算预收账款，会计人员需要参与或负责完成以下工作：

（1）设置“预收账款”账户，并按购货单位设置明细。

（2）准确进行预收定金、发货、补收（多余款项退还）等环节的核算。

知识准备

阅读材料：会计账户的相关规定。

一、预付账款

预付账款是指企业按照购货合同的规定预付给供应单位的货款。

企业应设置“预付账款”账户反映和监督预付账款的支出和结算情况，借方登记企业向供货单位预付的货款和补付的货款，贷方登记企业收到所购物品时应结转的预付账款和退回多付的货款。“预付账款”账户应按供货单位设置明细账户，进行明细核算。

企业因购货而预付货款时，按实际付出金额借记“预付账款”账户，贷记“银行存款”账户。收到预订物资时，按发票账单等列明的应计入购入物资成本的金额，借记“材料采购”“原材料”等账户；按专用发票上注明的增值税，借记“应交税费——应交增值税（进项税额）”账户；按应付金额，贷记“预付账款”账户。补付货款时，借记“预付账款”账户，贷记“银行存款”账户；退回多付的货款时，借记“银行存款”账户，贷记“预付账款”账户。

二、预收账款

预收账款是买卖双方按照合同，由购货方预先支付一部分货款给供应方而发生的一项负债，这项负债要用以后的商品、劳务等偿付。

为了核算企业预收的货款，应设置“预收账款”账户，贷方登记预收货款的数额和购货单位补付货款的数额；借方登记企业向购货方发货后冲销的预收货款数额和退回购货方多付货款的数额。“预收账款”账户应按购货单位设置明细账户，进行明细核算。

企业向购货单位预收货款时，借记“银行存款”账户，贷记“预收账款”账户；销售实现时，按实现的营业收入和应交的增值税销项税额，借记“预收账款”账户，按实现的营业收入，贷记“主营业务收入”等账户；按开出的增值税专用发票上注明的金额，贷记“应交税费——应交增值税（销项税额）”；购货单位补付的款项，借记“银行存款”账户，贷记“预收账款”账户；向购货单位退回其多付的款项时，借记“预收账款”账户，贷记“银行存款”账户。

任务实施

（1）根据任务描述中经济业务（1），编制如下会计分录。

6 月 2 日，预付货款时：

借：预付账款——昌隆公司　　　　100 000

贷：银行存款 100 000

6 月 20 日，收到所购专用工具时：

借：周转材料——低值易耗品 150 000

应交税费——应交增值税（进项税额） 25 500

贷：预付账款——昌隆公司 175 500

6 月 25 日，补付货款时：

借：预付账款——昌隆公司 75 500

贷：银行存款 75 500

（2）根据任务描述中经济业务（2），编制如下会计分录。

6 月 10 日，收到预付货款时：

借：银行存款 120 000

贷：预收货款——湖南通程商业集团公司 120 000

6 月 25 日，向湖南通程商业集团公司发货时：

借：预收账款——通程商业集团公司 234 000

贷：主营业务收入 200 000

应交税费——应交增值税（销项税额） 34 000

收到剩余货款时：

借：银行存款 114 000

贷：预收账款——湖南通程商业集团公司 114 000

典型任务示例

【典型任务示例 3-3】

湖南怡清源茶业有限公司 2017 年 5 月份发生如下经济业务。

6 月 3 日，向农户预付 60 000 元，订购玫瑰花。

6 月 27 日，收到农户提供的玫瑰花一批，收购单据上的金额 50 000 元，根据增值税法，收购农产品可按 13%抵扣增值税。同时，退还剩余货款。

编制会计分录如下。

6 月 3 日订购玫瑰花时。

借：预付账款——农户 60 000

贷：银行存款 60 000

6 月 27 日收到玫瑰花时。

借：原材料——玫瑰花 43 500

应交税费——应交增值税（进项税额） 6 500

银行存款 10 000

贷：预付账款——农户 60 000

其中，可抵扣的增值税税额=50 000×0.13=6 500（元），原材料入账价值=50 000−6 500=43 500（元）。

实践训练

【实践训练 3-3】

创维有限公司与新兴金属科技有限公司签订供货合同，创维有限公司向新兴金属科技有限公司采购材料 50 000 吨，单价 10 元，所需支付的款项总额 500 000 元。按照合同规定向新兴金属科技有限公司预付货款 250 000 元，验收货物后补付其余款项，增值税税率 17%。

要求：为创维有限公司编制会计分录。

任务四　其他应收账款、其他应付款的核算

学习目标

【知识目标】

理解其他应收款的核算范围，备用金的含义及分类，掌握其他应收款业务的核算方法；理解其他应付款的含义，掌握其他应付款业务的核算方法。

【技能目标】

能够正确、熟练地进行其他应收款、其他应付款的日常业务处理。

任务导入

湖南怡清源茶业有限公司 2017 年 6 月发生如下相关经济业务（计算过程中涉及的小数一律保留两位）。

（1）6 月 1 日，与宏大公司签订合同，从本日起，以经营租赁方式从宏大公司租入管理用办公设备一批，每月租金 5 000 元，每 3 个月支付一次。本月租金按全月计算。

（2）6 月 2 日，采购员张立新出差借支 2 000 元，以现金支付。

（3）6 月 5 日，总经理王民出差借支 5 000 元，以现金支付。

（4）6 月 6 日，为总务部门建立定额备用金制度，核对的备用金定额为 5 000 元，以现金拨付。

（5）6 月 12 日，以银行存款替副总经理张建垫付应由其个人负担的医疗费 5 000 元，拟从其工资中扣回。

（6）6 月 19 日，采购员张立新出差归来，报销差旅费 1 880 元，退回现金 120 元。总经理

王民报销差旅费 5 160 元，以现金 160 元补付差额款。

（7）6 月 27 日，总务部门持有关单据报销日常办公用品费用 3 000 元。

（8）6 月 30 日，从应付工资中扣除为副总经理垫付医疗费 5 000 元。

要求：以湖南怡清源茶业有限公司会计的身份对上述业务进行会计核算。

任务分析

针对其他应收款的核算，会计人员需要参与或负责完成以下工作。

（1）设置“其他应收款”账户，并按照项目和对方单位（或个人）进行明细核算。

（2）仔细审核、填写相关凭证，编写会计分录，填写相关明细账和总分类账。

针对其他应付款的核算，会计人员需要参与或负责完成以下工作。

（1）设置“其他应付款”账户，并按照项目和对方单位（或个人）进行明细核算。

（2）仔细审核、填写相关凭证，编写会计分录，填写相关明细账和总分类账。

知识准备

阅读材料：会计账户的相关规定、《企业会计制度》等。

一、其他应收款

（一）其他应收款的范围

其他应收款核算企业除应收票据、应收账款、预付账款等以外的其他各种应收、暂付款项，包括不设置“备用金”账户的企业拨出的备用金、应收的各种赔款、罚款，应向职工收取的各种垫付款项，以及不符合预付账款性质而按规定转入的预付账款等。具体包括以下几项。

（1）应收的各种赔款、罚款。

（2）应收出租包装物租金。

（3）应向职工收取的各种垫付的款项。

（4）备用金（向企业各职能科室、车间等拨出的备用金）。

（5）存出保证金，如租入包装物支付的押金。

（6）预付账款转入。

（7）其他各种应收、暂付款项。

（8）采用售后回购方式融出的资金。

企业拨出用于投资、购买物资的各种款项，不在“其他应收款”账户中核算。

（二）其他应收款的核算

为核算其他应收款的增减变动和结存情况，企业应设置“其他应收款”账户，借方登记其他应收款的增加，贷方登记其他应收款的收回，借方余额表示尚未收回结清的其他应收款。该账户应按不同的债务人设置明细账户，进行明细核算。

1. 备用金的核算

备用金是指为了满足企业内部各部门和职工生产经营活动的需要，而暂付给有关部门和个人使用的现金。根据《备用金管理制度》规定，备用金的核算分为定额管理和非定额管理。

（1）定额备用金。这是指用款单位按定额持有备用金。其具体做法是：财务部门根据用款部门的实际情况，核定一笔固定金额的备用金，并规定使用范围，预付给用款部门。用款部门使用备用金后，持有效单据到财务部门报账。经财务部门审核后，补足用款部门备用金定额。在用款部门不再需要备用金时，将备用金退回给财务部门。

实行定额备用金制度的企业，财务部门向用款部门拨付备用金时，借记“其他应收款——备用金”账户，贷记“库存现金”或“银行存款”账户；用款部门领用的备用金应当定期向财务部门报销，财务部门根据报销数用现金补足备用金定额时，借记“管理费用”等账户，贷记“库存现金”或“银行存款”账户；用款部门退回备用金时，借记“库存现金”账户，贷记“其他应收款——备用金”账户。

（2）非定额备用金。这是指用款单位或个人不按定额持有备用金，而是随用随领，实报实销。其具体做法是：用款部门或职工个人用款前，先填写借款单向财务部门申请领款。财务部门审核后，付给用款部门或职工个人。用款部门使用后，持有效单据向财务部门报账核销，多退少补。

如果企业发生的备用金业务比较多，也可以单独设置“备用金”账户进行核算。

2. 备用金以外的其他应收款的核算

企业发生除备用金以外的各种其他应收、暂付款项时，借记“其他应收款”账户，贷记“银行存款”等账户；企业收回或转销除备用金以外的其他应收款时，借记“银行存款”“管理费用”等账户，贷记“其他应收款”账户。

《企业会计准则》规定，企业应当定期或至少于每年年度终了，对其他应收款进行检查，预计其可能发生的坏账损失，并计提坏账准备。企业对于不能收回的其他应收款应当查明原因，追究责任。对确实无法收回的，按照企业的管理权限，经股东大会或董事会，或经理、厂长会议，或类似机构批准，作为坏账损失冲销计提的坏账准备。

二、其他应付款

（一）其他应付款的概念

其他应付款是指企业购销业务没有直接联系的应付、暂收款项。

企业除了应付票据、应付账款、应付职工薪酬等以外，还会发生一些应付、暂收其他单位或个人的款项，如应付租入固定资产和包装物的租金、存入保证金、应付统筹退休金等。这些暂收应付款，构成了企业的一项流动负债。因此，其他应付款包括：应付经营租入固定资产和包装物的租金，存入保证金（如收入包装物押金等），应付、暂收所属单位或个人的款项，企业采取售后回购方式融入的资金，其他应付、暂收款项。

（二）其他应付款的账户设置

为了核算其他应付款项的应付、暂收及支付情况，企业应设置“其他应付款”账户进行核算。如应付经营租赁固定资产租金、租入包装物租金、存入保证金等。

借方登记偿还或转销的各种应付、暂收款项；贷方登记发生的各种应付、暂收款项；余额在贷方，表示应付未付的款项。该科目期末贷方余额，反应企业应付未付的其他应付款项。该账户应按不同的债权人设置明细账户，进行明细核算。

（三）其他应付款的核算

企业在发生各种应付、暂收款项时，借记“银行存款”等账户，贷记“其他应付款”账户；支付或退回有关款项时，借记“其他应付款”账户，贷记“银行存款”等账户。

任务实施

（1）根据任务描述中经济业务（1），做出如下处理。

3 月 1 日，租入设备时，不须做出会计处理。

6 月 30 日，计提应付经营租入固定资产租金，编制如下会计分录。

借：管理费用　　5 000

　贷：其他应付款——宏大公司　　5 000

7 月 31 日、8 月 31 日编制会计分录同上。

以银行存款支付租金时：

借：其他应付款——宏大公司　　15 000

　贷：银行存款　　15 000

（2）根据任务描述中经济业务（2），编制如下会计分录。

借：其他应收款——备用金（张立新）　　2 000

　贷：库存现金　　2 000

（3）根据任务描述中经济业务（3），编制如下会计分录。

借：其他应收款——备用金（王民）　　5 000

　贷：库存现金　　5 000

（4）根据任务描述中经济业务（4），编制如下会计分录。

借：其他应收款——备用金（总务部门）　　5 000

　贷：库存现金　　5 000

（5）根据任务描述中经济业务（5），编制如下会计分录。

借：其他应收款——垫付款项（张建）　　5 000
　贷：库存现金　　5 000

（6）根据任务描述中经济业务（6），编制如下会计分录。

借：管理费用　　7 040
　贷：其他应收款——备用金（张立新）　　2 000
　　　　　　　　——备用金（王民 ）　　5 000
　　　库存现金　　40

（7）根据任务描述中经济业务（7），编制如下会计分录。

借：管理费用　　3 000
　贷：库存现金　　3 000

（8）根据任务描述中经济业务（8），编制如下会计分录。

借：应付职工薪酬　　5 000
　贷：其他应收款——垫付款项（张建）　　5 000

典型任务示例

【典型任务示例 3-4】

湖南省怡清源茶业公司发生如下经济业务。

（1）2017 年 6 月 3 日，职工刘宏因生病住院，向公司借医疗费用和住院费共计 50 000 元，公司以支票支付。6 月 28 日，刘宏退回预借的款项 20 000 元，其余款项由公司报销。

（2）2017 年 6 月 30 日，与安化鸿运茶叶公司协商，本公司同意将其价值 100 000 元（不含增值税）的货物以售后回购的方式销售给该公司。本公司将于同年 8 月 31 日以 120 000 元（不含增值税）的价格回购这批货物。增值税税率为 17%。

要求：编制上述经济业务的会计分录。

针对业务（1），编制如下会计分录。

2017 年 6 月 3 日，刘宏借支医疗费和住院费时：

借：其他应收款——刘宏　　50 000
　贷：银行存款　　50 000

6 月 28 日，收到退回的款项及报销医疗费用时：

借：银行存款　　20 000
　　应付职工薪酬　　30 000
　贷：其他应收款——刘宏　　50 000

针对业务（2），编制如下会计分录。

2017 年 6 月 30 日，签订销售合同，发生增值税纳税义务。增值税销项税税额 17 000 元（100 000×17%）。

借：银行存款　　117 000
　贷：其他应付款——安化鸿运茶叶公司　　100 000
　　　应交税费——应交增值税（销项税额）　　17 000

回购价大于原销售价格的差额，按照直线法进行计提，计入每月财务费用。

借：财务费用　　10 000
　贷：其他应付款——安化鸿运茶叶公司　　10 000

8 月 31 日回购商品时，回购价格 120 000 元，增值税税额 20 400 元（120000×17%）。

借：其他应付款——安化鸿运茶叶公司　　120 000
　　应交税费——应交增值税（进项税额）　　20 400
　贷：银行存款　　140 400

实践训练

【实践训练 3-4】

（1）创维有限公司的财务部门对办公室建立定额备用金制度，核对的备用金定额 7 000 元，以现金拨付。

（2）办公室报销日常办公用品费 3 000 元，财务部门以现金补足定额。

（3）采购部门外出采购商品，向财务部门预借款 30 000 元，以银行存款付讫。

（4）上述采购的商品入库，取得增值税专业发票，买价 20 000 元，增值税税额 3 400 元，余款以现金形式交回。

（5）取消办公室的定额备用金，收回现金 7 000 元。

要求：编制会计分录。

任务五　坏账损失的核算

学习目标

【知识目标】

理解坏账损失的含义，掌握各类坏账损失估计方法及坏账损失计提、核销，核销后收回等业务的会计处理方法。

【技能目标】

能够正确、熟练进行各类坏账损失估计方法的计算，并对坏账准备计提、核销、核销后又收回等业务进行正确的会计核算。

任务导入

湖南怡清源茶叶有限公司2017年有关坏账准备的相关资料如下。

（1）2016年12月31日的部分账户余额如下：应收账款余额为1 080 000元，坏账准备余额为21 600元。

（2）2017年4月30日，发现有10 000元无法收回，按规定确认为坏账损失。

（3）2017年1月～6月，赊销收入为3 910 000元，6月30日应收账款的余额为1 364 000元。

（4）2017年9月30日，原已确认为坏账的应收账款又收回6 000元。

（5）2017年12月31日，应收账款的余额为1 236 000元。

要求：分别进行下列操作。

（1）编制2017年坏账核销的会计分录。

（2）分别采用应收账款余额百分比法、账龄分析法、销货百分比法计算2017年6月30日应计提的坏账准备金额（备注：根据历史资料估计，如果按照应收账款余额，坏账损失的比率为2%；如果根据往年赊销收入，坏账损失的比率为0.7%；按照账龄进行分析，应收账款账龄及估计坏账损失如表3.2所示）。

（3）针对应收账款余额百分比法的计算结果，编制2017年6月30日的会计分录。

（4）编制2017年9月30日坏账收回业务的会计分录。

（5）使用应收账款余额百分比法计算2017年12月31日应计提的坏账准备金额，并编制会计分录。

表3.2　应收账款账龄及估计损失

金额单位：元

应收账款账龄	应收账款金额	估计损失（%）	估计损失金额
未到期	1 250 000	1.70	21 250
过期1个月	14 000	3.00	420
过期2个月	30 000	4.00	1 200
过期3个月	40 000	5.00	2 000
过期3个月以上	30 000	9.00	2 700
合　计	1 364 000		27 570

任务分析

针对坏账准备核算，会计人员需要参与或负责完成以下工作。

（1）根据企业实际，采用合理的坏账准备的估计方法。

（2）设置“坏账准备”账户。

（3）每期期末，计算坏账准备计提金额。

（4）对坏账准备计提、核销、核销后又收回等业务，分别填写相关凭证、编写会计分录、登记账簿。

知识准备

阅读材料：《企业会计准则第 22 号——金融工具确认和计量》、会计账户的相关规定等。

一、坏账损失的确认

坏账是指企业无法收回或收回的可能性极小的应收款项。由于发生坏账而产生的损失，称为坏账损失。企业应当在期末分析各项应收款项的可收回性，并预计可能发生的坏账损失。对预计可能发生的坏账损失，计提坏账准备。

企业确认坏账时，应遵循财务报告的目标和会计核算的基本原则，具体分析各应收款项的特征、金额的大小、信用期限、债务人的信誉和当时的经营情况等因素。

1. 下列各种情况下，企业应当全额确认坏账损失

（1）有确凿证据表明该项应收款项不能收回的，如债务单位已撤销、破产或债务人死亡，以其破产财产或遗产清偿后仍无法收回的应收账款。

（2）有证据表明该应收款项收回的可能性不大的，如债务单位资不抵债、现金流量严重不足、发生严重的自然灾害等导致停产而在短时间内无法偿还债务。

（3）债务人逾期未履行偿债义务超过 3 年仍无法收回的应收款项。

2. 下列各种情况下，企业不能全额计提坏账准备

（1）当年发生的应收账款。

（2）计划对应收账款进行重组。

（3）与关联方发生的应收账款。

（4）其他已逾期，但无确凿证据表明不能收回的应收款项。

3. 企业的预付账款，如有确凿证据表明其不符合预付账款性质，或者因供货单位破产、撤销等原因已无望再收到所购货物的，应当将原计入预付账款的金额转入其他应收款，并按规定计提坏账准备

4. 企业持有的未到期应收票据，如有确凿证据证明不能收回或收回的可能性不大时，应将其账面余额转入应收账款，并计提相应的坏账准备

企业应当定期或至少于年度终了对应收款项进行检查，并预计可能发生的坏账损失。对预计可能发生的坏账损失，计提坏账准备。企业计提坏账准备的方法由企业自行确定。企业应当制定计提坏账准备的政策，明确计提坏账准备的范围、提取方法、账龄的划分和提取比例，按照法律、行政法规的规定报有关各方备案，并备置于企业所在地。坏账准备计提方法一经确定，

不得随意变更——如需变更，应当在会计报表附注中予以说明。

在确定坏账准备的计提比例时，企业应当根据以往的经验、债务单位的实际财务状况和现金流量、债务单位的产品销售情况和市场前景、债务单位的资信状况等相关信息予以合理估计。实际工作中，企业还应根据其自身情况，采取不同的方法，调查和了解债务单位其他方面的情况，在综合分析各种可能影响因素的基础上，确定合理的坏账准备计提比例。

应当指出，对已确认为坏账的应收账款，并不意味着企业放弃了其追索权，一旦重新收回，应及时入账。

二、坏账损失的核算方法

坏账的核算方法有两种：直接转销法和备抵法。我国会计准则规定所有企业只能采用备抵法核算坏账。因此，本书只介绍备抵法。

备抵法是指按期估计可能发生的坏账损失，形成坏账准备，当某一应收款项全部或部分被确认为坏账时，应根据其金额冲减坏账准备，同时转销相应的应收账款金额的一种核算方法。

企业须设置“坏账准备”账户，作为“应收账款”账户的备抵调整账户，核算坏账准备的提取、核销、已确认坏账又收回等。借方登记发生坏账的损失数；贷方登记坏账准备的提取额和已确认并转销的坏账损失收回金额；贷方余额表示已经提取但尚未转销的坏账准备额。

备抵法下，坏账准备可按下列公式计算。

当期应提取的坏账准备=当期按应收账款计算应提坏账准备金额-“坏账准备”账户的贷方余额

企业提取坏账准备时，应遵守以下原则。

（1）若当期按应收账款计算应提坏账准备金额大于“坏账准备”账户的贷方余额，应按其差额提取坏账准备。借记“资产减值损失”账户，贷记“坏账准备”账户。

（2）若当期按应收账款计算应提坏账准备金额小于“坏账准备”账户的贷方余额，应按其差额冲减已计提的坏账准备。借记“坏账准备”账户，贷记“资产减值损失”账户。

（3）若当期按应收账款计算应提坏账准备金额为 0，应将“坏账准备”账户的余额全部冲回。

实际发生坏账时，借记“坏账准备”账户，贷记“应收票据”“应收账款”“预付账款”“其他应收款”“长期应收款”等账户。

若已确认并转销的坏账以后又收回，则应按收回的金额，借记“应收票据”“应收账款”“预付账款”“其他应收款”“长期应收款”等账户，贷记“坏账准备”账户；同时，借记“银行存款”账户，贷记“应收账款”“其他应收款”“长期应收款”等账户；或者也可以按照实际收回的金额，借记“银行存款”账户，贷记“坏账准备”账户。

企业采用备抵法核算坏账，对预计不能收回的应收款项作为坏账损失及时计入资产减值损失，避免了企业利润的虚增，符合谨慎性原则。同时，使应收款项的实际占有资金更接近实际，消除了虚列的应收款项，有利于企业资金周转，提高了企业的经济效益。

企业采用备抵法进行坏账核算时，首先应按期估计坏账损失。估计坏账损失的方法主要有 3 种，即应收账款余额百分比法、账龄分析法、销货百分比法。

1. 应收账款余额百分比法

应收账款余额百分比法是根据会计期末应收账款的余额和估计的坏账损失率，估计当期的坏账损失，据此提取坏账准备的方法。估计坏账损失率可以按照以往的数据资料加以确定，也可以是规定的百分率。一般来讲，坏账损失率应按坏账占应收款项的概率计算，企业发生的坏账多，比例相应就高些，反之则低些。会计期末，企业应提取的坏账准备大于其账面余额的，按其差额提取；应提取的坏账准备小于其账面余额的，按其差额冲回坏账准备。

在会计核算上应注意以下三个问题。

（1）采用应收账款余额百分比法估计坏账损失，能使年末调整后的“坏账准备”余额为应收账款年末余额按估计坏账损失率提取的坏账损失数，准确地反映了应收账款预期可变现净值。但是，这种方法，未能很好地解决收入和费用的配比问题。

（2）已确认并已转销的坏账损失，如果以后又收回，应及时借记和贷记该项“应收账款”账户，这样便于提供分析债务人财务状况的信息，便于确认将来是否与其进行财务往来，并能反映出债务人企图重新建立其信誉的愿望。

（3）收回的已作为坏账核销的应收账款，应贷记“坏账准备”账户，而不直接冲减“资产减值损失”。虽然先贷记“坏账准备”账户，然后再在年末时少提或冲销坏账准备，以减少资产减值损失，可最终结果是一样的，但采用贷记“坏账准备”账户的做法，能够使“资产减值损失”账户仅反映企业提取或冲回多提的坏账准备数额。而“坏账准备”账户则集中反映了坏账准备的提取、坏账损失的核销、收回的已作为坏账核销的应收账款情况。这样处理，使得坏账准备的提取、核销、收回、结余，反映得更为清楚，便于进行分析利用。

2. 账龄分析法

账龄分析法实际上是比应收账款余额百分比法更为精确地估计坏账的一种方法。采用这一方法，是根据顾客所欠账款时间的长短和以往经验确定的坏账百分比，估计坏账损失的方法。一般来说，账款被拖欠的时间越长，客户的信用级别越低，偿债能力越差，发生坏账的可能性就越大。依据这一前提，对不同期限的应收账款，凭以往经验确定不同的坏账百分比来估计坏账损失。

3. 销货百分比法

销货百分比法是根据赊销金额的一定百分比估计坏账损失的一种方法。一般情况下认为，坏账损失的产生与赊销业务有关，当期赊销业务越多，产生的坏账损失就越大。因此，可以根据以往的经验和当期的有关资料，估计坏账损失与赊销金额之间的比率，再用这一比率乘以当期的赊销净额，计算坏账损失的估计数。赊销净额一般应扣除销货退回和折让。

在采用销售百分比法的情况下，估计坏账损失百分比可能由于企业生产经营情况的不断变化而不相适应。因此，需要经常检查百分比是否能足以反映企业坏账损失的实际情况，倘若发现过高或过低的情况，应及时调整百分比。

任务实施

1. 2017 年 4 月 30 日，核销坏账 10 000 元

借：坏账准备　　10 000
　贷：应收账款　　10 000

2. 分别采用应收账款余额百分比法、账龄分析法、销货百分比法进行计算

（1）应收账款余额百分比法：
计提前坏账准备余额=21 600−10 000=11 600（元）
年末应保留的坏账准备余额=1 364 000×2%=27 280（元）
本期应计提的坏账准备金额=27 280−11 600=15 680（元）
（2）账龄分析法：
根据表 3.2，本期坏账准备计算如下：
本期计提额=27 570−11 600=15 970（元）
（3）销货百分比法：
估计坏账准备余额=3 910 000×0.7%=27 370（元）
本期计提额=27 370−11 600=15 770（元）

3. 2017 年 6 月 30 日，计提坏账准备

借：资产减值损失　　15 680
　贷：坏账准备　　15 680

4. 2017 年 9 月 30 日，原已核销的坏账收回

借：应收账款　　6 000
　贷：坏账准备　　6 000
借：银行存款　　6 000
　贷：应收账款　　6 000

5. 2017 年 12 月 31 日

计提前坏账准备余额=27 280+6 000=33 280（元）
应提的坏账准备余额=1 236 000×2%=24 720（元）
本期计提额=24 720−33 280=−8 560（元）
编制如下会计分录。
借：坏账准备　　8 560
　贷：资产减值损失　　8 560

典型任务示例

【典型任务示例 3-5】

海狮酒业公司按照应收账款余额的3‰提取坏账准备。该公司第一年的应收账款余额为3 000 000元；第二年发生坏账6 000元，其中天天营业部1 000元，海昌公司5 000元，年末应收账款余额为4 000 000元；第三年，收回已冲销的上年海昌公司的应收账款5 000元，期末应收账款余额为4 500 000元。

要求：针对上述经济业务编制会计分录。

第一年，应计提的坏账准备=3 000 000×3‰=9 000（元）

编制如下会计分录。

借：资产减值损失　　9 000

　贷：坏账准备　　9 000

第二年，发生坏账损失时：

借：坏账准备　　6 000

　贷：应收账款——天天营业部　　1 000

　　　　　　——海昌公司　　5 000

年末应保留的坏账准备余额=4 000 000×3‰=12 000（元）

计提前坏账准备余额=9 000−6 000=3 000（元）

年末应计提的坏账准备=12 000−3 000=9 000（元）

年末编制如下会计分录。

借：资产减值损失　　9 000

　贷：坏账准备　　9 000

第三年，收回已核销的海昌公司的应收款项时：

借：应收账款——海昌公司　　5 000

　贷：坏账准备　　5 000

借：银行存款　　5 000

　贷：应收账款——海昌公司　　5 000

年末应保留的坏账准备余额=4 500 000×3‰=13 500（元）

计提前坏账准备余额=12 000+5 000=17 000（元）

年末应计提的坏账准备=13 500−17 000=−3 500（元）

编制如下会计分录。

借：坏账准备　　3 500

　贷：资产减值损失　　3 500

实践训练

【实践训练 3-5】

创维有限公司按照应收账款余额百分比法计提坏账准备，坏账准备率为 2‰。2017 年 11 月 29 日“坏账准备”账户余额在贷方，金额 2 574 元。2017 年 12 月发生下列经济业务。

（1）11 月 30 日，应收账款账户本月份余额 274 000 元。

（2）12 月 20 日，上月向 A 公司定购商品一批，预付货款 15 000 元，今该公司宣告破产，已无望收到商品，经批准予以专作坏账损失。

（3）12 月 25 日，应收 B 公司货款 1 640 元，因该企业已破产无法收回，经批准转作坏账损失。

（4）12 月 30 日，C 公司还来前欠货款 560 元，已存入银行。该款已于今年 6 月转作坏账损失，予以冲转。

（5）12 月 31 日，应收账款账户余额 254 000 元。

要求：分别计算 11 月 30 日和 12 月 31 日坏账准备的计提金额，并编制相应会计分录。

综合训练

一、单项选择题

1. 下列关于应收票据的说法中，不正确的是（　　）。

A. 银行汇票属于应收票据核算的内容

B. 应收票据的付款期限，最长不得超过六个月

C. 应收票据的提示付款期限，自汇票到期日起十天

D. 应收票据能够计提坏账准备

2. 企业开出并承兑的商业承兑汇票无力支付时，正确的会计处理是将该应付票据（　　）。

A. 转作短期借款　　B. 转作应付账款　　C. 转作其他应付款　　D. 仅做备查登记

3. 下列各项中，不构成应收账款入账价值的是（　　）。

A. 现金折扣　　B. 商业折扣

C. 提供劳务的价款　　D. 代购货方垫付的包装费

4. 下列各项关于应付账款及预收账款的表述中，不正确的是（　　）。

A. 应付账款一般按应付金额入账，而不按到期应付金额的现值入账

B. 如果购入的资产在形成一笔应付账款时是带有现金折扣的，应付账款应当按照扣除最大现金折扣后的余额反映

C. 预收账款不多的企业，也可以不设置“预收账款”科目，直接记入“应收账款”科目的贷方即可

D．开出并承兑的商业承兑汇票如果不能如期支付的，应在票据到期时，将“应付票据”账面价值转入“应付账款”科目，待协商后再行处理

5．关于“预付账款”账户，下列说法不正确的有（　　）。

A．“预付账款”属于资产类的账户

B．预付货款不多的企业，可以不单独设置“预付账款”账户，将预付的货款记入“应付账款”账户的借方

C．“预付账款”账户贷方余额反映的是应付供货单位的款项

D．“预付账款”账户核算企业因销售业务产生的往来款项

6．企业预收账款业务不多时，可以不设置“预收账款”科目，直接记入（　　）。

A．应收账款的借方　　B．应收账款的贷方

C．应付账款的借方　　D．应付账款的贷方

7．企业代扣职工房租和代垫职工家属医药费，应通过（　　）核算。

A．应收账款　　B．其他应收款　　C．其他应付款　　D．应付账款

8．下列各项中，应通过“其他应付款”科目核算的是（　　）。

A．应付现金股利　　B．应交教育费附加

C．应付租入包装物租金　　D．应付管理人员工资

9．下列选项中，属于计提坏账准备的分录的是（　　）。

A．借：资产减值损失
　　贷：坏账准备

B．借：管理费用
　　贷：应收账款

C．借：坏账准备
　　贷：应收账款

D．借：坏账准备
　　贷：资产减值损失

10．2016 年 12 月 31 日，甲公司对应收乙公司的账款进行减值测试。应收账款余额合计为 1 000 000 元，甲公司根据乙公司的资信情况确定按 8%计提坏账准备。2017 年公司对乙公司的应收账款实际发生坏账 30 000 元。2017 年末应收乙公司的账款余额为 1 200 000 元。经减值测试，按 10%计提坏账准备。2017 年甲公司应该计提的坏账准备为（　　）。

A．120 000　　B．70 000　　C．90 000　　D．80 000

二、多项选择题

1．应收票据终止确认时，会涉及到的科目有（　　）。

A．财务费用　　B．原材料　　C．应交税费　　D．银行存款

2．按现行会计准则规定，不能用“应收票据”及“应付票据”核算的票据包括（　　）。

A．银行汇票存款　　B．银行承兑汇票　　C．银行本票存款　　D．商业承兑汇票

3．企业因销售商品发生的应收账款，其入账价值应当包括（　　）。

A．销售商品的价款　　B．增值税销项税额

C．代购货方垫付的包装费　　D．代购货方垫付的运杂费

4．下列关于应付账款的处理中，正确的有（　　）。

A．货物与发票账单同时到达，待货物验收入库后，按发票账单登记入账

B．货物已到，但至月末时发票账单还未到达，应在月份终了时暂估入账

C．应付账款一般按到期时应付金额的现值入账

D．企业采购业务中形成的应付账款，在确认其入账价值时不需要考虑将要发生的现金折扣

5．下列各项应通过“其他应收款”核算的是（　　）。

A．为职工代垫的水电费　　B．租入包装物的押金

C．企业因意外损失收到的保险公司赔款　　D．出租包装物租金

6．下列各项中，可以计提坏账准备的有（　　）。

A．应收账款　　B．应收票据　　C．预收账款　　D．其他应收款

7．下列各种情况，进行会计处理时，应记入“坏账准备”科目贷方的有（　　）。

A．企业对当期增加的某项应收账款按个别认定法计提坏账准备

B．收回过去已确认并转销的坏账

C．期末“坏账准备”账户余额为贷方，且大于计提前坏账准备余额

D．发生坏账

8．下列各项中，会引起应收账款账面价值发生变化的有（　　）。

A．计提坏账准备　　B．收回应收账款

C．转销坏账准备　　D．收回已转销的坏账

9．坏账的核算方法有（　　）。

A．直接转销法　　B．间接法　　C．备抵法　　D．成本法

10．按现行企业会计制度的规定，下列各项应收款项中，不能全额计提坏账准备的有（　　）。

A．当年发生的应收款项

B．计划对应收款项进行重组

C．与关联方发生的应收款项

D．其他已逾期但无确凿证据表明不能收回的应收款项

三、判断题

1．在进行带息应收票据贴现核算时，应将其贴现利息直接计入当期损益。（　　）

2．无论企业收到的应收票据是否带息，均应按到期值入账。（　　）

3．应收票据有发生坏账的风险，一般企业应对其计提坏账准备。（　　）

4．不带息票据的到期值等于应收票据的面值。（　　）

5．企业应收债务的利息通过“应收账款”科目核算。（　　）

6．已转销的应收账款，不会影响应收账款的账面价值。（　　）

7．预付款项情况不多的企业，可以不设置“预付账款”科目，通过“应付账款”科目核算。（　　）

8．确认为坏账的应收账款，意味着企业放弃了其追索权。（　　）

9．企业存在无法收回的应收账款，应当按照管理权限经批准后作为坏账损失处理，确认坏账损失。（　　）

10．企业无论采用什么样的方法核算坏账损失，其确认坏账的标准都是相同的。（　　）

四、综合业务

1．假设2015年12月31日，中天公司应收账款的余额1800 000元。公司采用应收账款余额百分比法估计坏账损失，计提比例为4%。2016年7月15日，因海星公司破产核销应收账款40 000元。2016年12月31日，中天公司应收账款余额为2200 000元。2017年5月20日，中天公司收到2015年已经转销的海星公司坏账20 000元。2017年12月31日，中天公司应收账款的余额为2500 000元。

要求：

（1）编制2017年5月20日的会计分录；

（2）计算2017年12月31日应计提的坏账准备并编制相应的会计分录。

2．2017年6月10日，中天公司按照合同规定开出转账支票一张，预付给康德公司购买材料的款项100 000元。公司于7月5日收到材料，康德公司开来的专用发票上注明价款100 000元，增值税税额17 000元，7月10日公司向康德公司补付剩余货款。

要求：根据上述业务分别编制6月10日、7月5日和7月10日的会计分录。

项目四 工资和税费岗位的会计核算

任务一 应付职工薪酬的核算

学习目标

【知识目标】

理解应付职工薪酬的核算内容，掌握应付职工薪酬的确认及发放的会计处理方法。

【技能目标】

能够准确进行应付职工薪酬各个项目的计算，熟悉工资结算汇总表的编制，掌握工资费用的分配方法，对应付职工薪酬的确认和发放准确核算。

任务导入

湖南怡清源茶业有限公司共有职工 2 000 名，其中 1 700 名为直接参加生产的职工，300 名为总部管理人员。

（1）2017 年 2 月 27 日，公司决定以其生产的每斤成本为 60 元的茶叶作为春节福利发放给公司职工，每人发放 1 斤。该茶叶市场售价为每斤 100 元，公司适用的增值税税率为 17%。2015 年 3 月 1 日，工会发放茶叶并签字，并将签字表交财务部门。

（2）2017 年 2 月 27 日，湖南怡清源茶业有限公司为总部各部门经理级别以上的职工提供汽车免费使用，同时为副总裁以上的高级管理人员每人租赁一套住房。公司总部共有部门经理以上职工 20 名，每人提供一辆桑塔纳汽车免费使用，假定每辆桑塔纳汽车每月计提折旧 1 000 元；公司共有副总裁以上高级管理人员 5 名，公司为其每人租赁一套面积为 200 平方米带有家具和电器的公寓，月租金为每套 3 000 元。2017 年 3 月 1 日，支付上述租金。

（3）5 月 31 日，计算分配本月职工工资总额 2 100 000 元，其中生产工人工资 1 000 000 元，车间管理人员工资 200 000 元，行政管理人员工资 400 000 元，销售人员工资 500 000 元。生产工人工资按工时分配，本月生产黑玫瑰工时总额 3 500 小时，生产野针王工时总额 6 500 小时。同时按工资总额的 14%计提本月职工福利费。

（4）5 月 31 日，按工资总额的 22%、10%、1%、0.8%、1.2%和 12%分别计提企业承担的养老保险、医疗保险、失业保险、生育保险、工伤保险和住房公积金。

(5)2017 年 6 月 3 日，湖南怡清源茶业有限公司代扣了职工个人负担的养老保险费 168 000 元，医疗保险费 42 000 元，失业保险费 4 200 元，住房公积金 252 000 元和个人所得税 18 000 元后以银行存款发放职工 5 月份工资 1 615 800 元。

(6) 2017 年 6 月 4 日，到社保局和住房公积金中心缴纳了 5 月份的社保费、住房公积金。

(7) 2017 年 6 月 8 日缴纳上月的个人所得税。

要求：以湖南怡清源茶业有限公司会计人员的身份对这些业务进行会计核算。

任务分析

为了准确核算湖南怡清源茶业有限公司的应付职工薪酬，会计人员需要完成以下工作。

（1）确认应计入职工薪酬的货币性薪酬和非货币性福利。

（2）计算个人所得税、住房公积金等代扣、代缴项目。

（3）编制工资结算汇总表。

（4）根据受益对象分配工资费用。

（5）计提职工福利费，并按受益对象进行分配。

（6）发放工资。

知识准备

阅读材料：《企业会计准则第 9 号——应付职工薪酬》、会计账户的相关规定、《关于工资总额组成的规定》《住房公积金管理条例》等。

工资和税费岗位会计核算的内容包括：工资的核算；负责与税务和财政部门的沟通与协调；对公司应缴纳的各种税费进行计算、申报和缴纳，编制纳税申报表；负责发票的开具与管理等。

一、应付职工薪酬的内容

应付职工薪酬是指企业根据有关规定应当付给职工的各种薪酬，包括货币性薪酬和非货币性福利。具体而言，职工薪酬主要包括以下几个方面的内容。

（一）职工工资

职工工资是指各单位在一定时期内直接支付给本单位职工的劳动报酬总额。具体由下列 6 个部分组成：计时工资；计件工资；奖金；津贴和补贴；加班加点工资；特殊情况下支付的工资。

根据国家法律、法规和政策规定，企业在职工因病、工伤、产假、计划生育假、婚丧假、事假、探亲假、定期休假、停工学习、执行国家或社会义务等特殊情况下，按照计时工资或计件工资标准的一定比例支付的工资，也属于职工工资范畴，不应当从工资总额中扣除。

（二）职工福利费

职工福利费是指企业为职工集体提供的福利，如企业内设医务室等福利机构人员的工资、医务经费、职工因公负伤赴外地就医路费、职工生活困难补助，以及按规定发生的其他职工福利支出。

《企业会计准则第 9 号——职工薪酬》应用指南规定：“没有规定计提基础和计提比例的，企业应当根据历史经验数据和实际情况，合理预计当期应付职工薪酬。当期实际发生金额大于预计金额的，应当补提应付职工薪酬；当期实际发生金额小于预计金额的，应当冲回多提的应付职工薪酬。”

工资总额的 14%属于税法规定的扣除比例，不属于财政部规定的企业计提比例（会计处理应遵循财政部的有关规定）。因此，职工福利费属于没有规定计提比例的情况。

（三）社会保险费

社会保险费是指在社会保险基金的筹集过程中，雇员和雇主按照规定的数额和期限向社会保险管理机构缴纳的费用。具体包括以下五种：养老保险费、医疗保险费、失业保险费、工伤保险费和生育保险费，其中养老保险、医疗保险和失业保险这三种保险费由单位和个人共同缴纳，工伤保险和生育保险完全由单位承担，个人不需要缴纳。缴费基数以工资总额为基础，缴费比例每个地区略有不同。2015 年很多地区的缴费比例是养老保险 30%（单位 22%+个人 8%），医疗保险 12%（单位 10%+个人 2%），失业保险 1.2%（单位 1%+个人 0.2%），生育保险 0.8%（单位承担），工伤保险 0.5%～2%（单位承担）。

以商业保险形式提供给职工的各种保险待遇也属于企业提供的职工薪酬。

（四）住房公积金

住房公积金是指企业按照国家《住房公积金管理条例》规定的基准和比例计算，向住房公积金管理机构缴存的住房公积金。它以工资总额为基础，由单位及个人共同承担，缴存比例 5%～20%（单位和个人比例相同）。

（五）工会经费和职工教育经费

工会经费和职工教育经费是指企业为了改善职工文化生活、提高职工业务素质用于开展工会活动和职工教育及职业技能培训，根据国家规定的基准和比例，从成本费用中提取的金额。

（六）非货币性福利

非货币性福利包括企业以自己的产品或其他有形资产发放给职工作为福利、企业向职工提供无偿使用自己拥有的资产（如提供给企业高级管理人员的汽车、住房等）、企业为职工无偿提供商品或类似医疗保健的服务等。

（七）其他职工薪酬

例如，因解除与职工的劳动关系给予的补偿（又称辞退福利），即企业在职工劳动合同到期之前解除与职工的劳动关系，或者为鼓励职工自愿接受裁减而提出补偿建议的计划中给予职工的经济补偿。对于这些其他职工薪酬的内容，本书暂不涉及。

二、应付职工薪酬的核算步骤

企业应当通过“应付职工薪酬”账户，核算应付职工薪酬的提取、结算、使用等情况。该账户借方登记实际发放职工薪酬的数额；贷方登记已分别记入有关成本费用项目的职工薪酬的数额；该账户期末贷方余额反映企业应付未付的职工薪酬。“应付职工薪酬”账户应当按照“工资”“职工福利”“社会保险费”“住房公积金”“工会经费”“职工教育经费”“非货币性福利”等应付职工薪酬项目设置明细账户，进行明细核算。

（一）确认应付职工薪酬

1. 货币性职工薪酬

企业应当在职工为其提供服务的会计期间根据职工提供服务的受益对象，将应确认的职工薪酬（包括“工资”“职工福利”“社会保险费”“住房公积金”“工会经费”“职工教育经费”）计入相关资产成本或当期损益，同时确认为应付职工薪酬。具体分别按以下情况进行处理。

（1）生产部门人员的职工薪酬，借记“生产成本”“制造费用”“劳务成本”等账户，贷记“应付职工薪酬”账户。

（2）管理部门人员的职工薪酬，借记“管理费用”账户，贷记“应付职工薪酬”账户。

（3）销售人员的职工薪酬，借记“销售费用”账户，贷记“应付职工薪酬”账户。

（4）应由在建工程、研发支出负担的职工薪酬，借记“在建工程”“研发支出”账户，贷记“应付职工薪酬”账户。

企业在计量应付职工薪酬时，应当注意国家是否有相关的明确计提标准加以区别处理：一般而言，企业应向社会保险经办机构（或企业年金基金账户管理人）缴纳的医疗保险费、养老保险费、失业保险费、工伤保险费、生育保险费等社会保险费，国家（或企业年金计划）统一规定了计提基础和计提比例，应当按照国家规定的标准计提；职工福利费等职工薪酬，国家（或企业年金计划）没有明确规定计提基础和计提比例，企业应当根据历史经验数据和实际情况，合理预计当期应付职工薪酬。当期实际发生金额大于预计金额的，应当补提应付职工薪酬；当期实际发生金额小于预计金额的，应当冲回多提的应付职工薪酬。

2. 非货币性福利

企业以其自产产品作为非货币性福利发放给职工的，应当根据受益对象，按照该产品的公允价值，计入相关资产成本或当期损益，同时确认应付职工薪酬，借记“管理费用”“生产成本”“制造费用”等账户，贷记“应付职工薪酬——非货币性福利”账户。

将企业拥有的房屋等资产无偿提供给职工使用的，应当根据受益对象，将该住房每期应计提的折旧计入相关资产成本或当期损益，同时确认应付职工薪酬，借记“管理费用”“生产成本”“制造费用”等账户，贷记“应付职工薪酬——非货币性福利”账户，并且同时借记“应付职工薪酬——非货币性福利”账户，贷记“累计折旧”账户。

租赁住房等资产供职工无偿使用的，应当根据受益对象，将每期应付的租金计入相关资产成本或当期损益，并确认应付职工薪酬，借记“管理费用”“生产成本”“制造费用”等账户，贷记“应付职工薪酬——非货币性福利”账户。

难以认定受益对象的非货币性福利，直接计入当期损益和应付职工薪酬。

（二）发放职工薪酬的核算

1. 发放工资

企业按照有关规定向职工支付工资、奖金、津贴等时，借记“应付职工薪酬——工资”账户，贷记“银行存款”“库存现金”等账户；企业从应付职工薪酬中扣除各种款项（代垫的家属药费、个人所得税等）时，借记“应付职工薪酬”账户，贷记“银行存款”“库存现金”“其他应收款”“其他应付款”“应交税费——应交个人所得税”等账户。

在实际工作中，企业一般在每月发放工资前，根据“工资结算汇总表”中的“实发金额”栏的合计数向开户银行提取现金，借记“库存现金”账户，贷记“银行存款”账户，然后再向职工发放。

2. 缴纳五险一金

按照国家有关规定分别到当地社会保障局和住房公积金中心缴纳社会保险费和住房公积金，缴纳后，借记“应付职工薪酬——社会保险费（或住房公积金）”账户，贷记“银行存款”。

3. 使用职工福利费

企业向职工食堂、职工医院、生活困难职工等支付职工福利费时，借记“应付职工薪酬——职工福利”账户，贷记“银行存款”“库存现金”等账户。

4. 使用工会经费、职工教育经费

上缴或使用工会经费、使用职工教育经费时，借记“应付职工薪酬——工会经费或职工教育经费”账户，贷记“银行存款”“库存现金”等账户。

5. 使用非货币性福利

企业以自产产品作为职工薪酬发放给职工时，应确认主营业务收入，借记“应付职工薪酬——非货币性福利”账户，贷记“主营业务收入”账户，涉及增值税销项税额的，还应进行相应的处理，同时结转相关成本。

企业无偿为职工提供住房支付住房的租金或折旧时，借记“应付职工薪酬——非货币性福利”账户，贷记“银行存款”或“累计折旧”等账户。

任务实施

1. 根据任务描述（1）编制如下会计分录

本任务中：应确认的应付职工薪酬为 2 000×100+2 000×100×17%=234 000（元）。其中，应记入“生产成本”账户的金额为 1 700×100×17%+1 700×100=198 900（元），应记入“管理费用”账户的金额为 300×100×17%+300×100=35 100（元）。

（1）公司决定以茶叶作为春节福利发放给职工时，编制如下会计分录。

借：生产成本　198 900

　　管理费用　35 100

　贷：应付职工薪酬——非货币性福利　234 000

（2）公司向职工发放茶叶作为福利，同时要根据相关税收规定，视同销售计算增值税销项税额。编制如下有关会计分录。

借：应付职工薪酬——非货币性福利　234 000

　贷：主营业务收入　200 000

　　　应交税费——应交增值税（销项税额）　34 000

借：主营业务成本　120 000

　贷：库存商品——茶叶　120 000

2. 根据上述任务描述（2），编制如下会计分录

本任务中，应确认的计入管理费用应付职工薪酬为 20×1 000+5×3 000=35 000（元）。其中，提供企业拥有的汽车供部门经理以上职工使用的非货币性福利为 20×1 000=20 000（元），租赁住房供高管使用的非货币性福利=5×3 000=15 000（元）。

（1）2017 年 2 月 27 日，编制如下会计分录。

借：管理费用　35 000

　贷：应付职工薪酬——非货币性福利　35 000

借：应付职工薪酬——非货币性福利　20 000

　贷：累计折旧　20 000

（2）2017 年 3 月 1 日，公司支付副总裁以上高级管理人员住房租金时，编制如下会计分录。

借：应付职工薪酬——非货币性福利　15 000

　贷：银行存款　15 000

3. 根据上述任务描述（3），编制如下会计分录

本任务中，应确认计入“生产成本——黑玫瑰”的应付职工薪酬为 1 000 000×3 500÷(3 500+6 500)=350 000（元），应确认计入“生产成本——野针王”的应付职工薪酬为 1 000 000×6 500÷(3 500+6 500)=650 000（元）。

（1）计算分配工资时：

借：生产成本——黑玫瑰　350 000

　　生产成本——野针王　650 000

　　制造费用　200 000

　　管理费用　400 000

　　销售费用　500 000

　贷：应付职工薪酬——工资　2 100 000

（2）计提福利费时：

借：生产成本——黑玫瑰　49 000

　　生产成本——野针王　91 000

制造费用　　28 000
管理费用　　56 000
销售费用　　70 000
贷：应付职工薪酬——职工福利　　294 000

4. 根据上述任务描述（4），编制如下会计分录

本任务中，应确认的“应付职工薪酬——社会保险费”为 2 100 000×(22%+10%+1%+1.2%+0.8%)=735 000（元），应确认的“应付职工薪酬——住房公积金”为 2 100 000×12%=252 000（元）。其中，应计入“生产成本——黑玫瑰”中的职工薪酬为 350 000×(22%+10%+1%+1.2%+0.8%+12%)=164 500（元），应计入“生产成本——野针王”中的职工薪酬为 650 000×(22%+10%+1%+1.2%+0.8%+12%)=305 500（元），应计入“制造费用”中的职工薪酬为 200 000×(22%+10%+1%+1.2%+0.8%+12%)=94 000（元），应计入“管理费用”中的职工薪酬为 400 000×(22%+10%+1%+1.2%+0.8%+12%)=188 000（元），应计入“销售费用”中的职工薪酬为 500 000×(22%+10%+1%+1.2%+0.8%+12%)=235 000（元）。

借：生产成本——黑玫瑰　　164 500
生产成本——野针王　　305 500
制造费用　　94 000
管理费用　　188 000
销售费用　　235 000
贷：应付职工薪酬——社会保险　　735 000
——住房公积金　　252 000

5. 根据上述任务描述（5），编制如下会计分录

本任务中代扣的社会保险费为 168 000+42 000+4 200=214 200（元）。

借：应付职工薪酬——工资　　2 100 000
贷：银行存款　　1 615 800
应交税费——应交个人所得税　　18 000
其他应付款——社会保险费　　214 200
——住房公积金　　252 000

6. 根据上述任务描述（6），编制如下会计分录

借：应付职工薪酬——社会保险　　735 000
——住房公积金　　252 000
其他应付款——社会保险费　　214 200
——住房公积金　　252 000
贷：银行存款　　1 453 200

7. 根据上述任务描述（7），编制如下会计分录

借：应交税费——应交个人所得税　　18 000
贷：银行存款　　18 000

典型任务示例

【典型任务示例 4-1】

湖南怡清源茶叶有限公司本月应付工资总额 462 000 元，工资费用分配汇总表中列示生产工人工资总额为 320 000 元，车间管理人员工资为 70 000 元，企业行政管理人员工资为 60 400 元，销售人员工资为 11 600 元。

要求：根据上述任务，编制会计分录。

借：生产成本——基本生产成本　　320 000
　　制造费用　　70 000
　　管理费用　　60 400
　　销售费用　　11 600
　贷：应付职工薪酬——工资　　462 000

【典型任务示例 4-2】

公司下设一所职工食堂，每月根据在岗职工数量及岗位分布情况、相关历史经验数据等计算需要补贴食堂的金额，从而确定企业每期因职工食堂而需要承担的福利费金额。2017 年 11 月，企业在岗职工共计 2 000 人。其中，管理部门 300 人，生产车间 1 700 人。企业的历史经验数据表明，对于每个职工企业每月需补贴食堂 120 元。

要求：根据上述任务编制会计分录。

借：生产成本　　204 000
　　管理费用　　36 000
　贷：应付职工薪酬——职工福利　　240 000

【典型任务示例 4-3】

根据国家规定的计提标准计算，本月应向社会保险经办机构缴纳职工基本养老保险费共计 64 680 元。其中，应计入生产车间基本生产成本的金额为 44 800 元、应计入制造费用的金额为 9 800 元、应计入管理费用的金额为 8 456 元，应计入销售费用的金额为 1 624 元。

要求：根据上述任务编制会计分录。

借：生产成本——基本生产成本　　44 800
　　制造费用　　9 800
　　管理费用　　8 456
　　销售费用　　1 624
　贷：应付职工薪酬——社会保险费（基本养老保险）　　64 680

【典型任务示例 4-4】

根据“工资结算汇总表”，本月应付职工工资总额 462 000 元，代扣企业代垫职工家属医药费20 000元，职工房租40 000元，实发工资402 000元，通过银行发放工资。

要求：根据上述任务编制会计分录。

借：应付职工薪酬——工资　　462 000
　贷：银行存款　　402 000
　　其他应收款——**员工（房租）　　40 000
　　　　——**员工（代垫医药费 ）　　20 000

【典型任务示例4-5】

公司以现金支付职工张某生活困难补助800元。

要求：根据上述任务编制会计分录。

借：应付职工薪酬——职工福利　　800
　贷：库存现金　　800

【典型任务示例4-6】

公司用现金共支付12 000元补贴给食堂。

要求：根据上述任务编制会计分录。

借：应付职工薪酬——职工福利　　12 000
　贷：库存现金　　12 000

【典型任务示例4-7】

公司以银行存款缴纳参加职工医疗保险的医疗保险费40 000元。

要求：根据上述任务编制会计分录。

借：应付职工薪酬——社会保险费　　40 000
　贷：银行存款　　40 000

实践训练

【实践训练4-1】

红星公司分配2017年5月份应付的工资薪酬，总计金额47 500元。其中，生产工人薪酬28 000元、车间管理人员薪酬2 000元、厂部管理人员薪酬12 000元、在建工程人员薪酬1 500元、销售人员薪酬4 000元。该企业按工资薪酬总额的14%提取职工福利费。6月5日代扣800元后（其中代扣房租和水电费300元、个人所得税500元）通过银行发放上月实发工资46 700元。

要求：根据上述业务编制会计分录。

任务二　应交税费的核算

学习目标

【知识目标】

了解增值税、消费税的征税对象、计税依据，税额计算等税法知识，掌握一般纳税企业和小规模纳税企业的应交增值税核算方法，以及应交消费税的核算方法，熟悉其他应交税费的核算方法。

【技能目标】

掌握发票开具、税额计算、纳税申报及税额缴纳等工作，并做出正确的会计处理。

任务导入

湖南怡清源茶叶有限公司是一家生产经营茶业的制造企业，生产的产品主要有黑玫瑰和野针王。公司为增值税一般纳税人，增值税税率为 17%，城市维护建设税税率为 7%，教育费附加率为 3%。2017 年 6 月，部分业务如下。

（1）2017 年 6 月 2 日，公司从农业生产者个人处收购毛茶 50 000 千克，价款 600 000 元；收购玫瑰花 5 000 千克，价款 114 942.53 元，运费 55 000 元（由新邦物流公司负责运输）。毛茶及玫瑰花验收入库，运费按重量分配，以现金支票支付。

（2）6 月 5 日，公司收到银行付款通知单，扣划上月的增值税税额 300 000 元，城市维护建设税税额 21 000 元，教育费附加 9 000 元，预缴企业所得税税额 38 500 元。

（3）6 月 9 日，销售给湖南通程商业集团公司黑玫瑰 100 件，单价 5 000 元；野针王 50 件，单价 10 000 元。开出增值税专用发票，代垫运费 50 000 元给负责运输的新邦物流公司，款项暂未收到。

（4）6 月 10 日，将本企业的一栋闲置仓库出租给新邦物流公司，每月租金 20 000 元，并预收了前 3 个月的租金 60 000 元。本月租金按全月计算。

（5）6 月 16 日，从外地一加工企业购进毛茶一批计 30 000 千克，价款为 360 000 元，增值税税额 46 800 元，运费 30 000 元（由新邦物流公司负责运输）。款项已付，毛茶验收入库，收到增值税专用发票。

（6）6 月 16 日，向湖南通程商业集团公司销售野针王茶叶 100 件，单价 10 000 元；黑玫瑰 100 件，单价 5 000 元。开出增值税专用发票，代垫运费 50 000 元（由新邦物流公司负责运输）。收到银行承兑汇票一张。

（7）6 月 30 日，计算并缴纳本月应缴的增值税、城市维护建设税和教育费附加。

要求：以湖南怡清源茶业有限公司会计人员的身份对这些业务进行会计核算。

任务分析

为了准确核算湖南怡清源茶业有限公司的税费，会计人员需要完成以下工作。

（1）正确开具和保管发票。

（2）正确计算应交税费。

（3）正确进行纳税申报。

（4）及时缴纳税费。

（5）及时登记相关账簿。

知识准备

阅读材料：《中华人民共和国增值税暂行条例》《中华人民共和国消费税暂行条例实施细则》会计账户的相关规定等。

企业根据税法规定应缴纳的各种税费包括：增值税、消费税、城市维护建设税、资源税、所得税、土地增值税、房产税、车船使用税、土地使用税、教育费附加、矿产资源补偿费、印花税、耕地占用税等。

企业应通过“应交税费”账户，总括反映各种税费的缴纳情况，并按照“应交税费”项目进行明细核算。该账户借方登记实际缴纳的税费；贷方登记应缴纳的各种税费等；期末余额一般在贷方，反映企业尚未缴纳的税费，期末余额如在借方，反映企业多缴或尚未抵扣的税费。

一、应交增值税

（一）增值税概述

增值税是以商品（含应税劳务）在流转过程中产生的增值额作为计税依据而征收的一种流转税。从计税原理上说，它是对商品生产、流通、劳务服务中多个环节的新增价值或商品的附加值征收的一种流转税。增值税征收通常包括生产、流通或消费过程中的各个环节，是基于增值额或价差为计税依据的中性税种，理论上包括制造业、商品流通业、建筑业、房地产开发、交通运输、邮电通信、酒店服务业、采矿业和农业各个产业领域（种植业、林业和畜牧业）等。增值税已经成为中国最主要的税种之一，增值税的税收收入占中国全部税收的 60%以上，是我国目前最大的税种。增值税由国家税务局负责征收，税收收入中的 75%为中央财政收入，25%为地方收入。进口环节的增值税由海关负责征收，税收收入全部为中央财政收入。

增值税实行价外税，也就是说由消费者负担。按照纳税人的经营规模和会计核算的健全程度，增值税纳税人分为：一般纳税人和小规模纳税人两种。一般纳税人应纳增值税额根据当期销项额减去当期进项额计算确定；小规模纳税人应纳增值税额按照销售额和规定的征收率计算确定。一般纳税人根据服务的内容和销售的货物种类适用的增值税税率有 17%、11%和 6%；小规模纳税人适用 3%的征收率；出口货物适用零税率。

按照《中华人民共和国增值税暂行条例》规定，企业购入货物或接受应税劳务支付的增值税（即进项税额），可从销售货物或提供劳务按规定收取的增值税（即销项税额）中抵扣。准予从销项税额抵扣的进项税额通常包括：

（1）从销售方取得的增值税专用发票上注明的增值税额；

（2）从海关取得的完税凭证上注明的增值税额；

（3）购进货物和销售货物支付运输费用时从运输企业取得的增值税专用发票上注明的增值税额；

（4）购进免税农产品准予从销项税额中抵扣的进项税额按买价和 11%的扣除率计算。

但购、销免税货物所支付运费不能计算进项税额抵扣。

（二）一般纳税企业应交增值税的核算

为了核算企业应交增值税的发生、抵扣、缴纳、退税及转出等情况，应在“应交税费”账户下设置“应交增值税”明细账户，并在“应交增值税”明细账内设置“进项税额”“已交税金”“销项税额”“出口退税”“进项税额转出”等专栏。

1. 采购物资和接受应税劳务

企业从国内采购物资或接受应税劳务等，根据增值税专用发票上记载的应计入采购成本或应计入加工、修理修配等物资成本的金额，借记“材料采购”“在途物资”“原材料”“库存商品”或“生产成本”“制造费用”“委托加工物资”“管理费用”等账户；根据增值税专用发票上注明的可抵扣的增值税税额，借记“应交税费——应交增值税（进项税额）”账户；按照应付或实际支付的总额，贷记“应付账款”“应付票据”“银行存款”等账户。购入货物发生的退货，做相反的会计分录或红字冲销。

按照增值税暂行条例，企业购入免征增值税货物，一般不能够抵扣增值税销项税额。但是对于购入的免税农产品，可以按照买价和规定的扣除率计算进项税额，并准予从企业的销项税额中抵扣。企业购入免税农产品，按照买价和规定的扣除率计算进项税额，借记“应交税费——应交增值税（进项税额）”账户；按买价扣除按规定计算的进项税额后的差额，借记“材料采购”“原材料”“库存商品”等账户；按照应付或实际支付的价款，贷记“应付账款”“银行存款”等账户。

2. 进项税额转出

企业购进的货物发生非常损失，以及将购进货物改变用途（如用于非应税项目、集体福利或个人消费等），其进项税额应通过“应交税费——应交增值税（进项税额转出）”账户转入有关账户，借记“待处理财产损溢”“在建工程”“应付职工薪酬”等账户，贷记“应交税费——应交增值税（进项税额转出）”账户；属于转作待处理财产损失的进项税额，应与遭受非常损失的购进货物、在产品或库存商品的成本一并处理。

购进货物改变用途通常是指购进的货物在没有经过任何加工的情况下，对内改变用途的行为，如企业下属医务室等福利部门领用原材料等。

3. 销售物资或者提供应税劳务

企业销售货物或者提供应税劳务，按照营业收入和应收取的增值税税额，借记“应收账款”“应收票据”“银行存款”等账户；按专用发票上注明的增值税税额，贷记“应交税费——应交增值税（销项税额）”账户；按照实现的营业收入，贷记“主营业务收入”“其他业务收入”等账户。发生的销售退回，做相反的会计分录。

此外，企业将自产、委托加工或购买的货物分配给股东，应当参照企业销售物资或提供应税劳务进行会计处理。

4. 视同销售行为

企业的有些交易和事项从会计角度看不属于销售行为，不能确认销售收入，但是按照税法规定，应视同对外销售处理，计算应缴增值税。视同销售需要缴纳增值税的事项，如企业将自产或委托加工的货物用于非应税项目、集体福利或个人消费，将自产、委托加工或购买的货物作为投资、分配给股东或投资者、无偿赠送他人等。在这些情况下，企业应当借记“在建工程”“长期股权投资”“营业外支出”等账户，贷记“应交税费——应交增值税（销项税额）”账户等。

5. 出口退税

企业出口产品按规定退税的，按应收的出口退税额，借记“其他应收款”账户，贷记“应交税费——应交增值税（出口退税）”账户。

6. 缴纳增值税

企业当月缴纳当月的增值税，借记“应交税费——应交增值税（已交税金）”账户，贷记“银行存款”账户。“应交税费——应交增值税”账户的贷方余额，表示企业应缴纳的增值税。企业当月缴纳以前各期未交的增值税，借记“应交税费——未交增值税”账户，不通过“应交税费——应交增值税（已交税金）”账户核算。

（三）小规模纳税企业应交增值税的核算

小规模纳税企业应当按照不含税销售额和规定的增值税征收率计算增值税，销售货物或提供应税劳务时只能开具普通发票，不能开具增值税专用发票。小规模纳税企业不享有进项税额的抵扣权，其购进货物或接受应税劳务支付的增值税直接计入有关货物或劳务的成本。因此，小规模纳税企业只需在“应交税费”账户下设置“应交增值税”明细账户，不需要在“应交增值税”明细账户中设置专栏。“应交税费——应交增值税”账户借方登记已缴纳的增值税；贷方登记应缴纳的增值税；期末借方余额为多缴纳的增值税，贷方余额为尚未缴纳的增值税。

小规模纳税企业购进货物和接受应税劳务时支付的增值税直接计入有关货物和劳务的成本，借记“材料采购”“在途物资”等账户，贷记“银行存款”等账户。

企业购入材料不能取得增值税专用发票的，比照小规模纳税企业进行处理，购进货物和接受应税劳务时发生的增值税计入材料采购成本，借记“材料采购”“在途物资”等账户，贷记“银行存款”等账户。

二、应交消费税

（一）消费税概述

消费税是指在我国境内生产、委托加工和进口应税消费品的单位和个人，按其流转额缴纳的一种税。消费税有从价定率和从量定额两种征收方法。采取从价定率方法征收的消费税，以不含增值税的销售额为税基，按照税法规定的税率计算。企业的销售收入包含增值税的应将其换算为不含增值税的销售额。采取从量定额计征的消费税，一般根据按税法确定的企业应税消费品的数量和单位应税消费品应缴纳的消费税计算确定。企业应在“应交税费”账户下设置“应交消费税”明细账户，核算应交消费税的发生、缴纳情况。该账户的借方登记已缴纳的消费税，贷方登记应缴纳的消费税。期末借方余额为多缴纳的消费税，贷方余额为尚未缴纳的消费税。

（二）应交消费税的核算

1. 销售应税消费品

企业销售应税消费品应缴纳的消费税，应借记“税金及附加”账户，贷记“应交税费——应交消费税”账户。

2. 自产自销应税消费品

企业将生产的应税消费品用于在建工程等非生产机构时，按规定应缴纳的消费税，借记“在建工程”等账户，贷记“应交税费——应交消费税”账户。

3. 委托加工应税消费品

企业如有应交消费税的委托加工物资，一般应由受托方代收代缴税款，受托方按照应缴税款金额，借记“应收账款”“银行存款”等账户，贷记“应交税费——应交消费税”账户。受托加工或翻新改制金银首饰按照规定由受托方缴纳消费税。

委托加工物资收回后，直接用于销售的，应将受托方代收代交的消费税计入委托加工物资的成本，借记“委托加工物资”等账户，贷记“应付账款”“银行存款”等账户；委托加工物资收回后用于连续生产应税消费品的，按规定准予抵扣的，应按已由受托方代收代缴的消费税，借记“应交税费——应交消费税”账户，贷记“应付账款”“银行存款”等账户。

4. 进口应税消费品

企业进口应税物资在进口环节应缴的消费税，计入该项物资的成本，借记“材料采购”“固定资产”等账户，贷记“银行存款”账户。

三、其他应交税费

其他应交税费是指除上述应交税费以外的应交税费，包括应交资源税、应交城市维护建设税、应交土地增值税、应交所得税、应交房产税、应交土地使用税、应交车船使用税、应交教育费附加、应交矿产资源补偿费、应交个人所得税等。企业应当在“应交税费”账户下设置相应的明细账户进行核算，借方登记已缴纳的有关税费，贷方登记应缴纳的有关税费，期末贷方余额表示尚未缴纳的有关税费。

（一）应交资源税

资源税是指对在我国境内开采矿产品或者生产盐的单位和个人征收的税。资源税按照应税产品的计税依据和规定的税率计算。开采或生产应税产品对外销售的，以销售额或销售数量为计税依据；开采或生产应税产品自用的，以自用数量为计税依据。

对外销售应税产品应缴纳的资源税应记入“税金及附加”账户，借记“税金及附加”账户，贷记“应交税费——应交资源税”账户；自产自用应税产品应缴纳的资源税应记入“生产成本”“制造费用”等账户，借记“生产成本”“制造费用”等账户，贷记“应交税费——应交资源税”账户。

（二）应交城市维护建设税

城市维护建设税是指以增值税、消费税为计税依据征收的一种税。其纳税人为缴纳增值税、消费税的单位和个人，税率因纳税人所在地不同从 1%～7%不等。计算公式为：

$$应纳税额=(应交增值税+应交消费税)\times 适用税率$$

企业应交城市维护建设税，借记“税金及附加”等账户，贷记“应交税费——应交城市维护建设税”账户。

（三）应交教育费附加

教育费附加是指为了发展教育事业而向企业征收的附加费用，企业按应交流转税的一定比例计算缴纳。企业应交教育费附加，借记“税金及附加”等账户，贷记“应交税费——应交教育费附加”账户。

（四）应交土地增值税

土地增值税是指在我国境内有偿转让土地使用权及地上建筑物和其他附着物产权的单位和个人，就其土地增值额征收的一种税。土地增值额是指转让收入减去规定扣除项目金额后的余额。转让收入包括货币收入、实物收入和其他收入；扣除项目主要包括取得土地使用权所支付的金额、开发土地的费用、新建及配套设施的成本、旧房及建筑物的评估价格等。

企业应缴纳的土地增值税视情况记入不同账户：房地产公司应缴纳的土地增值税，借记“税金及附加”账户，贷记“应交税费——应交土地增值税”账户；非房地产企业转让的土地使用权连同地上建筑物一并在“固定资产”等账户核算的，转让时应缴纳的土地增值税，借记“固定资产清理”账户，贷记“应交税费——应交土地增值税”账户；土地使用权在“无形资产”账户核算的，按实际收到的金额，借记“银行存款”账户，按应缴纳的土地增值税，贷记“应交税费——应交土地增值税”账户，同时冲销土地使用权的账面价值，按其差额，借记“营业外支出”账户或贷记“营业外收入”账户，贷记“无形资产”账户。

（五）应交房产税、土地使用税、车船使用税和矿产资源补偿费

房产税是指国家对在城市、县城、建制县和工矿区征收的由产权所有人缴纳的一种税。房

产税依照房产原值一次减除 10%～30%后的余额计算缴纳。没有房产原值作为依据的，由房产所在地税务机关参考同类房产核定；房产出租的，以房产租金收入为房产税的计税依据。

土地使用税是指国家为了合理利用城镇土地，调节土地级差收入，提高土地使用效益，加强土地管理而开征的一种税，以纳税人实际占用的土地面积为计税依据，依照规定税额计算征收。

车船使用税由拥有并且使用车船的单位和个人缴纳。车船使用税按照适用税额计算缴纳。

矿产资源补偿费是指对在我国领域和管辖海域开采矿产资源而征收的费用。矿产资源补偿费按照矿产品销售收入的一定比例计征，由采矿人缴纳。

企业应缴纳的房产税、土地使用税、车船使用税、矿产资源补偿费，记入“管理费用”账户，借记“管理费用”账户，贷记“应交税费——应交房产税（或应交土地使用税、应交车船使用税、应交矿产资源补偿费）”账户。

（六）应交个人所得税

企业按规定计算的代扣代交的职工个人所得税，借记“应付职工薪酬”账户，贷记“应交税费——应交个人所得税”账户；企业缴纳个人所得税时，借记“应交税费——应交个人所得税”账户，贷记“银行存款”等账户。

任务实施

（1）根据任务描述中经济业务（1），编制如下会计分录。

借：原材料——毛茶　　572 000

——玫瑰花　　105 000

应交税费——应交增值税（进项税额）　　98 992.53

贷：银行存款　　775 992.53

按照税法规定，运费可按 11%抵扣率计算进项税额予以抵扣；购入免税农产品可以按买价和规定的扣除率计算进项税额，按买价扣除规定的进项税额后的余额计入采购材料的成本。

本业务中，运费分配率=55 000÷(50 000+5 000)=1（元/千克）

毛茶运费=50 000×1=50 000（元）

玫瑰花运费=5 000×1=5 000（元）

毛茶运费可抵扣的进项税额=50 000×11%=5500（元）

玫瑰花运费可抵扣的进项税额=5 000×11%=550（元）

购入毛茶可抵扣的进项税额=600 000×13%=78 000（元）

购入玫瑰花可抵扣的进项税额=114 942.53×13%=14 942.53（元）

可抵扣的进项税额=5 500+550+78 000+14 942.53=98 992.53（元）

毛茶成本=600 000+50 000−78 000=572 000（元）

玫瑰花成本=114 942.53+5 000−14 942.53=105 000（元）

（2）根据任务描述中经济业务（2），编制如下会计分录。

借：应交税费——未交增值税　　300 000

——应交城市维护建设税　　21 000
——应交教育费附加　　9 000
——应交企业所得税　　38 500
贷：银行存款　　368 500

（3）根据任务描述中经济业务（3），编制如下会计分录。

借：应收账款——湖南通程商业集团公司　　1 225 500
贷：主营业务收入——黑玫瑰　　500 000
——野针王　　500 000
应交税费——应交增值税（销项税额）　　175 500
银行存款　　50 000

（4）根据任务描述中经济业务（4），编制如下会计分录。

借：银行存款　　60 000
贷：其他业务收入　　20 000
预收账款——新邦物流公司　　40 000

（5）根据任务描述中经济业务（5），编制如下会计分录。

借：原材料——毛茶　　390 000
应交税费——应交增值税（进项税额）　　50 100
贷：银行存款　　440 100

本业务中，运费可抵扣的进项税额=30 000×11%=3300（元）

进项税额合计=46 800+3 300=50 100（元）

毛茶成本=360 000+30 000=390 000（元）

（6）根据任务描述中经济业务（6），编制如下会计分录。

借：应收票据　　1 810 500
贷：主营业务收入——野针王　　1 000 000
——黑玫瑰　　500 000
应交税费——应交增值税（销项税额）　　260 500
银行存款　　50 000

（7）6月30日，计算本月应缴纳的增值税、城市维护建设税和教育费附加。

本月应交增值税=175 500+260 500-(98 992.53+50 100)=286 907.47（元）

本月应交城市维护建设税=286 907.47×7%=20 083.52（元）

本月应交教育费附加=286 907.47×3%=8 607.22（元）

借：税金及附加　　28 690.74
贷：应交税费——应交城市维护建设税　　20 083.52
——应交教育费附加　　8 607.22

典型任务示例

湖南怡清源茶业有限公司发生如下经济业务。

【典型任务示例 4-8】

购入原材料一批，增值税专用发票上注明货款 60 000 元，增值税税额 10 200 元。货物尚未到达，货款和进项税款已用银行存款支付。

要求：根据上述经济业务，编制会计分录。

借：材料采购　　60 000
　　应交税费——应交增值税（进项税额）　　10 200
　贷：银行存款　　70 200

【典型任务示例 4-9】

购入免税农产品一批，价款 100 000 元，规定的扣除率 13%。货物尚未到达，货款已用银行存款支付。

要求：根据上述经济业务，编制会计分录。

借：材料采购——农产品　　87 000
　　应交税费——应交增值税（进项税额）　　13 000
　贷：银行存款　　100 000

进项税额=购买价款×扣除率=100 000×13%=13 000（元）

【典型任务示例 4-10】

购入不需要安装设备一台，价款及运输保险等费用合计 300 000 元，增值税专用发票上注明的增值税税额 51 000 元。款项尚未支付。

要求：根据上述经济业务，编制会计分录。

借：固定资产　　300 000
　　应交税费——应交增值税（进项税额）　　51 000
　贷：应付账款　　351 000

【典型任务示例 4-11】

购入基建工程所用物资一批，价款及运输保险等费用合计 100 000 元，增值税专用发票上注明的增值税税额 17 000 元。物资已验收入库，款项尚未支付。

要求：根据上述经济业务，编制会计分录。

借：工程物资　　100 000
　　应交税费——应交增值税进项税额　　17 000
　贷：应付账款　　117 000

【典型任务示例 4-12】

生产车间委托外单位修理机器设备，对方开来的增值税专用发票上注明修理费用 10 000 元，增值税税额 1 700 元。款项已用银行存款支付。

要求：根据上述经济业务，编制会计分录。

借：制造费用　　10 000

应交税费——应交增值税（进项税额）　　1 700
贷：银行存款　　11 700

【典型任务示例 4-13】

库存材料因意外火灾毁损一批，有关增值税专用发票确认的成本为 10 000 元，增值税税额 1 700 元。

要求：根据上述经济业务，编制会计分录。

借：待处理财产损溢——待处理流动资产损溢　　11 700
贷：原材料　　10 000
应交税费——应交增值税（进项税额转出）　　1 700

【典型任务示例 4-14】

建造厂房领用生产用原材料 50 000 元，原材料购入时支付的增值税为 8 500 元。

要求：根据上述经济业务，编制会计分录。

借：在建工程　　50 000
应交税费——待抵扣进项税额　　3 400
贷：原材料　　50 000
应交税费——应交增值税（进项税额转出）　　3 400

《财政部国家税务总局关于全面推开营业税改征增值税试点的通知》（财税〔2016〕36 号）及现行增值税有关规定：增值税一般纳税人（以下称纳税人）2016 年 5 月 1 日后取得并在会计制度上按固定资产核算的不动产，以及 2016 年 5 月 1 日后发生的不动产在建工程，其进项税额应按照本办法有关规定分 2 年从销项税额中抵扣，第一年抵扣比例为 60%，第二年抵扣比例为 40%。

【典型任务示例 4-15】

销售产品一批，价款 500 000 元，按规定应收取增值税税额 85 000 元。提货单和增值税专用发票已交给买方，款项尚未收到。

要求：根据上述经济业务，编制会计分录。

借：应收账款　　585 000
贷：主营业务收入　　500 000
应交税费——应交增值税（销项税额）　　85 000

【典型任务示例 4-16】

本月发生销项税额合计 84 770 元，进项税额转出 24 578 元，进项税额为 20 440 元，已缴增值税为 60 000 元。试计算该企业本月是否还应缴纳增值税并进行相应会计处理。

要求：根据上述经济业务，编制会计分录。

该企业本月“应交税费——应交增值税”账户的余额为 84 770+24 578−20 440−60 000=28 908（元）。

余额在贷方，表示企业尚有未缴纳的增值税 28 908 元。

以银行存款缴纳时，编制如下会计分录。

借：应交税费——应交增值税（已交税金）　　28 908

　贷：银行存款　　28 908

【典型任务示例 4-17】

按税法规定计算，2016 年第四季度应缴纳教育费附加 300 000 元。款项已经用银行存款支付。

要求：根据上述经济业务，编制会计分录。

借：税金及附加　　300 000

　贷：应交税费——应交教育费附加　　300 000

借：应交税费——应交教育费附加　　300 000

　贷：银行存款　　300 000

【典型任务示例 4-18】

对外转让一栋厂房，根据税法规定计算应缴纳的土地增值税为 27 000 元。

要求：根据上述经济业务，编制会计分录。

（1）计算应缴纳的土地增值税。

借：固定资产清理　　27 000

　贷：应交税费——应交土地增值税　　27 000

（2）用银行存款缴纳应交土地增值税税款。

借：应交税费——应交土地增值税　　27 000

　贷：银行存款　　27 000

【典型任务示例 4-19】

本月应付职工工资总额 200 000 元，代扣职工个人所得税共计 2 000 元，实发工资 198 000 元。

要求：根据上述经济业务，编制代扣个人所得税的会计分录。

借：应付职工薪酬——工资　　2 000

　贷：应交税费——应交个人所得税　　2 000

实践训练

【实践训练 4-2】

M 公司为增值税一般纳税企业，适用的增值税税率为 17%，材料采用实际成本进行日常核算。该公司 2017 年 7 月 30 日，“应交税费——应交增值税”账户借方余额 60 000 元，该借方余额均可从下月的销项税额中抵扣。8 月份发生如下涉及增值税的经济业务。

（1）购买原材料一批，增值税专用发票上注明价款 900 000 元，增值税税额 153 000 元。公司已开出承兑的商业汇票，该原材料已验收入库。

（2）销售产品一批，销售价格 300 000 元（不含增值税额），实际成本 240 000 元。提货单和增值税专用发票已交购货方，货款尚未收到。该销售符合收入确认条件。

（3）在建工程领用原材料一批，该批原材料实际成本 450 000 元，应由该批原材料负担的增值税税额为 76 500 元。

（4）月末盘亏原材料一批，该批原材料的实际成本为 150 000 元，增值税税额为 22 500 元。

（5）用银行存款缴纳本月增值税 37 500 元。

要求：根据上述经济业务，编制会计分录。

【实践训练 4-3】

红星公司下设的职工食堂享受企业提供的补贴，本月领用自产产品一批。该产品的账面价值 60 000 元，市场价格 80 000 元（不含增值税），适用的消费税税率为 10%，增值税税率为 17%。

要求：根据上述经济业务，编制会计分录。

【实践训练 4-4】

红星公司出售一栋生产用厂房，厂房的原价为 1 800 万元，已计提折旧 1 200 万元。出售所得款项 80 000 万元已存入银行，用银行存款支付清理费用 6 000 元。

要求：根据上述经济业务，编制会计分录。

【实践训练 4-5】

某小规模纳税企业销售产品一批，所开出的普通发票中注明的货款（含税）为 20 600，税率为 3%。款项已存入银行。

要求：根据上述经济业务，编制会计分录。

综合训练

一、单项选择题

1．下列各项中，不属于职工薪酬核算内容的是（　　）。

A．住房公积金　　B．工费经费和职工教育经费

C．职工因公出差的差旅费　　D．因解除职工劳动关系给予的补偿

2．企业在无形资产研究阶段发生的职工薪酬，应当计入（　　）。

A．当期管理费用　　B．在建工程成本　　C．无形资产成本　　D．固定资产成本

3．企业作为福利为高管人员配备汽车。计提这些汽车折旧时，应编制的会计分录是（　　）。

A．借记“累计折旧”科目，贷记“固定资产”科目

B．借记“管理费用”科目，贷记“固定资产”科目

C．借记“管理费用”科目，贷记“应付职工薪酬”科目；同时借记“应付职工薪酬”科目，贷记“累计折旧”科目

D．借记“管理费用”科目，贷记“固定资产”科目；同时借记“应付职工薪酬”科目，

贷记“累计折旧”科目

4．企业缴纳当月的增值税，应通过的账户是（　　）。

A．应交税费——应交增值税（转出多交增值税）

B．应交税费——应交增值税（转出未交增值税）

C．应交税费——未交增值税

D．应交税费——应交增值税（已交税金）

5．应交消费税的委托加工物资收回后用于连续生产应税消费品的，按规定准予抵扣的由受托方代收代缴的消费税，应当计入（　　）。

A．生产成本　　B．应交税费借方　　C．主营业务成本　　D．委托加工物资

6．企业应缴纳的税金中，不通过“应交税费”科目核算的是（　　）。

A．企业为职工代扣代缴的个人所得税　　B．企业应缴纳的房产税

C．耕地占用税　　D．应交土地增值税

7．3 月份销售应税货物缴纳增值税 34 万元、消费税 12 万元、土地增值税 4 万元。已知该企业所在地使用的城市维护建设税税率为 7%。该企业 3 月份应缴纳的城市维护建设税税额为（　　）万元。

A．4.20　　B．3.92　　C．3.22　　D．2.38

8．企业结算本月管理部门人员的应付职工工资共 500 000 元，代扣该部门职工个人所得税 30 000 元，实发工资 470 000 元，下列该企业会计处理中，不正确的是（　　）。

A．借：管理费用　　500 000

　　贷：应付职工薪酬　　500 000

B．借：应付职工薪酬　　30 000

　　贷：应交税费——应交个人所得税　　30 000

C．借：其他应收款　　30 000

　　贷：应交税费——应交个人所得税　　30 000

D．借：应付职工薪酬　　470 000

　　贷：银行存款　　470 000

9．企业为增值税一般纳税人，2017 年实际应缴纳税金情况如下：增值税 850 万元，消费税 650 万元，耕地占用税 80 万元，车船税 0.5 万元，印花税 1.5 万元，所得税 120 万元。上述各项税金应记入“应交税费”科目借方的金额是（　　）万元。

A．1 690.5　　B．1 620.5　　C．1 621.5　　D．1 620

10．2017 年 2 月，某企业发生自用房产应交房产税 2 000 元，应交增值税 10 000 元，车船税 3 000 元，城镇土地使用税 1 500，消费税 16 000 元，支付印花税 800 元。不考虑其他因素该企业当月应计入管理费用税金为（　　）。

A．5 800　　B．7 300　　C．33 300　　D．26 000

二、多项选择题

1．下列各项中，属于企业应付职工薪酬核算的有（　　）。

A．工会经费　　B．企业医务人员的工资

C．住房公积金　　D．辞退福利

2．我国现行增值税的征税范围包括（　　）。

A．在中国境内销售货物　　B．在中国境内提供应税劳务

C．进口货物　　D．过境货物

3．“应交税费——应交增值税（进项税额转出）”科目对应的借方科目有（　　）。

A．待处理财产损溢　　B．应付职工薪酬

C．在建工程　　D．应交税费——应交增值税（已交税金）

4．下列各项中关于从量计征消费税计税依据确定方法的表述中，正确的有（　　）。

A．销售应税消费品的，为应税消费品的销售数量

B．进口应税消费品的，为海关核定的应税消费品数量

C．以应税消费品投资入股的，为应税消费品移送使用数量

D．委托加工应税消费品，为加工完成的应税消费品数量

5．下列项目中，税率为 11%的有（　　）。

A．销售不动产　　B．转让土地使用权

C．有形动产租赁服务　　D．提供金融服务

6．下列各项，应记入利润表中“税金及附加”项目的有（　　）。

A．经营活动中计提的应交城市建设维护税

B．销售应税消费品计提的消费税

C．销售应税矿产品计提的资源税

D．经营活动中计提的教育费附加

7．企业应交增值税可记入（　　）科目。

A．其他业务成本　　B．管理费用

C．固定资产清理　　D．税金及附加

8．企业缴纳的下列税金，不通过“应交税费”科目核算的有（　　）。

A．印花税　　B．耕地占用税　　C．房产税　　D．土地增值税

9．下列各项业务中所支付的增值税，按规定能够作为进项税额予以抵扣的是（　　）。

A．一般纳税人采购生产用原材料，取得的增值税专用发票中注明的增值税税额

B．小规模纳税人采购生产用原材料，取得的增值税专用发票中注明的增值税税额

C．一般纳税人购入生产用设备，取得的增值税专用发票中注明的增值税税额

D．一般纳税人支付委托加工物资的加工费时，取得的增值税专用发票中注明的增值税税额

10．企业自产自用的应税矿产品应交资源税，应计入（　　）。

A．制造费用　　B．生产成本　　C．主营业务成本　　D．税金及附加

三、判断题

1．企业支付职工的经济补偿，不属于职工的薪酬内容。（　　）

2．企业应缴纳的各种税金，都通过“应交税费”科目核算。（　　）

3．企业以自产的产品对外捐赠，由于会计核算时不作销售处理，因此不需缴纳增值税。（　　）

4．委托加工的物资收回后用于连续生产的，应将受托方代收代缴的消费税计入委托加工物资的成本。（　　）

5．企业将自产的产品用于职工食堂补助，根据税法相关规定，应视同销售计算确认增值税销项税额；同时要确认收入和结转成本。（　　）

6．“应付职工薪酬”项目，反映企业根据有关规定应付给职工的工资、职工福利、社会保险费、住房公积金、工会经费、职工教育经费，但不包括非货币性福利、辞退福利等薪酬。（　　）

7．企业将生产的商品赠送他人，应视同销售计算增值税，借记“应付职工薪酬”科目，贷记“应交税费一应交增值税（进项税额转出）”等科目。（　　）

8．企业“应交税费”科目核算的内容包括增值税、房产税、印花税、耕地占用税等税费。（　　）

9．消费税是价外税。（　　）

10．企业为职工缴纳的基本养老保险金、补充养老保险费，以及为职工购买的商业养老保险，均属于企业提供的职工薪酬。（　　）

四、综合业务

甲公司为增值税一般纳税人，适用税率 17%，原材料按实际成本核算，销售商品价格为不含增值税的公允价格。2017 年 8 月份发生如下交易。

1．5 日，购入原材料一批，增值税专用发票上注明的价款为 120 000 元，增值税税额 20 400 元，材料尚未到达，全部价款已用银行存款支付。

2．10 日，收到 5 日购入的原材料并验收入库，实际成本总额 120 000 元。同日，与运输公司结清运输费用，增值税专用发票注明的运输费用 5 000 元，增值税税额 550 元，运费和增值税已用转账支票付讫。

3．15 日，购入不需要安装的生产设备一台，增值税专用发票注明的价款 180 000 元，增值税税额 30 600 元，款项尚未支付。

4．20 日购入农产品一批，农产品收购发票上注明的买价 200 000 元，规定的扣除率 11%，货物尚未验收入库，价款已经支付。

要求：根据上述经济业务编制会计分录。

项目五 存货岗位的会计核算

任务一　原材料的核算

学习目标

【知识目标】

理解存货的概念、存货成本的构成及发出存货的计价方法，掌握实际成本核算法和计划成本核算法。

【技能目标】

能够正确审核原材料购入凭证、发出凭证，掌握实际成本核算法和计划成本核算法的原材料购入、发出的明细账登记方法；能够正确编制"发料凭证汇总表"，并准确登记总分类账。

任务导入

湖南怡清源茶叶有限公司生产所需要的原材料在采购时，可以按照国家相关规定的11%抵扣率计算进项税额（2017年7月1日开始实施），运费的增值税税率11%。公司采购材料中发生的共同运费按照材料重量进行分配。计算过程中涉及的小数一律保留两位。

2017年8月发生如下相关经济业务。

（1）8月2日，从农业生产者个人处收购一批毛茶50 000千克，价款586 516.85元，其中包含增值税税额64 516.85元；收购玫瑰花5 000千克，价款112 415.73元，其中包含增值税税额12 365.73元；从新邦物流公司取得增值税运输发票中列明运费55 000元，增值税税额6 050元。毛茶及玫瑰花验收入库，运费按重量分配，以现金支票支付原材料采购价款，并开出转账支票支付采购运费。

（2）8月3日，生产产品领用毛茶一批20 000千克（其中生产黑玫瑰用料10 000千克，生产野针王用10 000千克），玫瑰花1 000千克（全部用于生产黑玫瑰）。

（3）8月5日，上月采购的毛茶16 000千克（其采购成本为160 000元）到达本企业，验收入库。

（4）8月10日，生产领用毛茶一批20 000千克（生产黑玫瑰用料15 000千克，生产野针王用料5 000千克），玫瑰花2 000千克（全部用于生产黑玫瑰）。

（5）8月15日，生产领用毛茶一批20 000千克全部用于生产野针王。

（6）8月16日，向农业生产者收购毛茶一批30 000千克，开出的收购凭证注明的价款为410 561.8元，其中包含增值税金额为45 161.8元，从新邦物流公司取得增值税运输发票中列明运费4 500元，增值税税额495元。开出现金支票一张410 561.8元和转账支票一张4 995元承付上述款项，毛茶尚未验收。

（7）8月21日，8月16日采购的毛茶30 000千克验收入库。

（8）8月22日，生产领用毛茶一批30 000千克（生产黑玫瑰用料10 000千克，生产野针王用20 000千克），玫瑰花1 500千克（全部用于生产黑玫瑰）。

（9）8月29日，向外地一加工企业购进毛茶一批计30 000千克。材料已验收入库，月末发票账单尚未收到也无法确定其实际成本，暂估价值为387 900元。

要求：以湖南怡清源茶叶有限公司会计的身份对上述原材料的购入和发出业务进行会计核算。

任务分析

为了准确核算湖南怡清源茶业有限公司毛茶的成本，会计人员需要参与或负责完成以下工作。

若采用实际成本法。

（1）审核材料购入凭证，按照实际成本登记原材料明细账。

（2）编制、审核原材料出库凭证，登记原材料明细账。

（3）月末编制“发料凭证汇总表”，据此登记总分类账。

若采用计划成本法。

（1）审核材料入库凭证登记，按照计划成本登记原材料明细账，并结转实际成本和计划成本的差异。

（2）编制、审核原材料出库凭证，登记原材料明细账。

（3）月末编制“发料凭证汇总表”，按照领用部门和用途按计划成本进行归类汇总，同时结转发出材料应负担的材料成本差异，据此登记总分类账。

知识准备

阅读材料：《企业会计准则第1号——存货》、会计账户的相关规定，《中华人民共和国增值税暂行条例实施细则》等。

一、存货概述

（一）存货的概念

存货是指企业在日常活动中持有以备出售的产成品或商品、处在生产过程中的在产品、在生产过程或提供劳务过程中耗用的材料或物料等，包括各类材料、在产品、半成品、产成品、商品及包装物、低值易耗品、委托代销商品等。

（1）原材料是指企业在生产过程中经加工改变其形态或性质并构成产品主要实体的各种原料及主要材料、辅助材料、燃料、修理用备件（备品备件）、包装材料、外购半成品（外购件）等。

（2）在产品是指企业正在制造尚未完工的生产物，包括正在各个生产工序加工的产品和已加工完毕但尚未检验或已检验但尚未办理入库手续的产品。

（3）半成品是指经过一定生产过程并已检验合格交付半成品仓库保管，但尚未制造完工成为产成品，仍需进一步加工的中间产品。

（4）产成品是指工业企业已经完成全部生产过程并已验收入库，可以按照合同规定的条件送交订货单位，或者可以作为商品对外销售的产品。企业接受来料加工制造的代制品和为外单位加工修理的代修品，制造和修理完成验收入库后，应视同企业的产成品。

（5）商品是指商品流通企业外购或委托加工完成验收入库用于销售的各种商品。

（6）包装物是指为了包装本企业的商品而储备的各种包装容器，如桶、箱、瓶、坛、袋等。其主要作用是盛装、装潢产品或商品。

（7）低值易耗品是指不能作为固定资产核算的各种用具物品，如工具、管理用具、玻璃器皿、劳动保护用品，以及在经营过程中周转使用的容器等。其特点是单位价值较低，或使用期限相对于固定资产较短，在使用过程中保持其原有实物形态基本不变。包装物和低值易耗品构成了周转材料。周转材料是指企业能够多次使用，不符合固定资产定义，逐渐转移其价值但仍保持原有形态，不确认为固定资产的材料。

（8）委托代销商品是指企业委托其他单位代销的商品。

（二）存货成本的确定

存货应当按照成本进行初始计量。存货成本包括采购成本、加工成本和其他成本。

1. 存货的采购成本

存货的采购成本，包括购买价款、相关税费、运输费、装卸费、保险费及其他可归属于存货采购成本的费用。其中，存货的购买价款是指企业购入的材料或商品的发票账单上列明的价款，但不包括按规定可以抵扣的增值税税额。

存货的相关税费是指企业购买存货发生的进口关税、消费税、资源税和不能抵扣的增值税进项税额及相应的教育费附加等应计入存货采购成本的税费。

其他可归属于存货采购成本的费用是指采购成本中除上述各项以外的可归属于存货采购

成本的费用，如在存货采购过程中发生的仓储费、包装费、运输途中的合理损耗、入库前的挑选整理费用等。

2. 存货的加工成本

存货的加工成本是指在存货的加工过程中发生的追加费用，包括直接人工及按照一定方法分配的制造费用。

直接人工是指企业在生产产品和提供劳务过程中发生的直接从事产品生产和劳务提供人员的职工薪酬。

制造费用是指企业为生产产品和提供劳务而发生的各项间接费用。

3. 存货的其他成本

存货的其他成本是指除采购成本、加工成本以外的使存货达到目前场所和状态所发生的其他支出。企业设计产品发生的设计费用通常应计入当期损益，但是为特定客户设计产品所发生的、可直接确定的设计费用，应计入存货的成本。

存货的来源不同，其成本的构成内容也不同。原材料、商品、低值易耗品等通过购买而取得的存货的成本由采购成本构成；产成品、在产品、半成品等自制或须委托外单位加工完成的存货的成本由采购成本、加工成本及使存货达到目前场所和状态所发生的其他支出构成。在实际工作中具体按以下原则确定。

（1）购入的存货，其成本包括买价、运杂费（包括运输费、装卸费、保险费、包装费、仓储费等）、运输途中的合理损耗、入库前的挑选整理费用（包括挑选整理中发生的工费支出和挑选整理过程中所发生的数量损耗，并扣除回收的下脚废料价值），以及按规定应计入成本的税费和其他费用。

（2）自制的存货，包括自制原材料、自制包装物、自制低值易耗品、自制半成品及库存商品等。其成本包括直接材料、直接人工和制造费用等各项实际支出。

（3）委托外单位加工完成的存货，包括加工后的原材料、包装物、低值易耗品、半成品、产成品等。其成本包括实际耗用的原材料或者半成品、加工费、装卸费、保险费、委托加工的往返运输费等费用及按规定应计入成本的税费。

（三）发出存货的计价方法

在日常工作中，企业发出的存货可以按实际成本核算，也可以按计划成本核算。如果采用计划成本核算，会计期末应调整为实际成本。

企业应当根据各类存货的实物流转方式、企业管理的要求、存货的性质等实际情况，合理地确定发出存货成本的计算方法，以及当期发出存货的实际成本。对于性质和用途相同的存货，应当采用相同的成本计算方法确定发出存货的成本。

在实际成本核算法下，企业可以采用的发出存货成本的计价方法包括：个别计价法、先进先出法、月末一次加权平均法和移动加权平均法等。

（1）个别计价法，也称个别认定法、具体辨认法、分批实际法，采用这一方法是假设存货具体项目的实物流转与成本流转相一致，按照各种存货逐一辨认各批发出存货和期末存货所属的购进批别或生产批别，分别按其购入或生产时所确定的单位成本计算各批发出存货和期末存货成本的方法。在这种方法下，是把每一种存货的实际成本作为计算发出存货成本和期末存货成本的基础。

个别计价法的成本计算准确，符合实际情况，但在存货收发频繁的情况下，其发出成本分辨的工作量较大。因此，这种方法适用于一般不能替代使用的存货、为特定项目专门购入或制造的存货及提供的劳务，如珠宝、名画等贵重物品。

（2）先进先出法是指以先购入的存货应先发出（销售或耗用）这样一种存货实物流动假设为前提，对发出存货进行计价的一种方法。采用这种方法，先购入的存货成本在后购入存货成本之前转出，据此确定发出存货和期末存货的成本。具体方法是：收入存货时，逐笔登记收入存货的数量、单价和金额；发出存货时，按照先进先出的原则逐笔登记存货的发出成本和结存金额。

先进先出法可以随时结转存货发出成本，但手续较繁杂；如果存货收发业务较多，且存货单价不稳定时，其工作量较大。在物价持续上升时，期末存货成本接近于市价，而发出成本偏低，会高估企业当期利润和库存存货价值；反之，会低估企业存货价值和当期利润。

（3）月末一次加权平均法是指以本月全部进货数量加上月初存货数量作为权数，除以本月全部进货成本加上月初存货成本，计算出存货的加权平均单位成本，以此为基础计算本月发出存货的成本和期末存货成本的一种方法。计算公式如下：

存货单位成本=［月初库存存货的实际成本+∑（本月各批进货的实际单位成本×本月各批进货的数量）］÷（月初库存存货数量+本月各批进货数量之和）

本月发出存货成本=本月发出存货的数量×存货单位成本

本月月末库存存货成本=月末库存存货的数量×存货单位成本

或

本月月末库存存货成本=月初库存存货的实际成本+本月收入存货的实际成本−本月发出存货的实际成本

采用加权平均法只在月末一次计算加权平均单价，比较简单，有利于简化成本计算工作，但由于平时无法从账上提供发出和结存存货的单价及金额，因此不利于存货成本的日常管理与控制。

（4）移动加权平均法是指以每次进货的成本加上原有库存存货的成本，除以每次进货数量加上原有库存存货的数量，据此计算加权平均单位成本，作为在下次进货前计算各次发出存货成本依据的一种方法。计算公式如下：

存货单位成本=（原有库存存货的实际成本+本次进货的实际成本）÷（原有库存存货数量+本次进货数量）

本次发出存货的成本=本次发出存货数量×本次发货前存货的单位成本

本月月末库存存货成本=月末库存存货的数量×本月月末存货单位成本

采用移动加权平均法能够使企业管理者及时了解存货的结存情况，计算的平均单位成本及发出和结存的存货成本比较客观。但由于每次收货都要计算一次平均单价，计算工作量较大，对收发货较频繁的企业不适用。

二、原材料的会计处理方法

原材料是指企业在生产过程中经过加工改变其形态或性质并构成产品主要实体的各种原料、主要材料和外购半成品，以及不构成产品实体但有助于产品形成的辅助材料。原材料具体包括原料及主要材料、辅助材料、外购半成品（外购件）、修理用备件（备品备件）、包装材料、燃料等。原材料的日常收发及结存，既可以按实际成本核算，也可以按计划成本核算。

（一）采用实际成本法核算

材料按实际成本核算时，材料的收发及结存无论采用总分类核算还是明细分类核算，均按照实际成本计价。使用的会计账户有“原材料”“在途物资”等，“原材料”账户的借方、贷方及余额均以实际成本计价，不存在成本差异的计算与结转问题。但采用实际成本核算，日常反映不出材料成本是节约还是超支，从而不能反映和考核物资采购业务的经营成果。因此，这种方法通常适用于材料收发业务较少的企业。在实际工作中，对于材料收发业务较多且计划成本资料较为健全、准确的企业，一般采用计划成本计价法进行材料收发的核算。

（1）“原材料”账户。本账户用于核算库存各种材料的收发与结存情况。在原材料按实际成本核算时，本账户的借方登记入库材料的实际成本；贷方登记发出材料的实际成本；期末余额在借方，反映企业库存材料的实际成本。该账户应按原材料的品种设置明细账户，进行明细核算。

（2）“在途物资”账户。本账户用于核算企业采用实际成本（进价）进行材料、商品等物资货款已付尚未验收入库（即在途物资）的采购成本。本账户的借方登记企业购入的在途物资的实际成本；贷方登记验收入库的在途物资的实际成本；期末余额在借方，反映企业在途物资的采购成本。本账户应按供应单位和物资品种进行明细核算。

1. 购入材料

由于支付方式不同，原材料入库的时间与付款的时间可能一致，也可能不一致，在会计处理上也有所不同。

（1）结算凭证与外购材料同时到达企业。企业应根据结算凭证、发票账单、收料单等凭证，借记“原材料”“应交税费——应交增值税（进项税额）”账户，贷记“银行存款”账户。

（2）已经支付货款或开出商业汇票，但材料尚未到达企业。企业应根据结算凭证、发票账单，借记“在途物资”“应交税费——应交增值税（进项税额）”账户，贷记“银行存款”或“应付票据”账户。

（3）所购材料已达企业，而结算凭证尚未到达。这类业务收料在先，付款在后，一般在短期内，发票账单等凭证即可到达。为简化核算手续，对于月份内发生的该类业务，可暂时不予进行总分类账的处理，只将收到的材料在明细账中登记；待到月末，如果发票账单等凭证仍未收到，为真实反映企业库存材料的实际情况，对于已验收入库而发票单账等凭证尚未到达的材料，应按合同价格或计划价格，暂估入账，借记“原材料”账户，贷记“应付账款——暂估应付款”账户。待下月初，用红字做同样记账予以冲回；待到下月付款或开出商业承兑汇票后，再按正常程序做账务处理。

2. 发出材料

在一般情况下，由于材料领发业务频繁，为简化核算，平时只登记材料明细分类账，反映各种材料的收发结存情况。月末再根据发料凭证按领用部门和用途汇总编制的“发料凭证汇总表”，登记总分类账。

材料明细分类账采用收入、发出、结存三栏，既反映数量，又反映金额，称为数量金额式明细账。其具体格式如表 5.2、表 5.3、表 5.4 所示。登记方法是：根据收料凭证逐笔序时登记“收入”栏，根据发料凭证选用“先进先出法”“加权平均法”“个别计价法”等具体计价方法逐笔序时登记“发出”栏。应指出的是，企业可根据不同情况，采用上述的某种方法进行发出材料的计价，方法一经确定，不得随意变更。

（二）采用计划成本法核算

材料按计划成本核算时，材料的收发及结存，无论总分类核算还是明细分类核算，均按照计划成本计价。使用的会计账户有“原材料”“材料采购”“材料成本差异”等。材料实际成本与计划成本的差异，通过“材料成本差异”账户核算。月末，计算本月发出材料应负担的成本差异并进行分摊，根据领用材料的用途计入相关资产的成本或当期损益，从而将发出材料的计划成本调整为实际成本。

（1）“原材料”账户。本账户用于核算库存各种材料的收发与结存情况。在材料采用计划成本核算时，本账户的借方登记入库材料的计划成本；贷方登记发出材料的计划成本；期末余额在借方，反映企业库存材料的计划成本。该账户应按原材料的品种设明细账户，进行明细核算。

（2）“材料采购”账户。本账户借方登记采购材料的实际成本，贷方登记入库材料的计划成本。借方大于贷方表示超支，从本账户贷方转入“材料成本差异”账户的借方；贷方大于借方表示节约，从本账户借方转入“材料成本差异”账户的贷方；期末为借方余额，反映企业在途材料的采购成本。

（3）“材料成本差异”账户。本账户反映企业已入库各种材料的实际成本与计划成本的差异，借方登记超支差异及发出材料应负担的节约差异，贷方登记节约差异及发出材料应负担的超支差异。期末如为借方余额，则反映企业库存材料的实际成本大于计划成本的差异（即超支差异）；如为贷方余额，则反映企业库存材料实际成本小于计划成本的差异（即节约差异）。

1. 购入材料

企业外购材料时，应根据发票账单等凭证反映的实际支出借记“材料采购”账户。如果实际支出中包括可作为增值税抵扣项目的进项税额应予以扣除，借记“应交税费——应交增值税（进项税额）”账户；按企业实际支付的金额，贷记“银行存款”等账户。材料验收入库时，应根据收料单并按计划成本结转，借记“原材料”账户，贷记“材料采购”账户，同时结转外购材料实际成本与计划成本之间的差异额。当实际成本大于计划成本时，将其超支差异额借记“材料成本差异”账户，贷记“材料采购”账户；当实际成本小于计划成本时，将其节约差异额借记“材料采购”账户，贷记“材料成本差异”账户。为了减少日常核算工作量，也可将成本差异在月末一次结转。

2. 发出材料

采用计划成本计价法核算时，发出材料的核算，与采用实际成本计价法的核算一样，可于月末根据领用部门和用途对按计划成本计价的领发料凭证归类汇总；同时，计算发出材料应负担的材料成本差异，编制“发料凭证汇总表”，据此结转发出材料的计划成本和成本差异额。

根据《企业会计准则第 1 号——存货》的规定，企业日常按计划成本核算的，发出的材料成本应由计划成本调整为实际成本，通过“材料成本差异”账户进行结转，按照所发出材料的用途，分别记入“生产成本”“制造费用”“销售费用”“管理费用”等账户。发出材料应负担的成本差异应当按期（月）分摊，不得在季末或年末一次计算。

期初材料成本差率=期初结存材料的成本差异÷期初结存材料的计划成本×100%

本期材料成本差异率=（期初结存材料的成本差异+本期验收入库材料的成本差异）÷（期初结存材料的计划成本+本期验收入库材料的计划成本）×100%

任务实施

1. 采用实际成本法核算

该公司 2017 年 8 月初有关账户的期初余额如表 5.1 所示。

表 5.1　账户的期初余额表（实际成本法）

2017 年 7 月 31 日　　　　单位：元

总账账户	明细账户	计量单位	数　量	单　价	金额
在途物资	毛茶	千克	16 000	10	160 000
原材料					750 000
	毛茶	千克	57 000	12	684 000
	玫瑰花	千克	3 000	22	66 000

毛茶的核算步骤如下：

1）购入毛茶的核算

（1）根据任务描述中经济业务（1），编制如下会计分录。

借：原材料——毛茶　　572 000

　　——玫瑰花　　105 050

　应交税费——应交增值税（进项税额）　　82 932.58

　贷：银行存款　　759 982.58

计算如下。

采购过程发生运费 55 000 元，应按重量在毛茶和玫瑰花之间进行分配。

$$运费分配率=\frac{运费总金额}{（毛茶的重量+玫瑰花的重量）}=\frac{55\ 000}{(50\ 000+5\ 000)}=1（元/千克）$$

$$毛茶的运费=1\times 50\ 000=50\ 000（元）$$

$$玫瑰花的运费=1\times 5\ 000=5\ 000（元）$$

根据国家税法规定，毛茶和玫瑰花作为农产品，可按收购价的 11%计算作为增值税进项税额，运费的增值税率为 11%。

增值税的进项税额=586 516.85×11%+112 415.73×11%+6 050

=64 516.85+12 365.73+6 050=82 932.58（元）

毛茶的入账成本=586 516.85-64 516.85+50 000=572 000（元）

玫瑰花的入账成本=112 415.73-12 365.73+5 000=105 050（元）

（2）经济业务（2）暂不处理。

（3）根据任务描述中经济业务（3），编制如下会计分录。

借：原材料——毛茶　　160 000

　贷：在途物资——毛茶　　16 000

（4）经济业务（4）暂不处理。

（5）经济业务（5）暂不处理。

（6）根据任务描述中经济业务（6），编制如下会计分录。

借：在途物资——毛茶　　369 900

　　应交税费——应交增值税（进项税额）　　45 656.80

　贷：银行存款　　415 556.80

（7）根据任务描述中经济业务（7），编制如下会计分录。

借：原材料——毛茶　　369 900

　贷：在途物资——毛茶　　369 900

（8）经济业务（8）暂不处理。

（9）根据任务描述中经济业务（9），月末编制如下会计分录。

借：原材料　　387 900

　贷：应付账款——暂估应付款　　387 900

9 月初，用红字冲回，应编制会计分录如下。

借：原材料　　[387 900]

　贷：应付账款——暂估应付款　　[387 900]

2）发出毛茶的核算

（1）发出毛茶的明细核算。

原材料计价方法有个别计价法、先进先出法、月末一次加权平均法及移动加权平均法，企业可根据自身实际选用适宜方法，但一经选定，就不能随意变动。针对上述湖南怡清源茶叶有限公司的业务资料，分别选用先进先出法、月末一次加权平均法及移动加权平均法，2017 年 8

月份毛茶的核算结果如下。

① 采用先进先出法核算：

采用先进先出法，本月毛茶明细账如表5.2所示。

表5.2　原材料——毛茶 明细账（1）

金额单位：元

2017年		凭证	摘要	收　入			发　出			结　存		
月	日			数量	单价	金　额	数量	单价	金　额	数量	单价	金　额
8	1		结存							57 000	12	684 000
	2	（略）	购入	50 000	11.44	572 000				57 000 50 000	12 11	684 000 572 000
	3		发出				20 000	12	240 000	37 000 50 000	12 11.44	444 000 572 000
	5		购入	16 000	10	160 000				37 000 50 000 16 000	12 11.44 10	444 000 572 000 160 000
	10		发出				20 000	12	240 000	17 000 50 000 16 000	12 11.44 10	204 000 572 000 160 000
	15		发出				17 000 3 000	12 11.44	204 000 34 320	47 000 16 000	11.44 10	537 680 160 000
	21		购入	30 000	12.33	369 900				47 000 16 000 30 000	11.44 10 12.33	537 680 160 000 369 900
	22		发出				30 000	11.44	343 200	17 000 16 000 30 000	11.44 10 12.33	194 480 160 000 369 900
	31		合计	96 000		1 101 900	90 000		1 061 520	17 000 16 000 30 000	11.44 10 12.33	194 480 160 000 369 900

② 采用月末一次加权平均法核算：

采用月末一次加权平均法，计算毛茶成本如下：

$$毛茶的平均单位成本=\frac{684\,000+572\,000+160\,000+369\,900}{57\,000+50\,000+16\,000+30\,000}\approx 11.67（元）$$

期末结存毛茶的成本=63 000×11.67=735 210（元）

本月发出毛茶的成本=684 000+572 000+160 000+369 900-735 210=1 050 690（元）

本月毛茶明细账如表5.3所示。

表5.3　原材料——毛茶 明细账（2）

金额单位：元

2017年		凭证	摘要	收　入			发　出			结　存		
月	日			数量	单价	金　额	数量	单价	金　额	数量	单价	金　额
8	1		结存							57 000	12	684 000
	2	（略）	购入	50 000	11.44	572 000				107 000		
	3		发出				20 000			87 000		
	5		购入	16 000	10	160 000				103 000		
	10		发出				20 000			83 000		
	15		发出				20 000			63 000		
	21		购入	30 000	12.33	369 900				93 000		
	22		发出				30 000			63 000		
	31		合计	96 000		1 101 900	90 000		1 050 300	63 000	11.67	735 210

③ 采用移动加权平均法核算：

采用移动加权平均法，计算毛茶的成本如下：

8月2日收货后的平均单位成本=（684 000+572 000）÷（57 000+50 000）≈11.74（元）

8月3日发货后结存的毛茶成本=87 000×11.74=1 021 380（元）

8月3日发出的毛茶成本=648 000+572 000−1 021 380=234 620（元）

8月5日收货后的平均单位成本=（1 021 380+160 000）÷（87 000+16 000）≈11.47（元）

8月10日发货后结存的毛茶成本=83 000×11.47=952 010（元）

8月10日发出的毛茶成本=1 021 380+160 000−952 010=229 370（元）

8月15日发出的毛茶成本=20 000×11.47= 229 400（元）

8月21日收货后的平均单位成本=（722 610+369 900）÷（63 000+30 000）≈11.75（元）

8月22日发货后结存的毛茶成本=63 000×11.75=740 250（元）

8月22日发出的毛茶成本=722 610+369 900−740 250=352 260（元）

本月毛茶明细账如表5.4所示。

表5.4　原材料——毛茶 明细账（3）

金额单位：元

2017年		凭证	摘要	收　入			发　出			结　存		
月	日			数量	单价	金　额	数量	单价	金　额	数量	单价	金　额
8	1		结存							57 000	12	684 000
	2	（略）	购入	50 000	11.44	572 000				107 000	11.74	1 256 000
	3		发出				20 000		234 620	87 000	11.74	1 021 380

续表

2017年		凭证	摘要	收入			发出			结存		
月	日			数量	单价	金额	数量	单价	金额	数量	单价	金额
	5		购入	16 000	10	160 000				103 000	11.47	1 181 380
	10		发出				20 000		229 370	83 000	11.47	952 010
	15		发出				20 000	11.47	229 400	63 000	11.47	722 610
	21		购入	30 000	12.33	369 900				93 000	11.75	1 092 510
	22		发出				30 000		352 260	63 000	11.75	740 250
	31		合计	96 000		1 101 900	90 000		1 045 650	63 000	11.75	740 250

（2）发出原材料的总分类核算。

采用先进先出法，本月有关毛茶的“发料凭证汇总表”的记录如表5.5所示。2017年8月份领用的毛茶全部由基本生产车间用于产品生产。应编制如下会计分录。

表5.5 发料凭证汇总表

2017年8月31日　　　　单位：元

应借账户	应贷账户	
	原材料——毛茶	合计
生产成本： 野针王 黑玫瑰	 647 120 414 400	 647 120 414 400
本月发出合计	1 061 520	1 061 520

借：生产成本——基本生产成本——野针王　　647 120
　　　　　　　　　　　　　　——黑玫瑰　　414 400
　贷：原材料——毛茶　　1 061 520

采用其他加价方法，发货业务可以仿照上述先进先出法进行分录编制。

2. 采用计划成本核算

若公司对原材料采用计划成本进行核算，假定毛茶的单位计划成本为每千克12元，玫瑰花单位计划成本为每千克21元。该公司2017年8月初有关账户的期初余额如表5.6所示。

表5.6 账户余额表（计划成本法）

2017年7月31日　　　　金额单位：元

总账账户	明细账户	计量单位	数量	单价	借方余额	贷方金额
材料采购	毛茶	千克	16 000	10	160 000	
原材料					747 000	
	毛茶	千克	57 000	12	684 000	

续表

总账账户	明细账户	计量单位	数　量	单　价	借方余额	贷方金额
	玫瑰花	千克	3 000	21	63 000	
材料成本差异	毛茶					
	玫瑰花				3 000	

毛茶的核算结果如下：

1）购入毛茶的核算

（1）根据任务描述中经济业务（1），编制如下会计分录。

① 收入原材料时：

借：材料采购——毛茶　572 000
　　　　　——玫瑰花　105 050
　　应交税费——应交增值税（进项税额）　82 932.58
　贷：银行存款　759 982.58

② 验收原材料时：

借：原材料——毛茶　600 000
　　　　——玫瑰花　105 000
　贷：材料采购——毛茶　572 000
　　　　　　——玫瑰花　105 050
　　　材料成本差异　27 950

（2）根据任务描述中经济业务（2），编制如下会计分录。

借：生产成本——野针王　120 000
　　　　　——黑玫瑰　141 000
　贷：原材料——毛茶　240 000
　　　　　——玫瑰花　21 000

（3）根据任务描述中经济业务（3），编制如下会计分录。

借：原材料——毛茶　192 000
　贷：材料采购——毛茶　160 000
　　　材料成本差异　32 000

（4）根据任务描述中经济业务（4），编制如下会计分录。

借：生产成本——野针王　60 000
　　　　　——黑玫瑰　222 000
　贷：原材料——毛茶　240 000
　　　　　——玫瑰花　42 000

（5）根据任务描述中经济业务（5），编制如下会计分录。

借：生产成本——野针王　240 000
　贷：原材料——毛茶　240 000

（6）根据任务描述中经济业务（6），编制如下会计分录。

借：材料采购——毛茶　369 900

　　应交税费——应交增值税（进项税额）　45 656.80

　贷：银行存款　415 556.80

（7）根据任务描述中经济业务（7），编制如下会计分录。

借：原材料——毛茶　360 000

　　材料成本差异　9 900

　贷：材料采购——毛茶　369 900

（8）根据任务描述中经济业务（8），编制如下会计分录。

借：生产成本——野针王　240 000

　　　　　　——黑玫瑰　151 500

　贷：原材料——毛茶　360 000

　　　　　　——玫瑰花　31 500

（9）根据任务描述中经济业务（9），编制如下会计分录。

借：原材料——毛茶　360 000

　贷：应付账款——暂估应付款　360 000

7 月初，用红字冲回，做会计分录如下。

借：原材料——毛茶　[360 000]

　贷：应付账款——暂估应付款　[360 000]

（10）月末汇总外购入库材料的成本差异。

本月外购入库原材料的实际成本为 1 206 950 元（677 050+160 000+369 900），计划成本为 1 257 000 元（705 000+192 000+360 000）。成本差异额为节约 50 050 元（27 950+32 000−9 900）。

2）发出毛茶的核算

本月有关毛茶的“原材料发料凭证汇总表”如表 5.7 所示（部分资料略）。

表 5.7　原材料发料凭证汇总表

2017 年 8 月 31 日　　　单位：元

应借账户	应贷账户			
	原材料——毛茶	原材料——玫瑰花	合　计	成本差异
生产成本：				
野针王	660 000		660 000	
黑玫瑰	420 000	94 500	514 500	
本月发出合计	1 080 000	94 500	1 174 500	-27 600.75

计算本月领用应负担的差异，步骤如下：

第一步：计算材料成本差异率（不分原材料明细）：

$$材料成本差异率=\frac{3\,000-27\,950-32\,000+9\,900}{747\,000+705\,000+192\,000+360\,000}\approx -2.35\%$$

第二步：本期发出材料应负担的成本差异=1 174 500×（−2.35%）=−27 600.75（元）

其中：野针王生产领用材料应负担的差异=660 000×（−2.35%）=−15 510（元）

黑玫瑰生产领用材料应负担的差异= 514 500×（−2.35%）=−12 090.75（元）

第三步：编制会计分录：

借：生产成本——野针王　　−15 510

——黑玫瑰　　−12 090.75

贷：材料成本差异　　−27 600.75

典型任务示例

【典型任务示例 5-1】

湖南怡清源茶叶有限公司原材料核算采用计划成本法。假定茶的单位计划成本为每千克 12 元，玫瑰花的计划单位成本为每千克 21 元。2017 年 8 月的部分账户的期初余额如表 5.6 所示。玫瑰花的购进和领用情况如下。

（1）8 月 2 日，从农业生产者个人处收购一批毛茶 50 000 千克，价款 586 516.85 元，其中包含增值税税额 64 516.85 元；收购玫瑰花 5 000 千克，价款 112 415.73 元，其中包含增值税税额 12 365.73 元；从新邦物流公司取得的增值税运输发票中列明运费 55 000 元，增值税税额 6 050 元。毛茶及玫瑰花验收入库，运费按重量分配，以现金支票支付原材料采购价款，并开出转账支票支付采购运费。

（2）8 月 3 日，生产领用玫瑰花 1 000 千克（全部用于生产黑玫瑰）。

（3）8 月 15 日，生产领用玫瑰花 2 000 千克（全部用于生产黑玫瑰）。

（4）8 月 22 日，生产领用玫瑰花 1 500 千克（全部用于生产黑玫瑰）。

要求：

（1）计算本期玫瑰花的成本差异率；

（2）计算本期领用玫瑰花的计划成本和发出玫瑰花应负担的成本差异。

1. 计算本期玫瑰花的成本差异率

本期购进玫瑰花的实际采购成本

=112 415.73−112 415.73×11%+55 000×5 000÷（50 000+5 000）

=112 415.73−12 365.73+5 000=105 050（元）

本期购进玫瑰花的计划成本=5 000×21=105 000（元）

本期购进玫瑰花的材料成本差异额=105 050−105 000=50（元）（超支额）

期初和本期购进玫瑰花的材料成本差异总额=3 000+50=3 050（元）

玫瑰花的成本差异率=3 050÷（63 000+105 000）≈1.82%

2. 计算本期领用玫瑰花的计划成本及应负担的成本差异

本期领用玫瑰花的计划成本=（1 000+2 000+1 500）×21=94 500（元）
发出玫瑰花应负担的成本差异=94 500×1.82%=1 719.90（元）

实践训练

【实践训练 5-1】

红星公司甲材料 8 月份收发资料如表 5.8 所示。

表 5.8 红星公司甲材料 8 月份收发资料情况

2017 年 7 月 31 日　　金额单位：元

2017 年		摘要	收入		发出		结存	
月	日		数量/千克	金额	数量/千克	金额	数量/千克	金额
7	1	结存					500	2 820
	2	入库	200	1 160			700	
	6	发出			600		100	
	12	入库	500	2 900			600	
	16	发出			400		200	
	23	入库	400	2 300			600	
	25	发出			200		400	

要求：根据上述资料分别采取先进先出法、加权平均法计算发出材料成本和期末结存材料成本。

【实践训练 5-2】

红星公司对原材料按实际成本进行核算，7 月初原材料总分类账及其明细分类账余额如表 5.9 所示。

表 5.9 红星公司原材料总分类账及明细分类账余额

2017 年 6 月 30 日　　金额单位：元

材料名称	计量单位	结存数量	单价	结存金额
甲材料	千克	2 750	2	5 500
乙材料	千克	4 000	3.5	14 000
合　计				19 500

该企业“在途物资——新成工厂”账户借方余额 15 000 元。7 月份有关材料收发业务如下。

（1）7月1日，产品生产领用甲材料1 500千克，乙材料3 000千克（只需登记原材料明细账）。

（2）7月3日，上月从新成工厂购入的乙材料4 000千克，已于本日到达并验收入库。款项已于上月支付。

（3）7月6日，从青山工厂购入乙材料4 000千克，价款14 600元，增值税税额2 482元。已开出承兑3个月期的商业承兑汇票，同时以银行存款支付运费555元。材料已验收入库。

（4）从新成工厂购入甲材料6 000千克，价款12 000元，增值税税额2 040元，运费444元。已用银行存款支付，材料已验收入库。

（5）7月8日，产品生产领用甲材料6 000千克，乙材料7 000千克。车间一般耗用甲材料100千克，厂部管理部门领用甲材料100千克。

（6）7月12日，从资江工厂购入甲材料6 000千克。价款12 500元和增值税税额2 125元及运费444元已用银行存款支付，材料尚未验收入库。

（7）7月16日，从资江工厂购入的甲材料6 000千克已如数验收入库。

（8）7月20日，产品生产领用甲材料4 500千克，乙材料1 000千克。

（9）7月25日，从新成工厂购入乙材料2 000千克，价款6 500元，增值税税额1 105元，运费222元。已用银行存款支付，材料尚未到达。

（10）7月31日，从资江工厂购入乙材料2 000千克已验收入库。发票账单尚未到达，按合同单价3.5元暂估入账。

要求：

（1）根据7月初原材料总分类账及其明细分类账余额，登记有关总账及其明细分类账期初余额；

（2）根据7月份有关材料收发业务，编制有关会计分录；其中，领料业务月末汇总编制“发出材料汇总表”（发出材料按加权平均单价计价）后，再编制会计分录；

（3）根据有关会计分录及有关资料登记“原材料”和“在途物资”总账及其明细分类账；

（4）结出“原材料”和“在途物资”总账及其明细账的本期发生额和月末余额，并进行核对。

【实践训练5-3】

红星公司6月末“原材料”账户余额为14 460元（其中，甲材料3 000千克，乙材料20千克）；“材料成本差异”账户借方余额380元；甲材料计划单价4.5元；乙材料计划单价48元。该公司7月份有关材料收发业务如下。

（1）7月2日，用银行存款承付华新工厂发来的甲材料1 000千克的货款4 000元，增值税税额680元。材料已验收入库。

（2）通过银行支付从枝江工厂购入的乙材料500千克的货款25 230元及增值税税额4 289.1元。材料尚未运到企业。

（3）7月15日，从卫星工厂购入乙材料800千克，货款40 000元，增值税税额6 800元。开出转账支票一张付讫。材料已验收入库。

（4）7 月 17 日，上月光辉公司发来的乙材料 500 千克，实际成本 24 611 元。于本日到达并验收入库。

（5）7 月 20 日，收到胜利工厂托收承付结算凭证，承付该厂发来的甲材料 2 000 千克的货款 8 000 元，运费 555 元。增值税专用发票上注明增值税税额 1 360 元。材料尚未到达。

（6）7 月 23 日，从胜利工厂购入的甲材料到达企业。验收时，发现短少 300 千克。经查，10 千克为定额内损耗，90 千克应由运输部门承担责任，200 千克为供货方少发货。已向运输部门和供货方提出索赔。

（7）7 月 26 日，基本生产车间生产产品领用甲材料 3 000 千克，乙材料 500 千克。一般消耗乙材料 50 千克。厂部领用乙材料 30 千克，辅助生产车间领用乙材料 100 千克。

（8）7 月 28 日，基本生产车间生产产品领用甲材料 2 000 千克，乙材料 500 千克。

（9）7 月 29 日，以存款 5 000 元预付胜利工厂材料款。

（10）7 月 31 日，新生工厂发来的甲材料 800 千克，本月 28 日已入库。月末仍未收到有关凭证，款项未付，按计划单价 4.50 元估价入账。

要求：

（1）根据以上经济业务编制会计分录；

（2）开设并登记“原材料”“材料成本差异”账户；

（3）计算材料成本差异率；编制会计分录；结转发出材料应负担的成本差异。

【实践训练 5-4】

某企业 2017 年 7 月初结存原材料的计划成本 100 000 元；本月购入材料的计划成本 200 000 元，本月发出材料的计划成本为 160 000 元，其中生产车间直接耗用 100 000 元，管理部门耗用 60 000 元。材料成本差异的月初数为 2 000 元（超支），本月收入材料成本差异 4 000 元（超支）。

要求：

（1）计算材料成本差异率；发出材料应负担的成本差异；发出材料的实际成本；结存材料的实际成本；

（2）编制作为材料领用的会计分录，并进行期末分摊材料成本差异的会计处理。

【实践训练 5-5】

甲公司为增值税一般纳税人，增值税税率 17%。生产中所需 W 材料按实际成本核算，采用月末一次加权平均法计算和结转发出材料成本。2017 年 6 月 1 日，W 材料结存 1 400 千克，账面余额 385 万元，未计提存货跌价准备。甲公司 2017 年 6 月份发生的有关 W 材料业务如下：

（1）6 月 3 日，持银行汇票 300 万元购入 W 材料 800 千克，增值税专用发票上注明的货款为 216 万元，增值税税额 36.72 万元，对方代垫包装费 1.8 万元，材料已验收入库，剩余票款退回并存入银行。

（2）6 月 6 日，签发一张商业承兑汇票购入 W 材料 590 千克，增值税专用发票上注明的货款为 163 万元，增值税税额 27.71 万元，对方代垫保险费 0.4 万元。材料已验收入库。

（3）6月10日，收到乙公司作为资本投入的W材料5 000千克，并验收入库。投资合同约定该批原材料价值（不含可抵扣的增值税进项税额）1 415万元，增值税进项税额240.55万元，乙公司开具增值税专用发票。假定合同约定的价值与公允价值相等，未发生资本溢价。

（4）6月20日，销售W材料一批，开出增值税专用发票上注明的售价171万元，增值税税额29.07万元，款项已由银行收妥。

（5）6月30日，因保管不善毁损W材料50千克，该批材料购入时支付的增值税税额2.38万元。经保险公司核定应赔偿10万元，款项尚未收到，其余损失已经报有关部门批准处理。

（6）6月份发出材料情况如下：

① 生产车间领用W材料2 000千克，用于生产A产品20件、B产品10件；A产品每件消耗定额24千克，B产品每件消耗定额52千克，材料成本在A、B产品之间按照定额消耗量比例进行分配；车间管理部门领用700千克；企业行政管理部门领用450千克。

② 委托加工一批零部件，发出W材料100千克。

③ 6月30日对外销售发出W材料600千克。

（7）6月30日，W材料的预计可变现净值为1 000万元。

假定除上述资料外，不考虑其他因素。

要求：编制甲公司上述经济业务的会计分录。

任务二　产品成本的核算

学习目标

【知识目标】

理解生产成本的概念，了解成本核算的一般程序、产品成本的计算方法，熟悉成本费用的归集与分配方法，以及生产成本与完工产品成本的结转方法。

【技能目标】

能够根据企业实际选择适当的成本计算方法，根据本期发生的各种费用，进行直接材料、直接人工、外购动力、制造费用、折旧及辅助生产费用等的归集与分配，并做出相应账务处理。月末，选用适当方法，将本期生产成本在完工产品和在产品之间合理分配，并结转完工产品成本，同时根据管理需要，做出成本分析。

任务导入

湖南怡清源茶业有限公司2017年6月初部分账户的余额如表5.10所示。材料领用采用先进先出法，生产过程不存在辅助生产成本。在计算过程中涉及的小数一律保留两位。

表 5.10　账户余额表（实际成本法）

2017 年 5 月 31 日　　单位：元

总账科目	明细科目	计量单位	数量	单价	借方余额	贷方金额
原材料					750 000	
	毛茶	千克	57 000	12	684 000	
	玫瑰花	千克	3 000	22	66 000	
库存商品					900 000	
	黑玫瑰	件	180	2 500	450 000	
	野针王	件	90	5 000	450 000	
生产成本					90 000	
	黑玫瑰	件	40	1 125	45 000	
	野针王	件	20	2 250	45 000	

注：商品的在生产成本中，黑玫瑰的原材料成本比例为 80%，野针王的原材料成本比例为 70%。

2017 年 6 月发生如下相关经济业务。

（1）6 月 3 日，验收完工黑玫瑰产品一批 40 件，野针王 20 件。

（2）6 月 3 日，生产产品领用毛茶一批 20 000 千克（生产黑玫瑰用料 10 000 千克、野针王用料 10 000 千克），玫瑰花 1 000 千克（全部用于生产黑玫瑰）、包装箱 400 个（黑玫瑰和野针王各耗用 200 个）。

（3）6 月 15 日，验收完工黑玫瑰产品一批 130 件，野针王 110 件。

（4）6 月 15 日，生产领用毛茶一批 40 000 千克（生产黑玫瑰用料 15 000 千克、野针王用料 25 000 千克），玫瑰花 2 000 千克（全部用于生产黑玫瑰），包装箱 300 个（黑玫瑰和野针王各耗用 150 个）。

（5）6 月 22 日，生产领用毛茶一批 30 000 千克（生产黑玫瑰用料 10 000 千克、野针王用料 20 000 千克），玫瑰花 1 500 千克（全部用于生产黑玫瑰），包装箱 300 个（其中，黑玫瑰和野针王各耗用 150 个）。

（6）6 月 29 日，收到自来水公司的水费发票和电力公司的电费发票。增值税专用发票注明的水费为 40 000 元，增值税税额 5 200 元，电费 80 000 元，增值税税额 13 600 元。水电费均未支付。本月水电费使用情况如表 5.11 所示。

表 5.11　水电耗用统计表

部门		耗用水量（吨）	耗用电量（度）
生产车间	黑玫瑰	7 000	50 000
	野针王	11 000	70 000
	一般耗用	6 000	10 000
行政管理部门		9 000	20 000
销售部门		7 000	10 000
合　计		40 000	160 000

（7）8 月 30 日，计算分配本月职工工资总额 210 000 元。其中，生产工人工资 100 000 元，车间管理人员工资 20 000 元，行政管理人员工资 40 000 元，销售人员工资 50 000 元。生产工人工资按工时分配，本月黑玫瑰工时总额 3 500 小时，野针王工时总额 6 500 小时。

（8）6 月 30 日，按工资总额的 14%计提本月职工福利费。

（9）6 月 30 日，计算结转本月生产领用原材料成本和包装箱成本（保留两位小数），其中毛茶领用金额 1 059 210 元，玫瑰花领用金额 95 985 元，包装箱领用金额 5 000 元。当中用于玫瑰花产品的金额 511 476 元，用于野针王产品的金额 648 719 元。

（10）6 月 30 日，按生产工时计算分配本月制造费用并结转至生产成本中，本月制造费用金额总计 309 800 元。

（11）6 月 30 日，验收完工黑玫瑰产品一批 120 件，野针王 70 件，计算本月完工产品成本，其中黑玫瑰尚有在产品 20 件在产品，材料已一次性投入，完工程度 50%，野针王全部完工，无在产品。

要求：以湖南怡清源茶业有限公司会计的身份对上述经济业务进行会计核算。

任务分析

为了准确核算湖南怡清源茶业公司毛茶的成本，会计人员需要参与或负责完成以下工作。

（1）根据企业实际选用适当的成本计算方法。

（2）根据本期发生的各种费用，进行直接材料、直接人工、外购动力、制造费用、折旧及辅助生产费用等的归集与分配，并做出相应账务处理。

（3）选用适当方法，将本期生产成本在完工产品和在产品之间合理分配，并结转完工产品成本。

（4）编制成本报表，并做出成本分析。

知识准备

阅读材料：《企业会计准则第 1 号——存货》《企业会计准则——应用指南》、会计账户的相关规定、《中华人民共和国增值税暂行条例实施细则》等。

一、生产成本的核算

（一）生产成本的概念

生产成本是指企业在一定期间为生产产品所发生的直接费用和间接费用的总和。生产成本与生产费用既有联系又有区别。首先，成本是对象化的生产费用，生产成本是相对于一定产品而言所发生的费用，是按照产品品种等成本计算对象对当期发生的费用进行归集所形成的。在按照费用的经济用途分类时，企业在一定期间内发生的直接费用和间接费用总和，构成一定期间的产品的生产成本。对于上述生产费用来说，生产费用的发生过程同时也就是产品成本的形成过程。其次，生产费用是指某一期间为进行生产而发生的费用，与一定的期间相联系；产品成本是指为生产一种产品或几种产品而消耗的生产费用，与一定种类和数量的产品相联系。

生产成本与生产费用是可相互转换的。企业在一定期间发生的直接费用按照成本计算对象进行归集；间接费用通过分配计入各成本计算对象，使本期发生的生产费用予以对象化，转换为生产成本。在产品生产完成结转产品生产成本并销售后，生产成本则转换为一定期间的销售成本，成为费用计入当期损益。

（二）成本计算的一般程序

产品成本计算的一般程序如下。

（1）对生产费用进行确认，确认产品成本的核算范围。

（2）按各成本计算对象，对本期计入产品成本的各种生产费用进行归集和分配，计算出各种产品生产成本。

（3）对既有完工产品又有在产品的产品，将月初在产品费用与本月生产费用之和，在完工产品与月末在产品之间进行分配和归集，计算出完工产品的成本。生产费用的归集与分配的具体程序如图 5.1 所示。

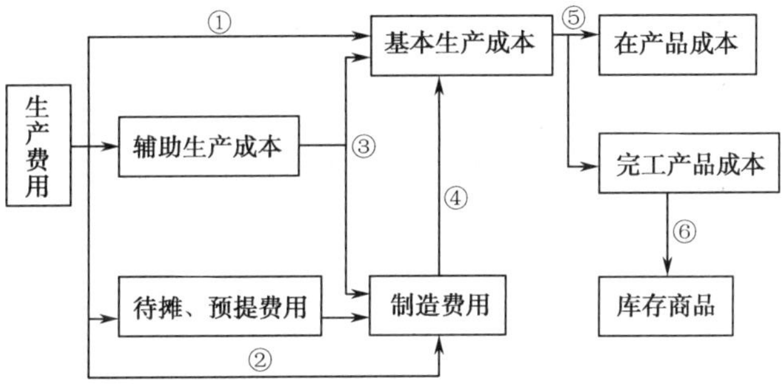

① 生产费用直接归集到基本生产成本；
② 生产费用归集到制造费用；
③ 将辅助生产成本分配到制造费用和各产品的基本生产成本；
④ 将制造费用分配到产品基本生产成本；
⑤ 将基本生产成本在在产品和完工产品之间进行分配；
⑥ 将完工产品成本结转到库存商品。

图5.1　生产费用的归集与分配的具体程序

（三）产品成本计算方法

企业在进行成本计算时，必须根据其生产经营特点、生产经营组织类型和成本管理要求确定成本计算方法。成本计算的基本方法有品种法、分批法和分步法三种。

1. 品种法

品种法又称简单法，是指以产品品种为成本计算对象归集和分配生产费用，计算产品成本的一种方法。这种方法一般适用于单步骤、大量生产的企业，如发电、供水、采掘等企业。

2. 分批法

分批法也称订单法，是指以企业的产品批别为产品成本计算对象归集和分配生产费用，计算产品成本的一种方法。这种方法适用于单件、小批量生产的企业，如造船、重型机器制造、精密仪器制造等。分批法的主要特点是所有的生产费用要分别按产品的订单或批别来归集，成本计算对象是购买者事先订货或企业规定的产品批别。

3. 分步法

分步法是指以产品生产过程中各个加工步骤（分品种）为成本计算对象归集和分配生产费用，计算各步骤半成品和最后产成品成本的一种方法。这种方法适用于连续加工式生产的企业和车间，如冶金、纺织等。

（四）材料费用的归集与分配

企业在生产过程中耗用的各种原材料，根据发出材料汇总表所列材料的不同名称和不同用途，其中直接用于产品生产的属于直接费用，可直接记入“生产成本——基本生产成本”账户及其所属成本明细账户的“直接材料”项目；对于几种产品共同耗用的材料，则需要采用适当的标准，在各种产品之间进行分配。在消耗定额比较稳定、准确的情况下，通常采用材料定额消耗量比例或材料定额成本的比例进行分配。计算公式如下：

材料费用分配率=原材料实际消耗量×原材料单位成本÷各种产品原材料定额消耗量之和

某产品应负担的材料费用=该产品原材料定额消耗量×分配率

原料及主要材料成本除按上述方法分配外，还可以采用其他方法分配。例如，不同规格的同类产品，如果产品的结构、大小相近，也可以按产量或重量比例分配。具体的计算方法可参照上面所述进行。

（五）外购动力费用的归集与分配

外购动力费用是指企业向供电公司购入的电力费用，分动力电费用和照明电费用两种。

由于向电力公司购买的电力费用的结算方式是采用按计划预付，月终按实际耗费结算的，因此，通过“应付账款”账户核算，借方登记预付或支付的电费，贷方登记实际应付或分配电费。借方余额表示多付数额，贷方余额表示应（欠）付数额。

企业对外购电力费用的分配方法一般有两种：按实际耗用量比例分配和按定额消耗量比例分配。对此，应编制“动力费用分配表”。

（六）职工薪酬费用的分配

直接进行商品生产的生产工人的职工薪酬费用发生时，如果是计件工资或只生产一种产品的计时工资，属于直接费用，应直接记入有关产品成本的“直接人工”成本项目；如果是一个班组工人生产几种产品的，则应采用既合理又简便的分配方法，分配计入有关产品成本，借记“生产成本——基本生产成本（某产品）”账户，贷记“应付职工薪酬”账户。通常采用的分配方法有：按实耗工时比例分配法和按定额工时比例分配法。

实耗工时比例分配法适用于生产记录、实际工时记录比较健全的企业。计算公式如下：

职工薪酬费用分配率=生产工人工资总额÷各产品实耗工时（或定额工时）

某产品应负担的职工薪酬费用=该产品实耗工时（或定额工时）×分配率

定额工时比例法适用于定额管理健全、工时定额较合理、较稳定的企业。

（七）固定资产折旧费用的分配

企业计提固定资产折旧费用，一般通过编制“固定资产折旧计算表”进行，再根据固定资产折旧计算表所列各使用部门负担的金额：基本生产车间的折旧费费用，借记“制造费用”账户；辅助生产车间的折旧费费用，借记“生产成本——辅助生产成本”账户；管理部门的折旧费费用，借记“管理费用”等账户，贷记“累计折旧”账户。

二、辅助生产费用的核算

（一）辅助生产费用的归集

企业的辅助生产是指为基本生产服务而进行的产品生产和劳务供应。

辅助生产的服务包括两种类型：一种是为基本生产车间提供产品，如工具、模具等；另一种是为基本生产提供劳务，如供电、供水、供气、机修和运输等。其中，有的只生产一种产品或提供一种劳务，如供水、供电、供气、运输等辅助生产；有的则生产多种产品或提供多种劳务，如从事工具、模具、修理用备件的制造，以及机器设备的修理等辅助生产。辅助生产提供的产品和劳务，有时也对外销售，但这不是辅助生产的主要任务。提供产品的辅助生产车间应当为提供的产品单独核算成本，直接分配给接受产品的基本生产车间。提供劳务的辅助生产车间，其生产费用则需要在受益的车间和部门之间进行分配。分配时应当按照受益原则进行，即“受益多的多负担，受益少的少负担，不受益的不负担”。

辅助生产费用的归集，是通过设置“生产成本——辅助生产成本”账户进行的。该账户一般按车间及产品和劳务设置明细账，明细账中按成本项目设立专栏，进行明细核算。

辅助生产车间发生的各项费用中，直接用于辅助生产的，应单独直接记入“生产成本——辅助生产成本”账户及所属有关明细账。间接用于辅助生产的费用，一般有两种归集方式：一种是先记入“制造费用”账户及其所属明细分类账户，期末直接转入或分配转入“生产成本——辅助生产成本”账户；另一种是不通过“制造费用”账户核算，而是直接记入“生产成本——辅助生产成本”账户和所属明细分类账户。

（二）辅助生产费用的分配

辅助生产费用的分配方法主要有直接分配法、交互分配法和计划成本分配法三种。

1. 直接分配法

这种方法是指不考虑各辅助生产车间之间相互提供劳务（或产品）的情况，而是将各辅助生产费用直接分配给辅助生产车间以外的各受益单位。

2. 交互分配法

企业为了为基本生产服务，有的设有几个辅助车间，而这些辅助生产车间之间也往往有相互提供产品或提供劳务的情况，如机修车间为供电车间修理设备、供电车间为机修车间提供电力等。这样，为了计算修理成本，就要转入供电成本；为了计算供电成本，就要转入修理成本。因此，为了正确计算辅助生产产品和劳务的成本，并将辅助生产费用正确计入基本生产的产品成本，在分配辅助生产费用时，就要在各辅助生产车间内部进行一次费用的交互分配。

采用一次交互分配法分配辅助生产费用应先根据各辅助生产车间内部相互供应的产品或劳务数量及交互分配前的待分配费用求得单位成本，在辅助生产车间内部相互提供产品或劳务之间进行交互分配。然后，将各辅助生产车间交互分配后的实际费用（交互分配前的费用+交互分配转入的费用-交互分配转出的费用），按提供的产品、劳务数量在辅助车间以外的各受益单位之间进行分配。

3. 计划成本分配法

采用计划成本分配辅助生产费用，按辅助生产为各受益单位（包括辅助生产车间内部）提供的产品劳务，一律按产品和劳务的计划单位成本进行分配。辅助生产实际发生的费用（原待分配费用加上按计划成本从其他辅助生产分配转入的费用）和按计划成本分配转出的费用之间的差异额（实际成本大于计划成本为超支差异；实际成本小于计划成本为节约差异）应进行追加分配。为了简化核算手续，也可以将差异额直接转入管理费用。此处采用简化方法。

三、制造费用的归集与分配

企业为了组织和管理生产，除了发生消耗原材料、支付工资、提取职工福利费、折旧费等要素费用外，还有用货币直接支付的修理费、加工费、办公费、差旅费、技术研究费、保险费、租赁费等。发生在辅助生产车间的费用直接归集在“生产成本——辅助生产成本”账户；发生在基本生产车间的，为了便于对各项费用进行归类核算、分项考核，企业应根据费用的种类按明细账户进行归集核算。

（一）制造费用的归集

基本生产车间为了组织和管理产品生产过程中所发生的各项费用，除了设置“制造费用”账户进行总分类核算外，财会部门还应按各个生产单位（车间、分厂）和规定的明细账户进行明细分类核算。各生产车间也应按规定的明细账户开设明细分类账，进行归类登记。

为了便于企业对制造费用进行明细分类核算，在制造费用下可设置如下明细账户，核算内容如下。

（1）职工薪酬。这是指企业基本生产车间所有车间人员（不包括生产工人）的工资及其福利费，如管理人员、车间辅助工人、修理工人、搬运工人、房屋建筑物及设备的维修工人、工程技术人员、职员及勤杂人员等的工资。

（2）折旧费。这是指基本生产车间的各项固定资产按照规定计提的折旧费。

（3）办公费。这是指基本生产车间所耗用的文具、印刷、办公用品等办公费用。

（4）水电费。这是指基本生产车间由于消耗水电而支付的费用。直接计入产品成本的动力、水的费用，不包括在本账户之内。

（5）取暖费。这是指发生在基本生产车间为保证冬季生产设备正常运转所支付的取暖费用。

（6）租赁费。这是指基本生产车间自企业外部租入各种固定资产和工具而支付的租金。

（7）机物料消耗。这是指基本生产车间为维护生产设备正常生产等所消耗各种材料的费用（不包括修理费用和劳动保护用材料）。

（8）低值易耗品。这是指基本生产车间领用的低值易耗品的摊销费。

（9）财产保险费。这是指基本生产车间应负担的财产物资保险费。

（10）劳动保护费。这是指基本生产车间所发生的各种劳动保护费用。例如，不构成固定资产的安全装置、卫生设备、通风设施、工作服、工作鞋、工作帽、工作手套等劳动用品及按照规定发放的保健食品、清凉饮料等费用。增加固定资产的劳动保护设施措施费用不包括在此账户内。

（11）在产品的盘亏与毁损。这是指基本生产车间所发生的并已按规定报经批准由产品成本负担的在产品盘亏毁损。在产品的盘盈应从本账户内冲减。

（12）设计制图费。这是指生产设计部门的日常经费。它应包括生产设计部门支付的图纸及其他用品费用和委托外部设计制图时所支付的费用等。

（13）试验检验费。这是指基本生产车间对材料、产品进行分析、化验、检验所发生的费用。它应该包括工厂、实验室和检验部门所耗用的材料及外部进行检验时所支付的费用等。

（14）差旅费。这是指企业生产单位（分厂、车间）因公外出的各种差旅费、市内交通费、餐费等。

（15）运输费。这是指企业生产单位（分厂、车间）因组织生产、装运备品备件等的运输费用。

（16）其他。这是指不能列入以上各项目的各种制造费用。其中较大的费用支出应在本账户下增列“其中……”账户反映。

另外，对石油、矿产工业企业所专用的费用，可以通过“原油储量有偿使用费”“油田维护费”“矿山维护费”等账户反映。

如果有因季节性生产和大修理期间而停工发生的损失，可另设“季节性、修理期间的停工损失”账户。

（二）制造费用的分配

基本生产车间所发生的全部间接生产费用在“制造费用”账户中按各账户进行归集后，就应该在该期基本生产车间范围内生产的产品之间进行分配。如果只生产一种产品，那么该车间所发生的全部制造费用系直接费用，直接转入产品成本明细账中的“制造费用”成本账户。如果生产两种以上产品，则应当选择适当的标准，采用适当的方法进行分配。常用的分配方法有以下几种。

（1）按实耗工时比例分配法。

（2）按定额工时比例分配法。

（3）按生产工人工资比例分配法。

（4）按机器运转工时比例分配法。

（5）按耗用原材料的数量或成本比例分配法。

（6）按直接成本（原材料、燃料和动力、生产工人工资及其应计提的职工福利费之和）比例分配法。

（7）按产品产量比例分配法。

有关分配的公式如下：

分配率=制造费用总额÷分配标准总量

某产品应分配制造费用=该产品参与分配的标准量×制造费用分配率

四、生产成本的分配与完工产品成本的结转

通过上述各项费用的归集与分配，生产过程中发生的各项费用全部归集到“生产成本——基本生产成本”账户。这些归集到生产成本的费用，在存在着期初在产品和期末在产品的情况下，并不是本月完工产品成本。成本计算的一个重要目的，就是计算出一定期间所生产的完工产品总成本和单位成本，为此还必须将本期归集的生产成本总额在完工产品与在产品之间进行分配。企业完工产品经产成品仓库验收入库后，应根据计算得出的当期完工产成品成本进行结转。结转本期完工产品成本时应当分别计算各种产品总成本，借记“库存商品”账户，贷记“生产成本——基本生产成本”账户及其所属产品成本明细账。“生产成本——基本生产成本”账户的月末余额，就是基本生产在产品的成本，也就是占用在基本生产过程中的生产资金，应与所属各种产品成本明细账中月末在产品成本之和核对相符。计算公式如下：

月初在产品成本+本月生产费用=完工产品成本+月末在产品成本

产品费用在完工产品与在产品之间的分配，在成本计算工作中是一个重要而又比较复杂的问题。企业应根据产品的生产特点，考虑到企业的管理要求和条件，选择既合理又简便的分配方法。常用的方法有以下几种。

（一）产品按所耗直接材料费用计价法

产品按所耗直接材料费用计价法是指在产品成本只按所耗用的原材料费用计算。也就是说，产品的直接材料费用（月初在产品的直接材料费用与本期发生的直接材料费用之和）需要在完工产品与月末在产品之间进行分配，而生产产品本月发生的加工费用全部由完工产品成本负担。这种方法适用于各月在产品数量较多，各月在产品数量变化也较大，且直接材料费用在成本中所占比重较大的产品。计算公式如下：

完工产品生产成本=月初在产品原材料费用+本月生产费用−月末在产品原材料费用

如果是一次投料方式，则全部原材料费用可以按实际产品数量在完工产品和在产品之间进行分配。

（二）约当产量法

这种方法是对期末在产品按照完工程度折算为相当于完工产品的数量，即约当产量，然后按照完工产品产量与月末在产品约当产量的比例分配计算完工产品成本和月末在产品成本。这种方法，既考虑了期末在产品所负担的原材料费用，也考虑了所负担的其他费用，在一定程度上提高了成本计算的准确度。这种方法，适用于原材料费用和其他费用在产品成本中的比重相差不多的产品。

由于在产品只是进行了某一部分的加工，尚未经过全过程的加工，因此，其应负担的费用应根据施工程度逐步完工率来分配。如果原材料也是随施工程度逐步投入，那么原材料费用与工资等其他费用一样，按施工程度（完工率）进行分配。这种情况下在进行费用分配前，先要将月末在产品数量折合为大约相当于完工产品的产量（即约当产量），然后根据完工产品产量和在产品约当产量来对各项费用进行分配。其计算工时如下：

在产品约当产量=在产品数量×施工程度（完工率）

费用分配率=费用总额÷（完工产品数量+在产品约当产量）

完工产品负担的费用=完工产品数量×费用分配率

在产品负担的费用=在产品约当产量×费用分配率

或

在产品负担的费用=费用总额-完工产品负担的费用

在采用约当产量法分配全部生产费用时，应注意产品的投料和加工方式。如果属于一次投料、逐步加工方式，原材料的分配应采用产量比例分配，工资和其他费用按约当产量比例分配；如果属于逐步投料、逐步加工方式，原材料费用、工资及其他费用按约当产量比例分配。

（三）不计算在产品成本法

这种方法不考虑期初在产品和期末在产品的情况，而将本期归集的生产成本全部作为本期完工产品成本。这一方法，适用于期末在产品数量很小、在产品成本的大小对完工产品成本影响不大的产品。

（四）在产品按固定成本计价法

固定成本计价法，各月末在产品的成本固定不变，某中产品本月发生的生产费用总额即本月完工产品的成本。但在年末应根据实际盘点的在产品数量，具体计算在产品成本，据此计算12 月份产品成本，而不能再按固定不变的数额对在产品成本进行计价，否则，会使在产品成本与其实际成本出入过大，影响产品成本计算的正确性。这种方法，适用于月末在产品数量较多，但各月变化不大的产品。

（五）在产品按定额成本计价法

这种方法是事先在调查研究的基础上，确定定额单位成本，月终根据在产品数量计算确定在产品成本，然后将期初在产品成本加上本月发生的生产成本，减去期末在产品的定额成本，计算出完工产成品的总成本和单位成本。这种方法适用于各项消耗定额或费用定额比较准确、稳定，而且各月末在产品数量变化不是很大的产品。

任务实施

（1）根据任务描述中经济业务（1），暂不做会计处理。
（2）根据任务描述中经济业务（2），暂不做会计处理。
（3）根据任务描述中经济业务（3），暂不做会计处理。
（4）根据任务描述中经济业务（4），暂不做会计处理。
（5）根据任务描述中经济业务（5），暂不做会计处理。
（6）根据任务描述中经济业务（6），可做如下计算。

水费分配率=40 000÷40 000=1（元/吨）

电费分配率=80 000÷160 000=0.5（元/度）

各部门水电费的分配结果如表 5.12 所示。

表 5.12　水电费的分配表

部　门		耗用水量（吨）	水费分配率	耗用水费（元）	耗用电量（度）	电费分配率	耗用电费（元）	费用合计（元）
生产车间	黑玫瑰	7 000	1 元/吨	7 000	50 000	0.5 元/度	25 000	32 000
	野针王	11 000		11 000	70 000		35 000	46 000
	一般耗用	6 000		6 000	10 000		5 000	11 000
行政管理部门		9 000		9 000	20 000		10 000	19 000
销售部门		7 000		7 000	10 000		5 000	12 000
合　计		40 000		40 000	160 000		80 000	120 000

编制如下会计分录。

借：生产成本——黑玫瑰　　32 000
　　　　　　——野针王　　46 000
　　制造费用　　11 000
　　管理费用　　19 000
　　销售费用　　12 000
　　应交税费——应交增值税（进项税额）　　18 800
　贷：应付账款——自来水公司　　45 200
　　　　　　　——电力公司　　93 600

（7）根据任务描述中经济业务（7），编制如下会计分录。

借：生产成本——黑玫瑰　　35 000
　　　　　　——野针王　　65 000
　　制造费用　　20 000

管理费用 40 000
销售费用 50 000
贷：应付职工薪酬——工资 210 000
其中，直接人工工资的计算如下。
直接人工分配率=100 000÷10 000=10（元/小时）
黑玫瑰产品的直接人工费用=3 500×10=35 000（元）
野针王产品的直接人工费用=6 500×10=65 000（元）
（8）根据任务描述中经济业务（8），编制如下会计分录。
借：生产成本——黑玫瑰 4 900
——野针王 9 100
制造费用 2 800
管理费用 5 600
销售费用 7 000
贷：应付职工薪酬——职工福利 29 400
（9）根据任务描述中经济业务（9），编制如下会计分录。
借：生产成本——黑玫瑰 511 476
——野针王 648 719
贷：原材料——毛茶 1 059 210
——玫瑰花 95 985
周转材料——包装箱 5 000
（10）根据任务描述中经济业务（10），编制如下会计分录。
借：生产成本——黑玫瑰 108 430
——野针王 201 370
贷：制造费用 309 800
计算如下。
制造费用分配率=309 800÷10 000=30.98（元/小时）
黑玫瑰产品的制造费用=3 500×30.98=108 430（元）
野针王产品的制造费用=6 500×30.98=201 370（元）
（11）根据以上经济业务，计算如下。
黑玫瑰的原材料成本=511 476+45 000×80%=547 476（元）
黑玫瑰的人工制造费用及其他费用=45 000−36 000+32 000+35 000+4 900+108 430=189 330（元）
黑玫瑰的约当产量=40+130+120+20×50%=300（件）
黑玫瑰应负担完工产品成本=547 476÷310×290+189 330÷300×290≈695 173.97（元）
黑玫瑰在产品成本=547 476+189 330−695 173.97=41 632.03（元）
野针王的原材料成本=648 719+45 000×70%=680 219（元）
野针王的人工制造费用及其他费用=45 000−31 500+46 000+65 000+9 100+201 370=334 970（元）
野针王累计完工量=20+110+70=200（件）

野针王的完工产品成本=680 219+334 970=1 015 189（元）

黑玫瑰的加权平均单价=（450 000+695 173.97）÷（180+290）≈2 436.54（元）

野针王的加权平均单价=（450 000+1 015 189）÷（90+200）≈5 052.38（元）

编制如下会计分录。

借：库存商品——黑玫瑰　　695 173.97

　　　　　　——野针王　　1 015 189

　贷：生产成本——黑玫瑰　　695 173.97

　　　　　　　——野针王　　1 015 189

典型任务示例

【典型任务示例 5-2】

丙公司基本生产车间领用某种材料 4 000 千克，单价 100 元，材料成本合计 400 000 元。生产 A 产品 4 000 件，B 产品 2 000 件。A 产品消耗定额 12 千克，B 产品消耗定额 26 千克。

要求：完成原材料成本的分配，并编制会计分录。

计算如下。

分配率=400 000÷（4 000×12+2 000×26）=400 000÷（48 000+52 000）=4

应分配的材料成本如下。

A 产品：48 000×4=192 000（元）

B 产品：52 000×4=208 000（元）

编制如下会计分录。

借：生产成本——基本生产成本（A 产品）　　192 000

　　　　　　——基本生产成本（B 产品）　　208 000

　贷：原材料——某材料　　400 000

【典型任务示例 5-3】

红星公司生产车间生产工人的工资费用分配表如表 5.13 所示。

表 5.13　职工薪酬费分配表

2017 年 10 月 31 日　　　　金额单位：元

产品名称	耗用工时（小时）	生产工人工资		提取职工福利费	
		分配率（元/小时）	费用金额	计提比例	费用金额
甲产品	3 500	4.5	15 750	14%	2 205
乙产品	2 500	4.5	11 250	14%	1 575
合　计	6 000		27 000		3 780

要求： 编制会计分录。

根据职工薪酬费用分配表编制如下会计分录。

借：生产成本——基本生产成本（甲产品）　　15 750
　　　　　　——基本生产成本（乙产品）　　11 250
　贷：应付职工薪酬 ——工资　　27 000

借：生产成本——基本生产成本（甲产品）　　2 205
　　　　　　——基本生产成本（乙产品）　　1 575
　贷：应付职工薪酬——职工福利　　3 780

【典型任务示例 5-4】

红星公司生产丙产品，月末在产品只计算原材料费用，按产量比例进行分配。原材料在投产时一次投入，2017 年 10 月份完工入库产品 1 800 吨，月末在产品 200 吨。两者分配的生产费用如表 5.14 所示。

要求： 对生产成本进行分配，并结转完工产品成本。

表 5.14　生产成本明细账

2017 年 10 月 31 日　　产品名称：丙产品　　单位：元

摘要	直接材料	直接人工	其他直接费用	制造费用	合　计
月初在产品成本	6 000				6 000
本月生产费用	30 000	1 900	2 700	1 200	35 800
费用合计	36 000	1 900	2 700	1 200	41 800
分配率（元/吨）	18				
完工产品成本	−32 400	−1 900	−2 700	−1 200	−38 200
月末在产品成本	3 600				3 600

原材料费用分配率=36 000÷（1 800+200）=18（元/吨）

完工产品应负担的原材料费用=1 800×18=32 400（元）

月末在产品应负担的原材料费用=200×18=3 600（元）

结转完工产品成本的会计分录如下。

借：库存商品——丙产品　　38 200
　贷：生产成本——基本生产成本（丙产品）　　38 200

实践训练

【实践训练 5-6】

红星公司 5 月份发生以下经济业务。

(1) 仓库发出材料情况如表 5.15 所示。

表 5.15　生产成本明细账

发料凭证汇总表

2017 年 5 月 31 日

单位：元

产品或车间或部门	原料	辅助材料	备品备件	合计
A 产品耗用	42 000			42 000
B 产品耗用	60 000			60 000
第一车间耗用		5 00	1 250	1 750
第二车间耗用		600	900	1 500
供电车间耗用			10 500	10 500
供气车间耗用		400	2 250	2 650
行政管理部门耗用		250	3 500	3 750
合　计	102 000	1 750	18 400	122 150

（2）本月职工薪酬费用情况如表 5.16 所示。

表 5.16　职工薪酬费汇总表

2017 年 5 月 31 日

单位：元

人员类别	工资费用	福利费
第一车间生产工人	12 000	1 680
第一车间管理人员	4 000	560
第二车间生产工人	11 000	1 540
第二车间管理人员	3 000	420
供电车间人员	8 000	1 120
供气车间人员	10 000	1 400
厂行政管理部门人员	12 000	1 680
合　计	60 000	8 400

（3）计提本月固定资产折旧 7 200 元。其中，第一车间负担 1 500 元，第二车间负担 1 700 元，供气车间负担 750 元，供电车间负担 1 250 元，厂部行政管理部门负担 2 000 元。

（4）摊销应由本月负担的财产保险费 1 200 元。其中，第一车间负担 300 元，第二车间负担 250 元，供气车间负担 100 元，供电车间负担 150 元，厂部行政管理部门负担 400 元。

（5）预提固定资产修理费 4 000 元。其中，第一车间负担 800 元，第二车间负担 900 元，供电车间负担 1 000 元，供气车间负担 1 100 元，厂部行政管理部门负担 200 元。

要求：根据以上经济业务编制会计分录。

【实践训练 5-7】

红星公司 A 产品的月初在产品费用和本月费用如表 5.17 所示。

表 5.17　A 产品月初在产品费用和本月费用

单位：元

成本项目	直接材料	直接人工	制造费用	合计
月初在产品费用	15 270	2 384	4 768	22 422
本月费用	184 730	5 616	11 232	201 578

本月 A 产品完工 3 125 件，期末在产品 1 750 件，完工程度为 50%。A 产品耗用的原材料为生产时一次投入。

要求：

（1）根据上述资料登记产品成本明细账；

（2）按约当产量法将生产费用在完工产品与在产品之间进行分配；

（3）编制结转完工入库产品成本的会计分录。

任务三　库存商品的核算

学习目标

【知识目标】

理解库存商品的内容，掌握验收入库和销售商品时有关库存商品的账务处理。

【技能目标】

能够根据库存商品出、入库凭证，做出正确的账务处理。

任务导入

湖南怡清源茶业有限公司生产的主要产品有黑玫瑰和野针王。存货成本采取实际成本法进行核算，月末计算加权平均单位成本，并作为存货成本结转的计算依据（计算过程中涉及的小数一律保留两位）。

6 月份相关账户的期初余额如表 5.18 所示。

表 5.18　账户余额表（实际成本法）

2017 年 5 月 31 日　　金额单位：元

总账账户	明细账户	计量单位	数量	单价	借方余额	贷方金额
库存商品					900 000	
	黑玫瑰	件	180	2 500	450 000	
	野针王	件	90	5 000	450 000	

2017 年 6 月发生的部分经济业务如下。

（1）6 月 4 日，销售产品黑玫瑰一批 100 件给湖南通程商业集团公司，单价 5 000 元，野针王 50 件，单价 10 000 元，增值税税率 17%。开出增值税专用发票，代垫运费 50 000 元给负责运输的新邦物流公司。款项暂未收到。

（2）6 月 16 日，向湖南通程商业集团公司销售野针王茶叶一批 100 件，单价 10 000 元，黑玫瑰 100 件，单价 5 000 元，增值税税率 17%。开出增值税专用发票，代垫运费 50 000 元（由新邦物流公司负责运输）。收到转账支票一张。

（3）6 月 17 日，向长沙银行湘银支行销售黑玫瑰茶叶 2 件，含税单价 5 850 元。款存银行。

（4）根据“商品入库汇总表”记载，本月已验收入库黑玫瑰 290 件，野针王产品 200 件。根据成本费用分配表，本月应由已完工黑玫瑰产品承担的成本 695 173.97 元，应由已完工野针王产品承担的成本 1 015 189 元。黑玫瑰产品的单位成本 2 436.54 元，野针王产品的单位成本 5 052.38 元。

要求：以湖南怡清源茶业有限公司会计的身份对上述有关库存商品的经济业务进行会计核算。

任务分析

选择使用实际成本法或计划成本法进行库存商品的成本进行核算。

（1）进行明细核算。应按库存商品的品种、类别分别设置明细分类账进行数量和金额核算，序时反映企业各种库存商品实物的收发结存数量以及库存商品资金的增减和占用情况。

（2）进行总分类核算。应设置“库存商品”账户进行库存商品的总分类核算。其借方登记验收入库的各种库存商品的实际成本；贷方登记发出库存商品的实际成本；余额在借方，反映企业库存商品的实际成本。

（3）验收入库时，如果采用实际成本法，只须登记验收入库数量，暂不须做出账务处理；如果采用计划成本法，按照产品计划成本从“生产成本”账户结转至“库存商品”账户。

（4）销售产品时，如果采用实际成本法，只须登记销售数量，暂不须做出账务处理；如果采用计划成本法，按照产品计划成本从“库存商品”账户结转至“主营业务成本”账户。

（5）期末，在实际成本法下，根据成本分配表计算完工产品的单位成本，将完工产品成本从“生产成本”账户结转至“库存商品”账户，并按照本月销售数量，将已销售产品的成本从“库存商品”结转至“主营业务成本”账户；在计划成本法下，计算完工产品的成本差异率，将完工产品应负担的成本差异从“生产成本”账户结转至“产品成本差异”账户。并按已销售产品应负担的成本差异，从“产品成本差异”账户结转至“主营业务成本”账户。

知识准备

阅读材料：《企业会计准则第 1 号——存货》、会计账户的相关规定、《中华人民共和国增值税暂行条例实施细则》等。

一、库存商品的内容

库存商品是指企业已完成全部生产过程并已验收入库、合乎标准规格和技术条件，可以按照合同规定的条件送交订货单位，或可以作为商品对外销售的产品及外购或委托加工完成验收入库用于销售的各种商品。库存商品具体包括库存产成品、外购商品、存放在门市部准备出售的商品、发出展览的商品、寄存在外的商品、接受来料加工制造的代制品和为外单位加工修理的代修品等。已完成销售手续，但购买单位在月末未提取的产品，不应作为企业的库存商品，而应作为代管商品处理，单独设置代管商品备查簿进行登记。为了反映和监督库存商品的增减变动及其结存情况，企业应当设置“库存商品”账户。

企业生产的产成品一般应按实际成本核算，产成品的收入、发出和销售，平时只记数量不记金额，月末计算入库产成品的实际成本。企业生产完成验收入库的产成品，按其实际成本，借记“库存商品”，贷记“生产成本”“消耗性生物资产”“农业生产成本”等账户。采用实际成本进行产成品日常核算的，发出产成品的实际成本可以采用先进先出法、加权平均法或个别认定法计算确定。

产成品种类较多的，也可按计划成本进行日常核算，其实际成本与计划成本的差异，可以单独设置“产品成本差异”账户核算（计划成本的确定及成本差异率的计算参照“材料成本差异”账户）。产成品的收入、发出和销售，平时按计划成本进行核算，月末计算入库产成品的实际成本。按产成品的计划成本，借记“库存商品”；按其实际成本，贷记“生产成本”等账户；按实际成本与计划成本的差异，借记或贷记本账户（产品成本差异）。

对外销售产成品（包括采用分期收款方式销售产成品），结转销售成本时，借记“主营业务成本”账户，贷记“库存商品”账户。采用计划成本核算的，还应结转应分摊的实际成本与计划成本的差异，实际成本小于计划成本借记“产品成本差异”账户，贷记“主营业务成本”账户；实际成本大于计划成本的差异，做相反的会计分录。

“库存商品”借方登记验收入库的库存商品成本；贷方登记发出的库存商品成本；期末余额在借方，反映各种库存商品的实际成本或计划成本。

二、库存商品的核算方法

（一）验收入库商品

对库存商品采用实际成本法核算的企业，当库存商品生产完成并验收入库时，应按实际成本，借记“库存商品”账户，贷记“生产成本——基本生产成本”账户。

（二）销售商品

企业销售商品、确认收入时，应结转其销售成本，借记“主营业务成本”等账户，贷记“库存商品”账户。

任务实施

根据任务描述应编制如下会计分录。

（1）暂不做会计分录。

（2）暂不做会计分录。

（3）暂不做会计分录。

（4）根据任务描述中经济业务（4），应编制如下会计分录。

借：库存商品——黑玫瑰　　695 173.97
　　　　　　——野针王　　1 015 189
　贷：生产成本——基本生产成本——黑玫瑰　　695 173.97
　　　　　　　——基本生产成本——野针王　　1 015 189

根据任务描述中经济业务（1）、经济业务（2）和经济业务（3），进行以下计算。

黑玫瑰的累计销售数量=100+100+2=202（件）

黑玫瑰的销售成本=202×2 436.54=492 181.08（元）

野针王的累计销售数量=50+100=150（件）

野针王的累计销售成本=150×5 052.38=757 857（元）

编制会计分录如下。

借：主营业务成本——黑玫瑰　　492 181.08
　　　　　　　　——野针王　　757 857
　贷：库存商品——黑玫瑰　　492 181.08
　　　　　　　——野针王　　757 857

典型任务示例

【典型任务示例 5-5】

如果湖南怡清源茶业有限公司库存商品的核算采用计划成本法，则关于库存商品的期初余额如表 5.19 所示。黑玫瑰和野针王的计划成本分别为每件 2 400 元和每件 5 100 元。

表 5.19　账户余额表（计划成本法）

2017 年 5 月 31 日　　金额单位：元

总账科目	明细科目	计量单位	数量	单价	借方余额	贷方金额
库存商品					900 000	
	黑玫瑰	件	180	2 400	432 000	
	野针王	件	90	5 100	459 000	
产品成本差异	黑玫瑰				18 000	
	野针王					9 000

要求：

（1）根据任务描述中的经济业务（1）～经济业务（4），计算本期已销售产品的计划成本、成本差异率和已销售产品应负担的成本差异。

（2）编制上述经济业务的会计分录。

（1）相关计算过程及结果。

已销售黑玫瑰产品的计划成本 = 2 400×(100 + 100 + 2) = 484 800（元）

已销售野针王产品的计划成本 = 5 100×(50 + 100) = 765 000（元）

黑玫瑰产品的成本差异率=（18 000+695 173.97−290×2 400）÷（180+290）×2 400≈1.52%

野针王产品的成本差异率=（−9 000+1 015 189−200×5 100）÷（90+200）×5 100≈−0.93%

本期已销售黑玫瑰产品应承担的成本差异 = 484 800×1.52% = 7 368.96（元）

本期已销售野针王产品应承担的成本差异 = 765 000×(−0.93%) = −7 114.5（元）

（2）按照计划成本法，针对任务描述中的销售业务，有关存货发出的会计分录如下。

6 月 4 日，销售黑玫瑰产品 100 件，野针王产品 50 件。

借：主营业务成本——黑玫瑰　　240 000
　　　　　　　　——野针王　　255 000
　贷：库存商品——黑玫瑰　　　　240 000
　　　　　　　——野针王　　　　255 000

6 月 16 日，销售黑玫瑰产品和野针王产品各 100 件。

借：主营业务成本——黑玫瑰　　240 000
　　　　　　　　——野针王　　510 000
　贷：库存商品——黑玫瑰　　　　240 000
　　　　　　　——野针王　　　　510 000

6 月 17 日，销售黑玫瑰产品 2 件。

借：主营业务成本——黑玫瑰　　4 800
　贷：库存商品——黑玫瑰　　　　4 800

期末，结转应由已销售产品承担的成本差异。

借：主营业务成本——黑玫瑰　　7 368.96
　贷：产品成本差异——黑玫瑰　　7 368.96

借：产品成本差异——野针王　　7 114.5
　贷：主营业务成本——野针王　　7 114.5

实践训练

【实践训练 5-8】

（1）海维有限公司“商品入库汇总表”记载，2017 年 7 月已验收入库 Y 产品 1 000 台，Z

产品 2 000 台。

（2）海维有限公司 2017 年 7 月末的商品发出汇总表中，当月已实现销售的 Y 产品有 500 台，Z 产品有 1 500 台。

该月 Y 产品实际单位成本 5 000 元，Z 产品实际单位成本 1 000 元。

要求：编制上述经济业务的会计分录。

任务四　周转材料的核算

学习目标

【知识目标】

理解周转材料的含义、包装物和低值易耗品的核算内容，掌握周转材料的核算方法。

【技能目标】

能够对周转材料的收入、发出、摊销及报废等业务做出正确的账务处理。

任务导入

湖南怡清源茶业有限公司的周转材料主要包括包装物和低值易耗品。包装物主要为包装箱，低值易耗品主要为专用生产工具。周转材料主要用于产品的生产或包装过程。其中，包装物采用一次摊销法；低值易耗品采用五五摊销法。（计算过程中涉及的小数一律保留两位。）

2017 年 6 月发生的部分相关经济业务如下。

（1）6 月 3 日，生产产品领用包装箱 400 个，单位成本为每个 5 元（黑玫瑰产品和野针王产品各耗用 200 个）。

（2）6 月 5 日，基本生产车间领用新专用工具一批，实际成本为 10 000 元。采用分次摊销法进行摊销。该专用工具的估计使用次数为 2 次，主要用于黑玫瑰产品的生产。

（3）6 月 17 日，向湖南通程商业集团公司购进生产用包装箱 1 000 个，取得的增值税专用发票注明的价款为 5 000 元，增值税额 850 元。包装箱验收入库，开出转账支票一张。

（4）6 月 20 日，某批专用工具主要用于野针王产品的生产，实际成本为 10 000 元。采用分次摊销法进行摊销。该专用工具的估计使用次数为 2 次，第二次摊销该批专业工具成本。

要求：以湖南怡清源茶业有限公司会计的身份对上述有关周转材料的经济业务进行会计核算。

任务分析

（1）应设置“周转材料”账户进行核算，根据企业实际，下设二级明细账户“包装物”和“低值易耗品”。应按周转材料的品种、类别及摊销方法分别设置三级明细分类账户进行数量和金额核算，序时反映企业各种周转材料的收发结存数量及库存商品资金的增减和占用情况。

（2）根据周转材料的价值、使用方式等企业实际，选用适宜的摊销方法。

（3）根据企业实际，采用实际成本法或计划成本法，其处理方法比照原材料和库存商品的处理。

（4）针对周转材料的收入、发出、摊销及报废等业务，仔细审核业务相关原始凭证，编制会计分录，填制记账凭证并登记账簿。

知识准备

阅读材料：《企业会计准则第 1 号——存货》、会计账户的相关规定、《中华人民共和国增值税暂行条例实施细则》等。

周转材料是指企业能够多次使用，逐渐转移其价值但仍保持原有形态不确认为固定资产的材料。它主要包括包装物和低值易耗品等。

一、包装物的核算

包装物是指为了包装本企业商品而储备的各种包装容器，如桶、箱、瓶、坛、袋等。其核算内容包括以下几项。

（1）生产过程中用于包装产品作为产品组成部分的包装物。

（2）随同商品出售而不单独计价的包装物。

（3）随同商品出售而单独计价的包装物。

（4）出租或出借给购买单位使用的包装物。

为了反映和监督包装物的增减变动及其价值损耗、结存等情况，企业应当设置“周转材料——包装物”账户进行核算。对于生产领用包装物，应根据领用包装物的成本，借记“生产成本”账户，贷记“周转材料——包装物”“材料成本差异”等账户。随同商品出售而不单独计价的包装物，应于包装物发出时，按其实际成本计入销售费用。随同商品出售且单独计价的包装物，一方面应反映其销售收入，计入其他业务收入；另一方面应反映其实际销售成本，计入其他业务成本。包装物应当根据使用次数分次进行摊销，其摊销方法参见低值易耗品的核算。

二、低值易耗品的核算

低值易耗品通常被视同存货，作为流动资产进行核算和管理。一般划分为一般工具、专用工具、替换设备、管理用具、劳动保护用品、其他用具等。

为了反映和监督低值易耗品增减变动及其结存情况，企业应当设置“周转材料——低值易耗品”账户，借方登记低值易耗品的增加；贷方登记低值易耗品的减少；期末余额在借方，通常反映企业期末结存低值易耗品的金额。

低值易耗品应当根据使用次数分次进行摊销。

1. 一次转销法

采用一次转销法摊销低值易耗品，在领用低值易耗品时，将其价值一次、全部计入有关资产成本或者当期损益。这种方法主要适用于价值较低或极易损坏的低值易耗品的摊销。

2. 分次摊销法

采用分次摊销法摊销低值易耗品，低值易耗品在领用时摊销其账面价值的单次平均摊销额。分次摊销法适用于可供多次反复使用的低值易耗品。在采用分次摊销法的情况下，需要单独设置“周转材料——低值易耗品——在用”“周转材料——低值易耗品——在库”和“周转材料——低值易耗品——摊销”明细账户。

任务实施

（1）根据任务描述中经济业务（1），编制如下会计分录。

借：生产成本——基本生产成本——黑玫瑰	1 000	
——基本生产成本——野针王	1 000	
贷：周转材料——包装物		2 000

（2）根据任务描述中经济业务（2），编制如下会计分录。

借：周转材料——低值易耗品——在用	10 000	
贷：周转材料——低值易耗品——在库		10 000
借：生产成本——基本生产成本——黑玫瑰	5 000	
贷：周转材料——低值易耗品——摊销		5 000

（3）根据任务描述中经济业务（3），编制如下会计分录。

借：周转材料——包装物	5 000	
应交税费——应交增值税（进项税额）	850	
贷：银行存款		5 850

（4）根据任务描述中经济业务（4），编制如下会计分录。

借：生产成本——基本生产成本——野针王	5 000	
贷：周转材料——低值易耗品——摊销		5 000
借：周转材料——低值易耗品——摊销	10 000	
贷：周转材料——低值易耗品——在用		10 000

典型任务示例

【典型任务示例 5-6】

湖南怡清源茶叶有限公司某月销售商品领用单独计价包装物的实际成本 80 000 元，包装物的销售收入 100 000 元，增值税税额 17 000 元。款项已存入银行。

要求：编制上述经济业务的会计分录。

具体核算步骤如下。

（1）有关该包装物销售的会计分录编制如下。

借：银行存款　　117 000

　贷：其他业务收入　　100 000

　　　应交税费——应交增值税（进项税额）　　17 000

（2）有关结转该包装物成本的会计分录编制如下。

借：其他业务成本　　80 000

　贷：周转材料——包装物　　80 000

实践训练

【实践训练 5-9】

2017 年 4 月 7 日，企业购进一批周转材料，价值 30 000 元，增值税税率 17%，企业按实际成本计价，货款未支付，材料已验收入库。

要求：根据以上经济业务编制会计分录。

【实践训练 5-10】

红星公司 5 月份发生下列经济业务。

（1）基本生产车间领用小型工具一批，实际成本 400 元。因单价较低，采用一次摊销法摊销。

（2）辅助生产车间领用专用工具一批，实际成本 6 000 元。因价值较大，采用五五摊销法。

（3）厂部领用管理工具一批，实际成本 6 800 元。因价值较大，采用五五摊销法。

（4）基本生产车间报废以前领用的工具一批。出售残料收回现金 50 元。

要求：根据以上经济业务编制会计分录。

任务五　委托加工物资的核算

学习目标

【知识目标】

理解委托加工物资的概念，掌握委托加工物资的核算方法。

【技能目标】

能够对委托加工物资的拨付、加工费和增值税的拨付、消费税的缴纳及加工完工收回加工物资等业务做出正确的账务处理。

任务导入

湖南怡清源茶业有限公司黑玫瑰产品成本核算采用实际成本法（运费的增值税税率 11%，加工费的增值税税率 17%）。2017 年 6 月发生如下相关经济业务。

（1）6 月 1 日，委托安化鸿运茶业公司加工一批黑玫瑰产品。发出材料一批，成本 84 600 元。以银行存款支付运费 4 500 元，增值税税额 495 元。

（2）6 月 15 日，向安化鸿运茶业公司以银行存款支付上述产品的加工费用 30000 元，增值税税额 5 100 元。

（3）6 月 28 日，收回由安化鸿运茶业公司代加工的黑玫瑰产品。用银行支付运费 4 000 元，增值税税额 440 元，该产品已验收入库。

要求：以湖南怡清源茶业有限公司会计的身份对上述有关委托加工物资的经济业务进行会计核算。

任务分析

为了准确核算湖南怡清源茶业有限公司委托加工物资的成本，会计人员需要参与或负责完成以下工作。

（1）设置“委托加工物资”账户进行核算。根据企业实际，按委托加工单位名称和加工合同编号设置明细账户，进行明细分类核算。

（2）进行拨付委托加工物资的核算。

（3）进行支付加工费和增值税等的核算。

（4）进行加工完工收回加工物资的核算。

知识准备

阅读材料：《企业会计准则第 1 号——存货》、会计账户的相关规定、《中华人民共和国增值税暂行条例实施细则》《中华人民共和国消费税暂行条例实施细则》等。

一、委托加工物资的概念

委托加工物资是指企业委托外单位加工的各种材料、商品等物资。

企业委托外单位加工物资的成本包括加工中实际耗用物资的成本、支付的加工费用及应负担的运杂费等；支付的税金包括委托加工物资所应负担的消费税（指属于消费税应税范围的加工物资）等。

二、委托加工物资的核算方法

为了反映和监督委托加工物资的实际成本，企业应设置“委托加工物资”账户，进行总分类核算，并按委托加工单位名称和加工合同编号设置明细账户，进行明细分类核算。“委托加工物资”账户的借方登记委托加工发出材料的实际成本、支付的加工费和运杂费等；贷方登记加工完工后收回物资的实际成本；余额在借方，反映尚在加工中的各种材料物资的实际成本。

（1）拨付委托加工物资。企业发给外单位加工的物资，应将发出物资的实际成本由“原材料”“库存商品”等账户转入“委托加工物资”账户，借记“委托加工物资”账户，贷记“原材料”或“库存商品”账户。

（2）支付加工费、增值税等。支付加工费、外地运杂费时，借记“委托加工物资”“应交税费——应交增值税（进项税额）”账户，贷记“银行存款”等账户。

（3）缴纳消费税。需要缴纳消费税的委托加工物资，其由受托方代收代交的消费税，应区分以下情况处理。

① 委托加工的物资收回后直接用于销售的，委托方应将受托方代收代缴的消费税计入委托加工物资成本，借记“委托加工物资”账户，贷记“银行存款”等账户。

② 委托加工的物资收回后用于连续生产应税消费品的，委托方应按准予抵扣的受托方代收代缴的消费税额，借记“应交税费——应交消费税”账户，贷记“银行存款”等账户。

（4）加工完工收回加工物资。加工完成验收入库的物资和剩余物资，按加工收回物资的实际成本和剩余物资的实际成本，借记“原材料”“库存商品”等账户，贷记“委托加工物资”账户；按计划成本计价核算的企业，应按计划成本，借记“原材料”账户，贷记“委托加工物资”账户，并结转成本差异。

任务实施

（1）根据任务描述中经济业务（1），编制如下会计分录。

借：委托加工物资	89 100	
应交税费——应交增值税（进项税额）	495	
贷：原材料		84 600
银行存款		4 995

（2）根据任务描述中经济业务（2），编制如下会计分录。

借：委托加工物资	30 000	
应交税费——应交增值税（进项税额）	5 100	
贷：银行存款		35 100

（3）根据任务描述中经济业务（3），编制如下会计分录。

借：库存商品	123 100	
应交税费——应交增值税（进项税额）	440	

贷：委托加工物资　　119 100
　　银行存款　　4 440

典型任务示例

【典型任务示例 5-7】

海狮啤酒公司委托利华酒厂加工果酒，发生有关经济业务如下。

（1）根据加工合同发出材料一批，计划成本 69 000 元，材料成本差异（超支）3 000 元。

（2）通过银行支付加工费 27 000 元，增值税税额 4 590 元。利华酒厂按消费税税率 10%代收代缴了消费税。海狮啤酒公司收回后的果酒准备当月连续用于生产应税消费品。

（3）加工完成的果酒验收入库，计划成本 100 000 元。

要求：编制上述经济业务的会计分录。

（1）委托加工发出材料时，编制如下会计分录。

借：委托加工物资　　72 000
　贷：原材料——甲材料　　69 000
　　　材料成本差异　　3 000

（2）支付加工费和相关税费时。

受托方代收代缴的消费税金额=（69 000+3 000+27 000）÷（1−10%）×10%=11 000（元）

其中，受托加工方代收代缴的消费税金额计算方法参见《中华人民共和国消费税暂行条例》。并且条例规定：委托加工收回的应税消费品若继续用于生产应税消费品，委托加工环节缴纳的消费税可以于生产领用的当月抵扣。

借：委托加工物资　　27 000
　　应交税费——应交增值税（进项税额）　　4 590
　　　　　　——应交消费税　　11 000
　贷：银行存款　　42 590

（3）收回委托加工的果酒时，编制如下会计分录。

借：原材料——果酒　　100 000
　贷：委托加工物资　　100 000

结转该委托加工物资的材料成本差异，编制如下会计分录。

借：委托加工物资　　1 000
　贷：材料成本差异　　1 000

实践训练

【实践训练 5-11】

针对【典型任务示例 5-7】的经济业务，如果委托加工直接用于销售，请重新编制会计分录。

备注：根据《中华人民共和国消费税暂行条例》规定：委托加工收回的应税消费品若继续用于生产应税消费品，委托加工环节缴纳的消费税可以于生产领用的当月抵扣。

【实践训练 5-12】

某企业为增值税一般纳税人，发出 C 材料委托丙企业加工成 M 材料一批（属于应税消费品）。发出 C 材料成本为 20 万元；应支付的加工费为 1.6 万元（不含增值税），消费税税率 10%；A 材料加工完毕验收入库，加工费用及相关税费等尚未支付，加工收回的材料用于连续生产应税消费品，双方适用的增值税税率均为 17%。

要求：根据上述资料，编制相关的会计分录。

任务六　存货的清查

学习目标

【知识目标】

了解存货清查的概念、意义，掌握存货盘盈和盘亏的账务处理方法。

【技能目标】

合理组织或辅助存货清查，编制存货盘点报告表，并根据盘存结果做出正确的账务处理。

任务导入

湖南怡清源茶业有限公司 2017 年 6 月 29 日对存货进行清查，结果如下。

盘点存货时，发现盘盈原材料毛茶 100 千克，按本月加权平均单位成本计算；盘亏黑玫瑰 4 盒，野针王 3 件（原材料成本按 70%计算，运费抵扣的增值税忽略不计），产成品成本按本月末计算的加权平均单位成本计算。经调查，盘盈的原材料毛茶系自然升溢，经批准进行处理；盘亏的黑玫瑰系定额范围内的正常毁损，经批准由企业承担；盘亏的野针王 3 件系管理不善毁损，经与保险公司协商，保险公司赔偿 80%，其余 20%由企业负担。

本月毛茶的加权平均单位成本为每件 11.92 元，黑玫瑰的每盒成本 125 元，野针王加权平均单位成本为每件 5 052.38 元。

要求：以湖南怡清源茶业有限公司会计的身份对上述存货的清查业务进行会计核算（计算过程中涉及的小数一律保留两位）。

任务分析

为了正确反映公司的期末存货成本，做到账实相符，会计人员需要参与或负责完成以下工作。

（1）组织存货清查，并根据盘点情况正确填写存货盘点报告表。

（2）根据盘点情况对存货账存数进行调整。

（3）按照规定的程序，将盘盈、盘亏情况上报审批。

（4）按照审批意见进行账务处理。

知识准备

阅读材料：《企业会计准则第 1 号——存货》、会计账户的相关规定、《中华人民共和国增值税暂行条例实施细则》等。

一、存货清查的概述

（一）存货清查的概念

企业的各种存货在日常收发保管过程中，可能由于计量错误、检验疏忽、自然损耗、核算误差及由于管理不善、偷盗、贪污等原因，造成存货的溢余、短缺和毁损等现象，从而导致存货账实不符。为了保护企业财产的安全与完整，保证账实相符，必须对存货进行清查。

（二）存货清查的意义

存货清查是指通过对存货的实物进行盘点，查明存货的实存数量，并与存货账面记录相核对，查明账实是否相符及不符原因的一种专门方法。通过存货清查，可以如实反映存货的实有数量和实际成本，保护存货的安全完整，做到账实相符；同时通过存货的清查，可以发现有无积压物资，以便及时处理，挖掘潜力，加速资金周转。

二、存货清查的核算

存货清查可采用定期或不定期的全面或局部的清查。在存货清查中发现的盘盈、盘亏和毁损情况，应编制存货盘点报告表，按规定程序报有关部门审批。存货盘点报告表的一般格式如表 5.20 所示。

存货清查中发现的盘盈、盘亏和毁损是通过“待处理财产损溢”账户进行核算的。该账户下设“待处理流动资产损溢”和“待处理固定资产损溢”两个明细账户。对清查中发现的盘盈、盘亏和毁损数额，在按规定程序报请有关部门批示之前，应按盘点报告表所列盈亏数对存货的账存数进行调整。批准后，应根据批示意见做相应的账务处理。

表 5.20　存货盘点报告表

金额单位：元

存货编号	名称规格	计量单位	数　量		单价	盘　盈		盘　亏		原　因
			账存	实存		数量	金额	数量	金额	

（一）存货盘盈的账务处理

存货盘盈通常是由于企业在日常收发计量或计算误差所致的。发生存货盘盈时，应根据存货盘盈报告表中所列的数额，办理存货的入账手续，调整存货账面记录，借记有关存货账户，贷记“待处理财产损溢”账户。报经有关部门批准后，可冲减管理费用，借记“待处理财产损溢”账户，贷记“管理费用”账户。

（二）存货盘亏、毁损的核算

发生盘亏和毁损的存货，批准前根据存货盘点报告表所列数，调减存货账面记录，结转到“待处理财产损溢”账户。批准后，根据造成亏损原因，分别按以下情况进行处理。

（1）属于定额范围内的合理损耗，在批准后可转作管理费用。

（2）属于超定额范围的亏损，即非正常损失，是指企业生产经营过程中正常损耗之外的损失。这包括因管理不当造成的损失、自然灾害造成的损失及其他非正常损失。

按照税法规定，外购材料及材料投入生产后形成的在产品或库存商品发生非正常损失时，要将进货时已付且在以后抵扣增值税的“进项税额”转出，与遭受损失的存货成本一并处理。凡能确定过失人的，应由过失人负责赔偿；属于保险责任范围的，应向保险公司索赔。因管理不当造成的损失，在扣除过失人或保险公司赔款及残料价值后的净损失，计入管理费用；属于自然灾害引起的损失，在扣除保险公司赔款和残料价值后的净损失，计入营业外支出。

任务实施

（1）根据任务描述中关于毛茶的盘盈结果，编制如下会计分录。

批准处理前：

借：原材料——毛茶　　　　1 192

　贷：待处理财产损溢——待处理流动资产损溢　　　　1 192

批准处理后：

借：待处理财产损溢——待处理流动资产损溢　　1 192
　贷：管理费用　　1 192

其中，盘盈的毛茶成本=100×11.92=1 192（元）。

（2）根据任务描述中关于黑玫瑰的盘亏结果，编制如下会计分录。

① 批准前调整黑玫瑰账存数，编制如下会计分录。

借：待处理财产损溢——待处理流动资产损溢　　500
　贷：库存商品——黑玫瑰　　500

② 批准后计入管理费用，编制如下会计分录。

借：管理费用　　500
　贷：待处理财产损溢——待处理流动资产损溢　　500

其中，盘亏的黑玫瑰成本=4×125=500（元）。

（3）根据任务描述中关于野针王的盘亏结果，编制如下会计分录。

① 批准前，调整野针王账存数，编制如下会计分录。

借：待处理财产损溢——待处理流动资产损溢　　16 742.54
　贷：库存商品——野针王　　15 157.14
　　　应交税费——应交增值税（进项税额转出）　　1 585.40

野针王成本=3×5 052.38=15 157.14（元）

其中，增值税转出额=5 052.38×3×0.7÷（1−13%）×0.13=1 585.40（元）

② 批准后，编制如下会计分录。

借：其他应收款　　13 394.03
　　营业外支出——非常损失　　3 348.51
　贷：待处理财产损溢——待处理流动资产损溢　　16 742.54

保险公司赔偿金额＝16 742.54×0.8＝13 394.03（元）

公司承担损失＝16 742.54－13 394.03＝3 348.51（元）

典型任务示例

【典型任务示例 5-8】

湖南怡清源茶叶有限公司企业盘亏玫瑰花原材料 50 千克，实际成本 1 050 元，增值税税率 13%。经查明，盘亏是属于过失人造成的材料毁损。毁损残料价值 500 元，净损失由过失人赔偿。

要求：

（1）计算玫瑰花原材料的增值税转出额；

（2）编制上述经济业务的会计分录。

具体核算过程及结果如下。

（1）玫瑰花原材料的增值税转出额＝1 050÷(1－13%)×0.13≈156.90（元）

（2）批准前，调整玫瑰花原材料库存数，编制如下会计分录。

借：待处理财产损溢——待处理流动资产损溢　　1 206.90

　贷：原材料——玫瑰花　　1 050

　　应交税费——应交增值税（进项税额转出）　　156.90

批准后，编制如下会计分录。

借：其他应收款　　706.90

　原材料　　500

　贷：待处理财产损溢——待处理流动资产损溢　　1 206.90

实践训练

【实践训练 5-13】

红星公司 12 月份财产清查中发现下列情况。

（1）盘亏甲材料 1 000 千克，单位实际成本 40 元（增值税税率 17%）。

（2）盘盈丙材料 500 千克，单位实际成本 50 元。

（3）产成品仓库发现毁损 A 产品 500 件，每件实际成本 100 元。应结转耗用的材料增值税税额 5 100 元。

（4）对上述清查结果，经有关部门批准后，处理如下：甲材料中 300 千克属仓库管理人员失职造成，应由其赔偿损失，另外 700 千克属管理制度不健全造成，作为管理费用处理；丙材料盘盈是由于计量不准造成，作为冲减管理费用处理；A 产品毁损属于管理不善被盗造成，保险公司同意赔偿 30 000 元，净损失按规定予以转销。

要求：根据以上经济业务编制会计分录。

【实践训练 5-14】

1. 甲公司在财产清查中盘盈 J 材料 1 000 千克，实际单位成本 60 元，经查属于材料收发计量方面的错误。

2. 甲公司在财产清查中发现盘亏 K 材料 500 千克，实际单位成本 200 元，经查属于一般经营损失。

3. 甲公司在财产清查中发现毁损 L 材料 300 千克，实际单位成本 100 元，经查属于材料保管员的过失造成的，按规定由其个人赔偿 20 000 元，残料办理入库手续，价值 2 000 元。

4. 甲公司因台风造成一批库存材料毁损，实际成本 70 000 元，根据保险责任范围及保险合同规定，应由保险公司赔偿 50 000 元

要求：根据以上经济业务编制会计分录。

任务七　存货的期末计价

学习目标

【知识目标】

理解成本与可变现净值孰低法的含义，掌握确定期末存货价值后的账务处理方法。

【技能目标】

能够正确估计和计算期末存货成本可变现变现净值，并通过与存货成本的比较，确定是否需要计提存货跌价准备，并做出正确的账务处理。

任务导入

（1）湖南怡清源茶业有限公司2017年6月30日毛茶的账面余额为750 960元，由于市场价格下跌，预计可变现净值740 960元。“存货跌价准备”账户的期初余额5 000元。

（2）2017年12月31日，由于市场价格有所上升，该批毛茶可变现净值752 000元。

要求：以湖南怡清源茶业有限公司会计的身份对上述业务做出会计处理。

任务分析

为了客观、真实、准确地反映期末毛茶的实际价值，会计期末湖南怡清源茶业有限公司会计人员需要参与或负责完成以下工作。

（1）准确计算毛茶的可变现净值。

（2）将毛茶的历史成本与可变现净值进行比较，若历史成本小于可变现净值，不需要进行账务处理；若历史成本大于可变现净值，则必须确认存货跌价准备。

（3）计算存货跌价准备应计提金额，并将计算结果与“存货跌价准备”账户余额进行比较，若该计算结果大于“存货跌价准备”账户余额，补提差额；反之，应冲销部分已提数，恢复到原账面价值为限。

（4）编制相应会计分录，填写记账凭证，并进行账簿登记。

知识准备

阅读材料：《企业会计准则第1号——存货》、会计账户的相关规定等。

一、期末存货价值的确定

为了客观、真实、准确地反映企业期末存货的实际价值，企业在会计期末编制资产负债表时，要确定“存货”项目的金额，即存货的价值。

《企业会计准则第 1 号——存货》规定，企业的存货应当在期末按成本与可变现净值孰低的计量，对可变现净值低于存货成本的差额，计提存货跌价准备。

二、成本与可变现净值孰低法的含义

成本与可变现净值孰低法是指对期末存货按照成本与可变现净值两者中较低者计价的方法，即当成本低于可变现净值时，期末存货按成本计价；当存货可变现净值低于成本时，期末存货按可变现净值计价。

这里所讲的“成本”是指期末存货的实际成本，如企业在存货成本的日常核算中采用计划成本法、售价金额核算法等简化核算方法，则成本为经调整后的实际成本。

这里所讲的“可变现净值”是指企业在正常生产经营过程中以估计售价减去估计完工成本及销售所必需的估计费用后的价值，而不是指存货的现行售价。预计可变现净值应当以当期取得的最可靠的证据为基础进行估计，如果在期末时预计与价格和成本相关的期后事件可能会发生，则在预计时必须考虑与期后事件相关的价格与成本的波动。在预计可变现净值时，还应考虑持有存货的其他因素。例如，有合同约定的存货，通常按合同约定价作为计算基础；如果企业持有存货的数量多于合同订购数量，存货超出部分的可变现净值应以一般销售价格为计算基础。

一般来讲，对于外观完好无损，保持原有的使用价值并处于适销对路状态的存货，其可变现净值可按存货市场销售价格来确定；对于外观完好无损，保持原有的使用价值但样式过时或质量降低的存货，在前一种情况确定单位可变现净值的基础上，再适当给予折扣来确定；对于外观完好无损，须改变原有使用价值但仍可以出售或生产的存货，应按其存货新的用途或使用价值来确定。其计算公式如下：

可变现净值=估计售价-估计完工成本-销售所必需的估计费用

当存在下列情况之一时，表明存货已发生减值，期末存货应按可变现净值计价，并计提存货跌价准备。

（1）市价持续下跌，并且在可预见的未来无回升的希望。

（2）企业使用该原材料生产的产品的成本大于产品的销售价格。

（3）企业因产品更新换代，原有库存材料已不适用新产品的需要，而该原材料的市场价格又低于其账面成本。

（4）因企业所提供的商品或劳务过时，或消费者偏好改变而使市场的需求发生变化，导致市场价格逐渐下降。

（5）其他足以证明该项存货实质上已经发生减值的情况。

三、确定期末存货价值后的账务处理

企业在选择某种比较方法确定了期末存货价值后，应视具体情况进行有关的账务处理。

（1）成本低于可变现净值。如果期末存货的成本低于可变现净值，不须做账务处理，资产负债表中的存货仍按期末账面价值列示。

（2）可变现净值低于成本。如果期末存货的可变现净值低于成本，必须在当期确认存货跌价损失，并进行有关的账务处理。具体账务处理方法是：每一会计期末，比较成本与可变现净值，计算出应计提的准备，然后同“存货跌价准备”账户的余额进行比较，若应提数大于已提数，则补提差额，借记“资产减值损失”账户，贷记“存货跌价准备”账户；反之，应冲销部分已提数，恢复到原账面价值为限，即本账户余额以 0 为限，其会计分录与上述分录相反。

任务实施

（1）根据任务描述中经济业务（1），进行以下计算，并编制如下会计分录。

毛茶的账面价值-可变现净值=750 960−5 000−740 960 =5 000（元）

借：资产减值损失　　5 000

　贷：存货跌价准备　　5 000

（2）根据任务描述中经济业务（2），进行以下处理，并编制如下会计分录。

本期毛茶的可变现净值大于毛茶的账面余额，应冲回存货跌价损失。

借：存货跌价准备　　10 000

　贷：资产减值损失　　10 000

典型任务示例

【典型任务示例 5-9】

（1）湖南怡清源茶业有限公司 2017 年 6 月 30 日故园香产品的账面余额 650 960 元。由于市场价格下跌，预计市场价格 645 960 元，预计产品的销售费用 5 000 元。“存货跌价准备”账户的期初余额 3 000 元。

（2）2017 年 12 月 31 日，由于市场价格有所上升，该批产品市场价格 722 000 元，预计销售费用 5 200 元。但其中有一半的产品已经与某厂商签订销售合同，合同金额 330 000 元，预计销售费用 2 500 元。

要求：以湖南怡清源茶业有限公司会计的身份对上述业务做出会计处理。

具体核算过程及结果如下。

2017 年 6 月 30 日：

故园香产品的可变现净值=645 960 −5 000 = 640 960（元）

本期应计提的货存跌价准备 = 650 960 − 640 960 −3 000 = 7 000（元）

编制如下会计分录。

借：资产减值损失　　　　　　　　　　　　7 000

　贷：存货跌价准备　　　　　　　　　　　　7 000

2017 年 12 月 31 日：

故园香产品的可变现净值＝(722 000－5 200)÷2＋330 000－2 500＝685 900（元），大于账面价值，本期应冲回的存货跌价准备 10 000 元。

借：存货跌价准备　　　　　　　　　　　　10 000

　贷：资产减值损失　　　　　　　　　　　　10 000

实践训练

【实践训练 5-15】

（1）2017 年 12 月 31 日，海维有限公司 A 材料的账面金额 100 000 元。由于市场价格下跌，预计可变现净值 80 000 元。

（2）2017 年 8 月 30 日，由于市场价格有所上升，使得 A 材料的预计可变现净值为 95 000 元。

要求：根据上述业务，编制会计分录。

【实践训练 5-16】

鸿达公司是一家生产电子产品的上市公司，为增值税一般纳税企业。2017 年 12 月 31 日，甲公司期末存货有关资料如下。

（1）产成品甲，账面余额 500 万元，按照一般市场价格预计售价 550 万元，预计销售费用和相关税金 10 万元。已计提存货跌价准备 20 万元。

（2）产成品乙，账面余额 400 万元，其中有 20%已签订销售合同，合同价款 80 万元；另有 80%未签订合同，按照一般市场价格预计销售价格 350 万元。产成品乙的预计销售费用和税金 15 万元。未计提存货跌价准备。

（3）因产品更新换代，材料丙已不适应新产品的需要，准备对外销售。丙材料的账面余额 220 万元，预计销售价格 210 万元，预计销售费用及相关税金为 10 万元，未计提跌价准备。

（4）材料丁 30 吨，每吨实际成本 1 500 万元，全部用于生产 A 产品 20 件。A 产品每件加工成本 1 000 万元，现有 7 件已签订销售合同，合同规定每件售价 4 000 万元，每件一般市场售价 3 500 万元，假定销售税费均为销售价格的 10%。丁材料未计提存货跌价准备。

（5）对存货采用单项计提存货跌价准备，按年计提跌价准备。

要求：计算上述存货的期末可变现净值，和应计提的跌价准备，并进行相应的账务处理。

综合训练

一、单选题

1．为正确核算产品成本，下列不属于应该正确划分各种费用支出的界限的有（　　）。

A．收益性支出与资本性支出的界限

B．本期完工产品和期末在产品成本的界限

C．本期已销产品成本和未销产品成本的界限

D．各种产品成本费用的界限

2．某生产车间生产A和B两种产品，该车间共发生制造费用200 000元，生产A产品的工时4 000小时，生产B产品德工时6 000小时。若按工时比例分配制造费用，A产品应负担的制造费用为（　　）元。

A．80 000　　B．120 000　　C．200 000　　D．100 000

3．某企业采用毛利率法计算发出的存货成本。该企业2017年1月实际毛利率30%，本年度2月1日的存货成本1 200万元，2月购入存货成本2 800万元，销售收入3 000万元，销售退回300万元。该企业2月末存货成本（　　）万元。

A．1 300　　B．1 900　　C．2 110　　D．2 200

4．某批发商业企业采用毛利率法对存货计价，第一季度的某商品实际毛利率30%，5月1日该存货成本1 800万元，5月购入该存货成本4 200万元，销售商品收入4 500万元，发生销售退回450万元。则5月末该存货结存成本为（　　）万元。

A．3 165　　B．2 850　　C．1 950　　D．3 300

5．企业对于已记入“待处理财产损溢”科目的存货盘亏及毁损事项进行会计处理时，应计入管理费用的是（　　）。

A．管理不善造成的存货净损失　　B．自然灾害造成的存货净损失

C．应由保险公司赔偿的存货损失　　D．应由过失人赔偿的存货损失

6．某企业采用销售金额法核算库存商品成本，本月月初库存商品成本18万元，售价总额22万元，本月购进商品成本16万元，售价总额28万元，本月销售商品收入15万元，该企业本月结转销售商品成本总额（　　）万元。

A．10.2　　B．23.8　　C．26.2　　D．19

7．采用“先进先出法”计算发出存货的成本，期初库存硬盘数量50件，单价1 000元：本月购入硬盘100件，单价1 050元；本月领用硬盘100件，其领用总成本为（　　）。

A．102 500元　　B．100 000元　　C．105 000元　　D．100 500元

8．某企业采用计划成本进行材料的日常核算。月初结存材料的计划成本80万元，成本差异超支20万元。当月购入材料一批，实际成本110万元，计划成本120万元。当月领用材料的计划成本100万元，当月领用材料应负担的材料成本差异为（　　）万元。

A．超支5　　B．节约5　　C．超支15　　D．节约15

9．下列不能计入存货采购成本的是（　　）。

A．装卸费　　B．保险费

C．入库前的整理挑选费　　D．采购机构的经费

10．企业的存货按计划成本核算，期初甲种原材料库存数量 50 吨，其计划成本 200 元/吨，“材料成本差异”账户的借方余额 100 元，本月以 210 元/吨购入甲种原材料 50 吨，则本期甲种原材料成本差异率为（　　）。

A．1%　　B．2%　　C．3%　　D．4%

二、多选题

1．下列各项中，属于成本项目的有（　　）。

A．直接材料　　B．直接人工　　C．制造费用　　D．折旧费

2．下列费用，不计入存货成本，而应在发生时计入当期损益的是（　　）。

A．非正常消耗的直接材料、直接人工和制造费用

B．在存货采购入库后发生的仓储费用

C．生产过程中为达到下一个生产阶段所必需的仓储费用

D．不能归属于使存货达到目前场所和状态的其他支出

3．下列各项中，关于周转材料会计处理表述正确的有（　　）。

A．多次使用的包装物应根据使用次数分次进行摊销

B．低值易耗品金额较小的可在领用时一次计入成本费用

C．随同商品销售出借的包装物的摊销额应计入管理费用

D．随同商品出售单独计价的包装物取得的收入应计入其他业务收入

4．下列与存货相关会计处理的表述，正确的有（　　）。

A．应收保险公司存货损失赔偿款计入其他应收款

B．资产负债表日存货应按成本与可变现净值孰低法计量

C．按管理权限报经批准的盘盈存货价值冲减管理费用

D．结转商品销售成本的同时应转销其已计提的存货跌价准备

5．下列选项中，关于存货清查表述正确的有（　　）。

A．盘亏存货按管理权限报经批准后有可能计入管理费用

B．盘盈存货应按前期差错进行处理

C．盘盈存货均应计入营业外支出中

D．存货的盘亏可能会影响企业的当期利润总额

6．下列各项中，关于原材料按计划成本的会计处理表述正确的有（　　）。

A．入库原材料的超支差异应借记“材料成本差异”科目

B．发出材料应负担的节约差异应借记“材料成本差异”科目

C．发出材料应负担的超支差异应贷记“材料成本差异”科目

D．入库原材料的节约差异应借记“材料成本差异”科目

7．下列关于发出存货计价的方法表述正确的有（　　）。

A．企业可以选择按实际成本法或者计划成本法计算发出存货成本

B．企业采用实际成本法核算时，可以在个别计价法、先进先出法、加权平均法中进行选择

C．月末一次加权平均法计算最简单，但平时无法从账上提供存货发出和结存的单价和金额

D．移动平均法计算的平均单位成本及发出和结存的存货成本比较客观，但工作量大

8．商品流通企业的商品采购成本应当包括（　　）。

A．运输费　　B、计入商品成本的税金

C．商品进价　　D．运输途中的合理损耗

9．对月末仍未付款并未收到发票账单的收料业务，正确的处理方法是（　　）。

A．月末在材料明细账中计入收入材料的暂估金额

B．下月初将暂估金额用红字冲回

C．实际付款时再将收入材料的实际金额入账

D．月末不能入账，待实际收到时入账

10．下列关于企业存货的表述正确的有（　　）。

A．存货应按照成本进行初始计量

B．存货成本包括采购成本、加工成本和其他成本

C．存货期末计价应按照成本与可变现净值孰低计量

D．存货采用计划成本核算的，期末应将计划成本调整为实际成本

三、判断题

1．一般纳税人企业进口原材料支付的关税、消费税计入存货成本，增值税不计入存货成本；小规模纳税企业购进原材料支付的增值税计入存货成本。（　　）

2．原材料采用计划成本核算的，无论是否验收入库，都要通过“材料采购”科目核算。（　　）

3．商品流通企业在采购商品过程中发生的运杂费等进货费用，应当计入存货采购成本。进货费用数额较小的，也可以在发生时直接计入当期费用。（　　）

4．对于材料已收到，但月末结算凭证仍然未到的业务，不能记入“原材料”账户核算。（　　）

5．盘亏的存货，其购入时的增值税额，不再作为增值税的扣除税额，应将其转出与盘亏的存货一并处理。（　　）

6．一般情况下，商品流通企业在采购商品过程中发生的运输费用等进货费用，应当计入存货采购成本。（　　）

7．委托加工的物资收回后用于连续生产的，应将受托方代收代缴的消费税计入委托加工物资的成本。（　　）

8．企业采用计划成本对材料进行日常核算，应按月分摊发出材料应负担的成本差异，不应在季末或年末一次计算分摊。（　　）

9．企业采用计划成本核算原材料，平时收到原材料时应按实际成本借记“原材料”科目，领用或发出原材料时应按计划成本贷记“原材料”科目，期末再将发出材料和期末材料调整为

实际成本。（　　）

10．企业已完成销售手续但购买方在月末尚未提取的商品，应作为企业的库存商品核算。（　　）

四、业务题

1．甲企业为增值税一般纳税人，增值税税率 17%。原材料采用实际成本法核算，原材料发出采用月末一次加权平均法计价。（运输费不考虑增值税。）

2017 年 4 月与 A 材料相关的资料如下

1．1 日，“原材料——A 材料”科目余额 20 000 元，共 2 000 千克，其中含 3 月末验收入库但因发票账单未到而以 2 000 元暂估入账的 A 材料 200 千克。

2．5 日，收到 3 月末以暂估价入库 A 材料的发票，货款 1 800 元，增值税税额 306 元，对方代垫运输费 400 元，全部款项已用转账支票付讫。

3．8 日，以汇兑结算方式购入 A 材料 3 000 千克，发票账单已收到，货款 36 000 元，增值税税额 6 120 元，运输费用 1 000 元。材料尚未到达，款项已由银行存款支付。

4．11 日，收到 8 日采购的 A 材料，验收时发现只有 2 950 千克。经检查，短缺的 50 千克确定为运输途中的合理损耗，A 材料验收入库。

5．18 日，持银行汇票 80 000 元购入 A 材料 5 000 千克，增值税专用发票上注明的货款 49 500 元，增值千克税额 8 415 元，另支付运输费用 2 000 元，材料已验收入库，剩余票款退回并存入银行。

6．21 日，基本生产车间自制 A 材料 50 千克验收入库，总成本 600 元。

7．30 日，根据“发料凭证汇总表”的记录，4 月份基本生产车间为生产产品领用 A 材料 6 000 千克，车间管理部门领用 A 材料 1 000 千克，企业管理部门领用 A 材料 1 000 千克。

要求：

（1）计算甲企业 4 月发出 A 材料的单位成本；

（2）根据上述资料，编制甲企业 4 月与 A 材料有关的会计分录。

项目六 资产管理岗位的会计核算

任务一　固定资产的核算

学习目标

【知识目标】

理解固定资产的概念、特征，以及固定资产的确认条件；了解固定资产的分类，掌握固定资产的取得、折旧、后续支出、处置、清查及减值等业务的会计处理方法。

【技能目标】

能够使用各种折旧方法准确计算每期折旧金额，并对各类固定资产业务做出正确的会计处理。

任务导入

湖南怡清源茶叶有限公司厂房坐落于星沙工业园区，为满足企业生产所需，公司现有一栋办公大楼，生产车间 10 000 平方米，烘烤类、筛检等生产设备价值 200 万元，运输车辆 3 台及若干办公用电脑、财务软件、办公用品等。公司购买的生产用设备运费统一按规定的 11%抵扣率计算进项税额予以抵扣。设备采购中发生的共同运费按相应价款进行分配。（计算过程中涉及的小数一律保留两位）。

2017 年 6 月发生如下相关经济业务。

（1）6 月 1 日，由于企业产销情况良好，公司拟新建一茶叶烘烤厂房。该厂房占地面积 200 平方米。公司把主体厂房工程承包给湖南建宇装饰有限公司建设，工程造价预计 1 000 万元，先期预付对方 20%的工程款。

（2）6 月 18 日，向湖南通程商业集团公司购买复印机 2 台，空调 4 台，取得增值税专用发票注明的复印机价款 10 000 元，空调价款 30 000 元，增值税税额 6 800 元，发生零星运费 2 220 元。签发转账支票一张支付价款。空调和复印机交各职能科室使用，复印机预计可使用 3 年，空调预计可使用 8 年。运费按采购价款进行分配。

（3）6 月 19 日，出售一台不需用的设备，原价 400 000 元，已提折旧 300 000 元，已提固定资产减值准备 20 000 元，出售价款 50 000 元。收到转账支票一张交银行，另外用银行存款支付运杂费 2 000 元。清理完毕。

（4）6 月 30 日，公司进行半年度盘点时，发现公司为高层管理人员配置的笔记本电脑由于使用和保管不善，丢失一台。其价值 5 400 元，已计提折旧 3 000 元，责任人赔偿 1 000 元。款项尚未收到。

（5）6 月 30 日，公司有一台烘烤设备，为 2017 年 12 月 15 日购进，原价 1 530 000 元，预计报废时的净残值 30 000 元，预计可使用 5 年。

要求：

（1）以湖南怡清源茶叶有限公司资产核算会计的身份，对上述经济业务（1）、业务（2）、业务（3）及经济业务（4）编制会计分录。

（2）针对上述经济业务（5），分别采用年限平均法、双倍余额递减法及年数总和法计提本月折旧。

任务分析

为了加强湖南怡清源茶业有限公司固定资产的核算与管理，会计人员需要参与或负责完成以下工作。

（1）按照实际和惯例采用适宜的固定资产核算方法。

（2）设置“固定资产”等账户。“固定资产”账户按照固定资产类别进行明细核算。

（3）仔细审核购入固定资产购买发票、固定资产报废单等经济业务凭单，填制记账凭证，登记固定资产明细账和总分类账。

知识准备

阅读材料：《企业会计准则第 4 号——固定资产》、会计账户的相关规定、《中华人民共和国增值税暂行条例实施细则》等。

一、固定资产概述

（一）固定资产的概念和特征

固定资产是指为生产商品、提供劳务、出租或经营管理而持有的、使用寿命超过一个会计年度的有形资产。

从这一定义可以看出，作为企业的固定资产应具备以下两个特征。

第一，企业持有固定资产的目的，是为了生产商品、提供劳务、出租或经营管理的需要，而不是像生产商品一样为了对外出售。这一特征是固定资产区别于商品等流动资产的重要标志。

第二，企业使用固定资产的期限较长，使用寿命一般超过一个会计年度。这一特征表明企业固定资产的收益期超过一年，能在一年以上的时间里为企业创造经济利益。

（二）固定资产的确认

固定资产在同时满足以下两个条件时，才能予以确认。

1. 与该固定资产有关的经济利益很可能流入

资产最基本的特征是预期能给企业带来经济利益。如果某一项目预期不能给企业带来经济利益，就不能确认为资产。对固定资产来说，首先需要判断该项固定资产所包含的经济利益是否很可能流入企业。如果该项固定资产包含的经济利益不是很可能流入企业，那么即使其满足固定资产确认的其他条件，企业也不应将其确认为固定资产。

在实际工作中，判断固定资产包含的经济利益是否很可能流入企业，主要依据与该固定资产所有权相关的风险和报酬是否转移给了企业。其中，与固定资产所有权相关的风险是指由于经营情况变化造成的相关收益的变动，以及由于资产闲置、技术陈旧等原因造成的损失；与固定资产所有权相关的报酬，是指直接使用该资产而获得的收入及处置该项资产所实现的利得等。通常，取得固定资产的所有权是判断与固定资产所有权相关的风险和报酬转移给了企业的一个重要标志。凡是所有权已属于企业，不论企业是否收到或持有该项固定资产，均可作为企业的固定资产；反之，如果没有取得所有权，即使存放在企业，也不能作为企业的固定资产。有时某项固定资产的所有权虽然不属于企业，但是企业能够控制该项固定资产所包含的经济利益流入企业。在这种情况下，可以认为与固定资产所有权相关的风险和报酬实质上已转移给企业，也可以作为企业的固定资产加以确认。例如，融资租入固定资产，企业（承租人）虽然不拥有该固定资产的所有权，但企业能够控制该固定资产所包含的经济利益，与固定资产所有权相关的风险和报酬实质上已转移到了企业，因此，符合固定资产确认的第一个条件。

2. 该固定资产的成本能够可靠地计量

成本能够可靠地计量，是资产确认的一项基本条件。固定资产作为企业资产的重要组成部分，要予以确认，其为取得该固定资产而发生的支出也必须能够可靠地计量。如果固定资产的成本能够可靠地计量，并同时满足其他确认条件，就可以加以确认，否则不能确认为固定资产。

企业在确定固定资产成本时，有时需要根据所获得的最新资料对固定资产的成本进行合理的估计。例如，企业对于已达到预定可使用状态的固定资产，在尚未办理竣工决算前，需要根据工程预算、工程造价或者工程实际发生的成本等资料，按估计价值确定固定资产的成本，待办理竣工决算后，再按实际成本调整原来的暂估价值。

在实际工作中，对固定资产进行确认时，还需要注意以下两个问题。

一是固定资产的各组成部分具有不同使用寿命或者以不同方式为企业提供经济利益，适用不同折旧率或折旧方法的，应当分别将各组成部分确认为单项固定资产。

二是与固定资产有关的后续支出，满足固定资产确认条件的，应当计入固定资产成本；不满足固定资产确认条件的，应当在发生时计入当期损益。

（三）固定资产的分类

企业的固定资产种类繁多、规格不一，为加强管理，便于组织会计核算，有必要对其进行科学、合理的分类。根据不同的管理需要和核算要求及不同的分类标准，可以对固定资产进行不同的分类，主要有以下几种分类方法。

1. 按经济用途分类

按固定资产的经济用途分类，可分为生产经营用固定资产和非生产经营用固定资产。

（1）生产经营用固定资产是指直接服务于企业生产、经营过程的各种固定资产，如生产经营用的房屋、建筑物、机器、设备、器具、工具等。

（2）非生产经营用固定资产是指不直接服务于生产、经营过程的各种固定资产，如职工宿舍等使用的房屋、设备和其他固定资产等。

按照固定资产的经济用途分类，可以归类反映和监督企业生产经营用固定资产和非生产经营用固定资产之间，以及生产经营用各类固定资产之间的组成和变化情况，借以考核和分析企业固定资产的利用情况，促使企业合理地配备固定资产，充分发挥其效用。

2. 综合分类

按固定资产的经济用途和使用情况等综合分类，可把企业的固定资产划分为七大类。

（1）生产经营用固定资产。

（2）非生产经营用固定资产。

（3）租出固定资产，指在经营租赁方式下出租给外单位使用的固定资产。

（4）不需用固定资产。

（5）未使用固定资产。

（6）土地，指过去已经估价单独入账的土地，因征地而支付的补偿费，应计入与土地有关的房屋、建筑物的价值内，不单独作为土地价值入账。企业取得的土地使用权，应作为无形资产进行管理，不作为固定资产进行管理。

（7）经营、融资租赁固定资产，指企业以经营租赁或融资租赁方式租入的固定资产，在租赁期内，应视同自有固定资产进行管理。

由于企业的经营性质不同，经营规模各异，对固定资产的分类不可能完全一致。但在实际工作中，企业大多采用综合分类的方法编制固定资产目录，进行固定资产核算。

（四）固定资产核算账户的设置

为了核算固定资产，企业一般需要设置“固定资产”“累计折旧”“在建工程”“工程物资”“固定资产清理”等账户，用以核算固定资产的取得、计提折旧、处置等。

（1）“固定资产”账户核算企业固定资产的原价。借方登记企业增加的固定资产原价，贷方登记企业减少的固定资产原价，期末借方余额反映企业期末固定资产的账面原价。企业应当设置“固定资产登记簿”和“固定资产卡片”，按固定资产类别、使用部门和每项固定资产进行明细核算。

“累计折旧”账户属于“固定资产”的调整账户，核算企业固定资产的累计折旧。借方登记处置固定资产转出的累计折旧，贷方登记企业计提的固定资产折旧，期末贷方余额反映企业固定资产的累计折旧额。

（2）“在建工程”账户核算企业基建、更新改造等在建工程发生的支出。借方登记企业各项在建工程的实际支出，贷方登记完工工程转出的成本，期末借方余额反映企业尚未达到预定可使用状态的在建工程的成本。

（3）“工程物资”账户核算企业为在建工程而准备的各种物资的实际成本。该账户借方登记企业购入工程物资的成本，贷方登记领用工程物资的成本，期末借方余额反映企业为在建工程准备的各种物资的成本。

（4）“固定资产清理”账户核算企业因出售、报废、毁损、对外投资、非货币性资产交换、债务重组等原因转出的固定资产价值及在清理过程中发生的费用等。借方登记转出的固定资产账面价值、清理过程中应支付的相关税费及其他费用，贷方登记固定资产清理完成的处理；期末借方余额反映企业尚未清理完毕固定资产清理净损失。该账户应按被清理的固定资产项目设置明细账，进行明细核算。

此外，企业固定资产、在建工程、工程物资发生减值的，还应当设置“固定资产减值准备”“在建工程减值准备”“工程物资减值准备”等账户进行核算。

二、固定资产的取得

（一）外购固定资产

企业外购的固定资产应按实际支付的购买价款、相关税费，使固定资产达到预定可使用状态前所发生的可归属于该项资产的运输费、装卸费、安装费和专业人员服务费等，作为固定资产的取得成本。

（1）企业购入不需要安装的固定资产，应按实际支付的购买价款、相关税费及使固定资产达到预定可使用状态前所发生的可归属于该项资产的运输费、装卸费和专业人员服务费等，作为购入固定资产的成本。

（2）购入需要安装的固定资产，应在购入的固定资产取得成本的基础上加上安装、调试成本等，作为购入固定资产的成本。先通过“在建工程”账户核算，待安装完毕达到预定可使用状态时，再由“在建工程”账户转入“固定资产”账户。

企业购入固定资产时，按实际支付的购买价款、运输费、装卸费和其他相关税费等，借记“在建工程”账户，贷记“银行存款”等账户；支付安装费用等时，借记“在建工程”账户，贷记“银行存款”等账户；安装完毕达到预定可使用状态时，按其实际成本，借记“固定资产”账户，贷记“在建工程”账户。

企业基于产品价格等因素的考虑，可能用一笔款项购入多项没有单独标价的固定资产。如果这些资产均符合固定资产定义，并满足固定资产的确认条件，则应将各项资产单独确认为固定资产，并按各项固定资产公允价值的比例对总成本进行分配，分别确定各项固定资产的成本。

（二）建造固定资产

企业自行建造固定资产，应按建造该项资产达到预定可使用状态前所发生的必要支出，作为固定资产的成本。

自建固定资产应先通过“在建工程”账户核算，工程达到预定可使用状态时，再从“在建工程”账户转入“固定资产”账户。企业自建固定资产，主要有自营和出包两种方式——由于建设方式不同，其会计处理也不同。

1. 自营工程

自营工程是指企业自行组织工程物资采购、自行组织施工人员施工的建筑工程和安装工程。购入工程物资时，借记“工程物资”账户，贷记“银行存款”等账户。领用工程物资时，借记“在建工程”账户，贷记“工程物资”账户。在建工程领用本企业原材料时，借记“在建工程”账户，贷记“原材料”等账户。在建工程领用本企业生产的商品时，借记“在建工程”账户，贷记“库存商品”、“应交税费——应交增值税（销项税额）”等账户。

自营工程发生的其他费用（如分配工程人员工资等），借记“在建工程”账户，贷记“银行存款”“应付职工薪酬”等账户。自营工程达到预定可使用状态时，按其成本，借记“固定资产”账户，贷记“在建工程”账户。

2. 出包工程

出包工程是指企业通过招标等方式将工程项目发包给建造承包商，由建造承包商组织施工的建筑工程和安装工程。企业采用出包方式进行的固定资产工程，其工程的具体支出主要由建造承包商核算。在这种方式下，“在建工程”账户主要是企业与建造承包商办理工程价款的结算账户，企业支付给建造承包商的工程价款作为工程成本，通过“在建工程”账户核算。企业按合理估计的发包工程进度和合同规定向建造承包商结算的进度款，借记“在建工程”账户，贷记“银行存款”等账户；工程完成时按合同规定补付的工程款，借记“在建工程”账户，贷记“银行存款”等账户；工程达到预定可使用状态时，按其成本，借记“固定资产”账户，贷记“在建工程”账户。

三、固定资产的折旧

（一）固定资产折旧概述

1. 固定资产折旧的概念

企业应当在固定资产的使用寿命内，按照确定的方法对应提折旧额进行系统分摊；根据固定资产的性质和使用情况，合理地确定固定资产的使用寿命和预计净残值。固定资产的使用寿命、预计净残值一经确定，不得随意变更，但是符合《企业会计准则第 4 号——固定资产》第十九条规定的除外。上述事项在报经股东大会或董事会、经理会议或类似机构批准后，作为计提折旧的依据，并按照法律、行政法规等的规定报送有关各方备案。

2. 影响固定资产折旧的因素

（1）固定资产原价。这是指固定资产的成本。

（2）预计净残值。固定资产的净残值是指预计固定资产清理报废时可以收回的残值扣除预计清理费用后的余额。国家规定，企业各类固定资产的净残值比例在原价的 3%～5%内确定，外商投资企业固定资产的净残值率为 10%。由于情况特殊，需调整残值比例的，应报主管税务机关备案。

（3）固定资产减值准备。这是指固定资产已计提的固定资产减值准备累计金额。

（4）固定资产的使用寿命。这是指企业使用固定资产的预计期间，或者该固定资产所能生产产品或提供劳务的数量。企业确定固定资产使用寿命时，应当考虑下列因素：该项资产预计生产能力或实物产量；该项资产预计有形损耗，如设备使用中发生磨损、房屋建筑物受到自然侵蚀等；该项资产预计无形损耗，如因新技术的出现而使现有的资产技术水平相对陈旧、市场需求变化等；法律或者类似规定对该项资产使用的限制。

总之，企业应当根据固定资产的性质和使用情况，合理确定固定资产的使用寿命和预计净残值。固定资产的使用寿命、预计净残值一经确定，不得随意变更，但是符合《企业会计准则第 4 号——固定资产》第十九条规定的除外。

除以下情况外，企业应当对所有固定资产计提折旧：已提足折旧仍继续使用的固定资产；单独计价入账的土地。

3. 确定折旧范围注意事项

在确定计提折旧的范围时，还应注意以下几点。

（1）固定资产应当按月计提折旧，当月增加的固定资产，当月不计提折旧，从下月起计提折旧；当月减少的固定资产，当月仍计提折旧，从下月起不计提折旧。

（2）固定资产提足折旧后，不论能否继续使用，均不再计提折旧；提前报废的固定资产，也不再补提折旧。所谓提足折旧是指已经提足该项固定资产的应计折旧额。

（3）已达到预定可使用状态但尚未办理竣工决算的固定资产，应当按照估计价值确定其成本，并计提折旧；待办理竣工决算后，再按实际成本调整原来的暂估价值，但不需要调整原已计提的折旧额。

企业至少应当于每年年度终了，对固定资产的使用寿命、预计净残值和折旧方法进行复核。使用寿命预计数与原先估计数有差异的，应当调整固定资产使用寿命。预计净残值预计数与原先估计数有差异的，应当调整预计净残值。与固定资产有关的经济利益预期实现方式有重大改变的，应当改变固定资产折旧方法。固定资产使用寿命、预计净残值和折旧方法的改变应当作为会计估计变更。

（二）固定资产的折旧方法

企业应当根据与固定资产有关的经济利益的预期实现方式，合理选择固定资产折旧方法。可选用的折旧方法包括年限平均法、工作量法、双倍余额递减法和年数总和法等。

1. 年限平均法

年限平均法也称直线法，是以固定资产预计使用年限为分摊标准，将固定资产的应提折旧总额（原始价值-预计净残值）均衡分摊到使用各年的一种折旧方法。采用这种折旧方法，各年折旧额完全相等，不受固定资产使用频率或生产量的影响，因而也称固定费用法。

年限平均法的计算公式如下：

$$年折旧率=（1-预计净残值率）\div 预计使用寿命（年）\times 100\%$$

$$月折旧率=年折旧率\div 12$$

$$月折旧额=固定资产原价\times 月折旧率$$

2. 工作量法

工作量法是以固定资产预计可完成的工作量为分摊标准，根据各年实际完成的工作量计算折旧的一种方法。采用这种折旧方法，各年折旧额的大小随工作量的变动而成正比例的变动，因而也称变动费用法。

工作量法的基本计算公式如下：

单位工作量折旧额=固定资产原价×（1−预计净残值率）÷预计总工作量

某项固定资产月折旧额=该项固定资产当月工作量×单位工作量折旧额

3. 双倍余额递减法

双倍余额递减法是一种常用的加速折旧法，是在不考虑固定资产残值的情况下，根据每期期初固定资产账面余额和年限平均法折旧率的两倍来计算固定资产折旧的一种折旧方法。

双倍余额递减法的计算公式如下：

年折旧率=2÷预计使用寿命（年）×100%

月折旧率=年折旧率÷12

月折旧额=每月月初固定资产账面净值×月折旧率

要特别指出，实行双倍余额递减法计提折旧的企业，应当在其固定资产折旧年限到期以前的两年内，将固定资产账面净值平均摊销。

4. 年数总和法

年数总和法又叫年限积数法，是一种常用的加速折旧法。它是以固定资产的原值减去预计净残值后的净额为基数，以一个逐年递减的分数为折旧率，计算各年固定资产折旧额的一种折旧方法。这种方法的特点是：计算折旧的基数是固定不变的，折旧率按固定资产尚可使用年限来确定，各年折旧率呈递减趋势，依此计算的折旧额也呈递减趋势。

年数总和法的计算公式如下：

年折旧率=（预计使用寿命−已使用年限）÷预计使用寿命×（预计使用寿命+1）÷2×100%

或

年折旧率=尚可使用年限÷预计使用寿命的年数总和×100%

月折旧率=年折旧率÷12

月折旧额=（固定资产原值−预计净残值）×月折旧率

（三）固定资产折旧的核算

固定资产应当按月计提折旧，计提的折旧应当记入“累计折旧”账户，并根据用途计入相关资产的成本或者当期损益。企业自行建造固定资产过程中使用的固定资产，其计提的折旧应计入在建工程成本；基本生产车间所使用的固定资产，其计提的折旧应计入制造费用；管理部门所使用的固定资产，其计提的折旧应计入管理费用；销售部门所使用的固定资产，其计提的折旧应计入销售费用；经营租出的固定资产，其应提折旧应计入其他业务成本。企业计提固定资产折旧时，借记“制造费用”“销售费用”“管理费用”等账户，贷记“累计折旧”账户。

四、固定资产的后续支出

固定资产的后续支出是指固定资产在使用过程中发生的更新改造支出、修理费用等。企业固定资产在投入使用后，由于各个组成部分耐用程度不同或者使用的条件不同，往往会发生固定资产的局部损坏。为了保持固定资产的正常运转和使用，充分发挥其使用效能，就必须对其进行必要的后续支出。

固定资产的更新改造等后续支出，满足固定资产确认条件的，应当计入固定资产成本，如有被替换的部分，应同时将被替换部分的账面价值从该固定资产原账面价值中扣除；不满足固定资产确认条件的固定资产修理费用等，应当在发生时计入当期损益。

在对固定资产发生可资本化的后续支出后，企业应将该固定资产的原价、已计提的累计折旧和减值准备转销，将固定资产的账面价值转入在建工程。固定资产发生的可资本化的后续支出，通过“在建工程”账户核算。在固定资产发生的后续支出完工并达到预定可使用状态时，从“在建工程”账户转入“固定资产”账户。

企业生产车间（部门）和行政管理部门等发生的固定资产修理费用等后续支出，借记“管理费用”等账户，贷记“银行存款”等账户；企业发生的与专设销售机构相关的固定资产修理费用等后续支出，借记“销售费用”账户，贷记“银行存款”等账户。

五、固定资产的处置

企业在生产经营过程中，可能将不适用或不需用的固定资产对外出售转让，或因磨损、技术进步等原因对固定资产进行报废，或因遭受自然灾害而对毁损的固定资产进行处理。对于上述事项在进行会计核算时，应按规定程序办理有关手续，结转固定资产的账面价值，计算有关的清理收入、清理费用及残料价值等。

固定资产处置包括固定资产的出售、报废、毁损、对外投资、非货币性资产交换、债务重组等。处置固定资产应通过“固定资产清理”账户核算，具体包括以下几个环节。

（1）固定资产转入清理。企业因出售、报废、毁损、对外投资、非货币性资产交换、债务重组等转出的固定资产，按该项固定资产的账面价值，借记“固定资产清理”账户；按已计提的累计折旧，借记“累计折旧”账户；按已计提的减值准备，借记“固定资产减值准备”账户；按其账面原价，贷记“固定资产”账户。

（2）发生的清理费用等。固定资产清理过程中应支付的相关税费及其他费用，借记“固定资产清理”账户，贷记“银行存款”“应交税费——应交增值税”等账户。

（3）收回出售固定资产的价款、残料价值和变价收入等，借记“银行存款”“原材料”等账户，贷记“固定资产清理”账户。

（4）保险赔偿等的处理。应由保险公司或过失人赔偿的损失，借记“其他应收款”等账户，贷记“固定资产清理”账户。

（5）清理净损益的处理。固定资产清理完成后，属于生产经营期间正常的处理损失，借记“营业外支出——处置非流动资产损失”账户，贷记“固定资产清理”账户；属于自然灾害等非正常原因造成的损失，借记“营业外支出——非常损失”账户，贷记“固定资产清理”账户。如果为贷方余额，借记“固定资产清理”账户，贷记“营业外收入”账户。

六、固定资产的清查

企业应定期或者至少于每年年末对固定资产进行清查盘点，以保证固定资产核算的真实性，充分挖掘企业现有固定资产的潜力。在固定资产清查过程中，如果发现盘盈、盘亏的固定资产，应填制固定资产盘盈盘亏报告表。清查固定资产的损益，及时查明原因，并按照规定程序报批处理。

（一）固定资产盘盈

企业在财产清查中盘盈的固定资产，作为前期差错处理。在未报经批准处理前，应先按重置完全价值扣除估计损耗的金额入账，先通过“待处理财产损溢——待处理固定资产损溢”账户核算，待报经批准处理后，作为前期差错记入“以前年度损益调整”账户。

（二）固定资产盘亏

固定资产盘亏是指在清查中发现某项账面上记载的固定资产，其实物已不存在。对于盘亏的固定资产，在未报经批准处理前，应先按账面原价和累计折旧予以注销，其净值暂记入“待处理财产损溢——待处理固定资产损溢”账户，待报经批准处理后，再将净值转入“营业外支出——固定资产盘亏”账户。

七、固定资产减值

固定资产在资产负债表日存在可能发生减值的迹象时，其可收回金额低于其账面价值的，这种情况称为固定资产减值。企业应当将该固定资产的账面价值减记至可收回金额，减记的金额确认为减值损失，计入当期损益；同时，计提相应的资产减值准备，借记“资产减值损失——计提的固定资产减值准备”账户，贷记“固定资产减值准备”账户。固定资产减值损失一经确认，在以后的会计期间不得转回。

任务实施

（1）根据任务描述中经济业务（1），编制如下会计分录。

借：在建工程——生产经营用——厂房　　2 000 000
　贷：银行存款　　2 000 000

（2）根据任务描述中经济业务（2），编制如下会计分录。

借：固定资产——空调　　31 500
　　　　　　——复印机　　10 500
　　应交税费——应交增值税（进项税额）　　7 020
　贷：银行存款　　49 020

其中：

应交增值税=6 800+2 000÷1.11×11%=7020（元）

空调入账成本=30 000+2 000÷1.11÷40 000×30 000=31 500（元）

复印机入账成本=10 000+2 000÷1.11÷40 000×10 000=10 500（元）

（3）根据任务描述中经济业务（3），编制如下会计分录。

借：固定资产清理　　80 000
　　累计折旧　　300 000
　　固定资产减值准备　　20 000
　贷：固定资产　　400 000
借：固定资产清理　　2 000
　贷：银行存款　　2 000
借：银行存款　　50 000
　　营业外支出——处置非流动资产损失　　32 000
　贷：固定资产清理　　82 000

（4）根据任务描述中经济业务（4），编制如下会计分录。

借：固定资产清理　　2 400
　　累计折旧　　3 000
　贷：固定资产　　5 400
借：营业外支出——非常损失　　1 400
　　其他应收款　　1 000
　贷：固定资产清理　　2 400

（5）根据任务描述中经济业务（5），进行如下计算。

① 年限平均法。采用年限平均法得出的折旧计算表如表 6.1 所示。

表 6.1　折旧计算表（年限平均法）

金额单位：元

年　份	年 折 旧 额	累计折旧额	账 面 净 值
1	300 000	300 000	1 230 000
2	300 000	600 000	930 000
3	300 000	900 000	630 000
4	300 000	1 200 000	330 000
5	300 000	1 500 000	30 000
合　计	1 500 000	—	—

月折旧额=（1 530 000−3 000）÷5×12=25 000（元）

② 双倍余额递减法：

年折旧率=2÷5×100%=40%

采用双倍余额递减法得出的折旧计算表如表 6.2 所示。

表 6.2　折旧计算表（双倍余额递减法）

金额单位：元

年　份	期初账面净值	折 旧 率	折 旧 额	累计折旧额	期末账面净值
1	1 530 000	40%	612 000	612 000	918 000
2	918 000	40%	367 200	979 200	550 800

续表

年　份	期初账面净值	折 旧 率	折 旧 额	累计折旧额	期末账面净值
3	550 800	40%	220 320	1 199 520	330 480
4	330 480	—	150 240	1 349 760	180 240
5	180 240	—	150 240	1 500 000	—

本月折旧额=612 000÷12=51 000（元）

③ 年数总和法。采用年数总和法得出的折旧计算表如表 6.3 所示。

表 6.3　折旧计算表（年数总和法）

金额单位：元

年　份	尚可使用年限	原值——净残值	变动折旧率	每年折旧额	累 计 折 旧
1	5	1 530 000	5/15	500 000	500 000
2	4	1 030 000	4/15	400 000	900 000
3	3	630 000	3/15	300 000	1 200 000
4	2	330 000	2/15	200 000	1 400 000
5	1	130 000	1/15	100 000	1 500 000

本月折旧额=500 000÷12≈41 666.67（元）

典型任务示例

【典型任务示例 6-1】

湖南怡清源茶业有限公司 2017 年 12 月 20 日购入一台设备，价值 1 550 000 元，估计使用年限 10 年，预计净残值 50 000 元。

要求：分别用年限平均法、双倍余额递减法、年数总和法计算每年折旧额。

计算结果如表 6.4 至表 6.6 所示。

表 6.4　折旧计算表（年限平均法）

金额单位：元

年　份	年 折 旧 额	累计折旧额	账 面 净 值
1	150 000	150 000	1 400 000
2	150 000	300 000	1 250 000
3	150 000	450 000	1 100 000
4	150 000	600 000	950 000
5	150 000	750 000	800 000
6	150 000	900 000	650 000
7	150 000	1 050 000	500 000

续表

年　份	年 折 旧 额	累计折旧额	账 面 净 值
8	150 000	1 200 000	350 000
9	150 000	1 350 000	200 000
10	150 000	1 500 000	50 000
合　计	1 500 000	—	—

表 6.5　折旧计算表（双倍余额递减法）

金额单位：元

年　份	期初账面净值	折 旧 率	折 旧 额	累计折旧额	期末账面净值
1	1 550 000	20%	310 000	310 000	1 240 000
2	1 240 000	20%	248 000	558 000	992 000
3	992 000	20%	198 400	756 400	793 600
4	793 600	20%	158 720	915 120	634 880
5	634 880	20%	126 976	1 042 096	507 904
6	507 904	20%	101 580.8	1 143 676.8	406 323.20
7	406 323.2	20%	81 264.64	1 224 941.44	325 058.56
8	325 058.56	20%	65 011.71	1 289 953.15	260 046.85
9	260 046.85		105 023.42	1 394 976.58	155 023.42
10	155 023.42		105 023.42	1 500 000	50 000

表 6.6　折旧计算表（年数总和法）

金额单位：元

年　份	尚可使用年限	原值——净残值	变动折旧率	每年折旧额	累 计 折 旧
1	10	1 500 000	10/55	272 727.27	272 727.27
2	9	1 500 000	9/55	245 454.55	518 181.82
3	8	1 500 000	8/55	218 181.82	736 363.64
4	7	1 500 000	7/55	190 909.09	927 272.73
5	6	1 500 000	6/55	163 636.36	1 090 909.1
6	5	1 500 000	5/55	136 363.64	1 227 272.73
7	4	1 500 000	4/55	109 090.91	1 336 363.64
8	3	1 500 000	3/55	81 818.18	1 418 181.82
9	2	1 500 000	2/55	54 545.45	1 472 727.27
10	1	1 500 000	1/55	27 272.73	150 000

实践训练

【实践训练 6-1】

海维有限公司为增值税一般纳税人，适用的增值税税率 17%。2018 年 1 月 1 日准备自行建造一座仓库。有关资料如下。

（1）1 月 2 日购入工程物资一批，买价 300 万元，增值税税额 51 万元。款项用银行存款支付。

（2）2 月 8 日领用生产用原材料一批，成本 10 万元。

（3）1 月 2 日至 6 月 30 日，工程先后领用工程物资 190 万元。

（4）6 月 30 日对工程物资进行清查，发现工程物资减少 10 万元。经调查属保管员过失造成，根据企业管理规定，保管员应赔偿 5 万元。

（5）工程建设期间辅助生产车间为工程提供有关的劳务支出 3 万元。

（6）工程建设期间发生工程人员职工薪酬 3.5 万元。

（7）6 月 30 日，完工并交付使用。

（8）剩余工程物资转入企业原材料。

要求：编制海维有限公司自行建造仓库的有关会计分录。

【实践训练 6-2】

红星公司 2017 年 12 月 20 日购入一台设备，价值 100 000 元，估计使用年限 4 年，预计没有残值。

要求：分别用年限平均法、双倍余额递减法、年数总和法计算每年折旧额。

【实践训练 6-3】

红星公司 2017 年度发生如下经济业务。

（1）出售不需用机器一台，原值 250 000 元，已提折旧 125 000 元，实际售价 140 000 元。价款已收到，存入银行。

（2）出售旧车一辆，原值 150 000 元，已提折旧 50 000 元，实际售价 70 000 元。款项尚未收到。

（3）因台风袭击，企业一栋仓库发生倒塌，提前报废。其原值 270 000 元，已提折旧 180 000 元。在清理过程中，残料变价收入 15 000 元，已收存银行；另用银行存款支付清理费用 5 600 元。经保险公司理赔，得到保险金 85 000 元，已收存银行。

要求：根据上述资料编制会计分录。

【实践训练 6-4】

红星公司对生产车间的一台设备进行改建，此设备账面原价 300 000 元，累计折旧 120 000 元，在改建过程中发生各种支出共计 60 000 元，拆除部分零件变价收入 15 000 元。

要求：确定此设备改建后的原值，并编制相应会计分录。

任务二　无形资产的核算

学习目标

【知识目标】

了解无形资产的特征，理解无形资产的确认条件，掌握各类无形资产业务的核算方法。

【技能目标】

能够对无形资产的取得、摊销、处置及减值等业务做出正确的会计处理。

任务导入

湖南怡清源茶业有限公司 6 月份发生的部分经济业务如下（公司无形资产采用直线法进行摊销，假定不考虑增值税的影响。计算过程中涉及的小数一律保留两位）。

（1）6 月 30 日，公司自行研究、开发一项制茶技术，代号为 K3。发生研究支出合计 10 000 元。其中，材料支出 4 000 元，研究人员薪酬 5 000 元，用银行存款支付其他费用 1 000 元。经测试该项研发活动尚处于研究阶段。

（2）6 月 30 日，购入一项非专利技术 M2，支付的买价和有关费用合计 70 000 元。用银行存款支付。

（3）月初，公司专利技术包括专利技术 K1 和 K2。其中，K1 的期初账面价值 72 000 元，尚可使用 10 年；K2 的期初账面价值为 96 000 元，尚可使用 20 年。自年初至今，已将 K2 转租大福茶业公司使用，本月收到租金 1 000 元，存入银行；另有一项非专利技术 M1，原价 70 000 元，累计摊销 30 000 元，已计提减值准备 10 000 元，尚可使用 5 年。

（4）6 月 30 日，将 M1 转让鸿运公司，转让价款 35 000 元，应交税费 1 750 元。款项已存银行。

（5）经减值测试，K1 的预计可收回金额 65 000 元，K2 的预计可收回金额 96 500 元。

要求：以湖南怡清源茶业有限公司会计的身份对上述业务进行会计核算。

任务分析

为了准确对公司无形资产进行核算，会计人员需要参与或负责完成以下工作。

（1）设置“无形资产”等账户。“无形资产”账户按无形资产项目进行明细核算。

（2）正确进行无形资产的取得、摊销、处置及减值等业务的会计处理。

知识准备

阅读材料：《企业会计准则第 6 号——无形资产》、会计账户的相关规定等。

一、无形资产的特征

无形资产是指企业拥有或者控制的没有实物形态的可辨认资产。无形资产具有以下三个主要特征。

1. 不具有实物形态

无形资产是不具有实物形态的非货币性资产，不像固定资产、存货等有形资产具有实物形体。

2. 具有可辨认性

资产满足下列条件之一的，符合无形资产定义中的可辨认性特征。

（1）能够从企业中分离或者划分出来，并能单独或者与相关合同、资产或负债一起，用于出售、转让、授予许可、租赁或者交换。

（2）源自合同性权利或其他法定权利，无论这些权利是否可以从企业或其他权利或义务中转移或者分离。

商誉的存在无法与企业自身分离，不具有可辨认性，所以不在本规范内。

3. 属于非货币性长期资产

无形资产属于非货币性资产且能够在多个会计期间为企业带来经济利益。无形资产的使用年限在一年以上，其价值将在各个受益期间逐渐摊销。

二、无形资产的确认

无形资产同时满足以下条件时才能予以确认。

1. 与该资产有关的经济利益很可能流入企业

对无形资产确认而言，如果某一无形资产的经济利益预期不能流入企业，就不能确认为企业的无形资产；如果某一无形资产的经济利益预期很可能流入企业，并同时满足无形资产确认的其他条件，则企业应将其确认为无形资产。例如，企业外购一项专利权，从而拥有法定所有权，使得企业的相关权利受到法律的保护，此时，表明企业能够控制该项无形资产所产生的经济利益。

在实务工作中，要确定无形资产产生的经济利益是否很可能流入企业，应当对无形资产在预计使用寿命内可能存在的各种经济因素做出合理估计，并且应当有明确证据支持。在进行这种判断时，需要考虑相关的因素。例如，企业是否有足够的人力资源、高素质的管理队伍、相关硬件设备等来配合无形资产为企业创造经济利益；最为重要的是应关注外界因素的影响，如是否存在相关的新技术、新产品冲击与无形资产相关的技术或利用其生产的产品的市场等。

2. 该无形资产的成本能够可靠地计量

成本能够可靠地计量是资产确认的一项基本条件。对于无形资产而言，这个条件显得十分重要。例如，一些高科技领域的高科技人才，假定其与企业签订了服务合同，且合同规定其在一定期限内不能为其他企业提供服务，在这种情况下，虽然这些高科技人才的知识在规定的期限内预期能够为企业创造经济利益，但由于这些高科技人才的知识难以准确或合理辨认，加之为形成这些知识所发生的支出难以计量，从而不能作为企业的无形资产加以确认。

三、无形资产的构成

无形资产主要包括专利权、商标权、土地使用权、非专利技术、著作权、特许权等。

1. 专利权

专利权是指国家专利主管机关依法授予发明、创造专利申请人对其发明创造在法定期限内所享有的专有权利，包括发明专利权、实用新型专利权和外观设计专利权。它给予持有者独家使用或控制某项发明的特殊权利。《中华人民共和国专利法》明确规定，专利人拥有的专利权受到国家法律保护。专利权是允许其持有者独家使用或控制的特权，但并不保证一定能给持有者带来经济效益，如有的专利可能会被另外更有经济价值的专利所淘汰等。因此，企业不应将其所拥有的一切专利权都予以资本化，作为无形资产进行管理和核算。一般而言，只有从外单位购入的专利或者自行开发并按法律程序申请取得的专利，才能作为无形资产进行管理和核算。这种专利可以降低成本，或者提高产品质量，或者将其转让出去获得转让收入。

企业从外单位购入的专利权，应按实际支付的价款作为专利权的成本。企业自行开发并按法律程序申请取得的专利权，应按照无形资产条件确定的金额作为成本。

2. 商标权

商标是用来辨认特定的商品或劳务的标记。商标权是指专门在某类指定的商品或产品上使用特定的名称或图案的权利。商标经过注册登记，就获得了法律上的保护。《中华人民共和国商标法》明确规定，经商标局核准注册的商标为注册商标，商标注册人享有商标专用权，受法律的保护。

企业自创的商标并将其注册登记，所花费用一般不大，是否将其资本化并不重要。能够给拥有者带来获利能力的商标，往往是通过多年的广告宣传和其他传播商标名称的手段，以及客户的信赖等树立起来的。广告费一般不作为商标权的成本，而是在发生时直接计入当期损益。

按照《中华人民共和国商标法》的规定，商标可以转让，但受让人应保证使用该注册商标的产品质量。如果企业购买他人的商标，一次性支出费用较大的，可以将其资本化，作为无形资产进行管理。这时，应根据购入商标的价款、支付的手续费及有关费用作为商标的成本。

3. 土地使用权

土地使用权是指国家准许某一企业或单位在一定期间内对国有土地享有开发、利用、经营的权利。企业取得土地使用权，应将取得时发生的支出资本化，作为土地使用权的成本，记入“无形资产”账户。

4. 非专利技术

非专利技术即专有技术，或技术秘密、技术诀窍，是指先进的、未公开的、未申请专利、可以带来经济效益的技术及诀窍。它的主要内容包括：一是工业专有技术，即在生产上已经采用，仅限于少数人知道，不享有专利权或发明权的生产、装配、修理、工艺或加工方法的技术知识；二是商业（贸易）专有技术，即具有保密性质的市场情报、原材料价格情报及用户、竞争对象的情况和有关知识；三是管理专有技术，即生产组织的经营方式、管理方式、培训职工方法等保密知识。非专利技术并不是专利法的保护对象，专有技术所有人依靠自我保密的方式来维持其独占权，它可以用于转让和投资。

企业的非专利技术，有些是自己开发研究的，有些是根据合同规定从外部购入的。如果是企业自己开发研究的，应将符合《企业会计准则第 6 号——无形资产》规定的开发支出资本化条件的，确认为无形资产。对于从外部购入的非专利技术，应将实际发生的支出予以资本化，作为无形资产入账。

5. 著作权

著作权又称版权，是制作者对其创作的文学、科学和艺术作品依法享有的某种特殊权利。著作权包括两方面的权利，精神权利（人身权利）和经济权利（财产权利）。前者是指作品署名权、发表作品、确认作者身份、保护作品完整性、修改已经发表的作品等各项权利，包括发表权、署名权、修改权和保护作品完整权；后者是指以出版、表演、广播、展览、录制唱片、摄制影片等方式使用作品及因授权他人使用作品而获得经济利益的权利。

6. 特许权

特许权，又称经营特许权、专营权，是指企业在某一地区经营或销售某种特定商品的权利或是一家企业接受另一家企业使用其商标、商号、技术秘密等的权利。前者一般是指政府机关授权、准许企业使用或在一定地区享有经营某种业务的特权，如水、电、邮电通信等专营权、烟草专卖权等；后者指企业间依照签订的合同，有期限或无期限地使用另一家企业的某些权利，如连锁店分店使用总店的名称等。

四、无形资产的账务处理

（一）账户设置

为了核算无形资产的取得、摊销和处置等情况，企业应当设置“无形资产”“累计摊销”等账户。

（1）“无形资产”账户核算企业持有的无形资产成本。借方登记取得无形资产的成本；贷方登记出售无形资产转出的无形资产账面余额；期末借方余额，反映企业无形资产的成本。本账户应按无形资产项目设置明细账户，进行明细核算。

（2）“累计摊销”账户属于“无形资产”的调整账户，核算企业对使用寿命有限的无形资产计提的累计摊销。借方登记处置无形资产转出的累计摊销；贷方登记企业计提的无形资产摊销；期末贷方余额，反映企业无形资产的累计摊销额。

此外，企业无形资产发生减值的，还应当设置“无形资产减值准备”账户进行核算。

(二)无形资产的具体核算方法

1. 无形资产的取得

无形资产应当按照成本进行初始计量。企业取得无形资产的主要方式有外购、自行研究开发等。取得的方式不同，其会计处理也有所差别。

（1）外购无形资产。外购无形资产的成本包括购买价款、相关税费，以及直接归属于使该项资产达到预定用途所发生的其他支出。

（2）自行研究开发无形资产。企业内部研究开发项目所发生的支出应区分研究阶段支出和开发阶段支出。企业自行开发无形资产发生的研发支出，不满足资本化条件的，借记“研发支出——费用化支出”账户；满足资本化条件的，借记“研发支出——资本化支出”账户，贷记“原材料”“银行存款”“应付职工薪酬”等账户。研究开发项目达到预定用途形成无形资产的，应按“研发支出——资本化支出”账户的余额，借记“无形资产”账户，贷记“研发支出——资本化支出”账户。期（月）末，应将“研发支出——费用化支出”账户归集的金额转入“管理费用”账户，借记“管理费用”账户，贷记“研发支出——费用化支出”账户。

2. 无形资产的摊销

企业应当于取得无形资产时分析判断其使用寿命。使用寿命有限的无形资产应进行摊销；使用寿命不确定的无形资产不应摊销。使用寿命有限的无形资产，其残值应当视为 0。对于使用寿命有限的无形资产应当自可供使用（即其达到预定用途）当月起开始摊销，处置当月不再摊销。

无形资产摊销方法包括直线法、生产总量法等。企业选择的无形资产的摊销方法，应当反映与该项无形资产有关的经济利益的预期实现方式，无法可靠确定预期实现方式的，应当采用直线法摊销。

企业应当按月对无形资产进行摊销。无形资产的摊销额一般应当计入当期损益。企业自用的无形资产，其摊销额计入管理费用；出租的无形资产，其摊销额计入其他业务成本；某项无形资产包含的经济利益通过所生产的产品或其他资产实现的，其摊销额应当计入相关资产成本。

3. 无形资产的处置

企业处置无形资产，应当将取得的价款扣除该无形资产账面价值及出售相关税费后的差额计入营业外收入或营业外支出。

4. 无形资产的减值

无形资产在资产负债表日存在可能发生减值的迹象时，其可收回金额低于账面价值的，企业应当将该无形资产的账面价值减记至可收回金额，减记的金额确认为减值损失的，计入当期损益；同时，计提相应的资产减值准备，按应减记的金额，借记“资产减值损失——计提的无形资产减值准备”账户，贷记“无形资产减值准备”账户。无形资产减值损失一经确认，在以后的会计期间不得转回。

任务实施

（1）根据任务描述中经济业务（1），编制如下会计分录。

借：研发支出——K3——费用化支出　　10 000
　贷：原材料　　4 000
　　　应付职工薪酬　　5 000
　　　银行存款　　1 000

（2）根据任务描述中经济业务（2），编制如下会计分录。

借：无形资产——M2　　70 000
　贷：银行存款　　70 000

（3）根据任务描述中经济业务（3），进行如下计算。

K1 本月摊销金额=72 000÷（10×12）=600（元）

K2 本月摊销金额=96 000÷（20×12）=400（元）

M1 本月摊销金额=（70 000−30 000−10 000）÷（5×12）=500（元）

编制如下会计分录。

借：管理费用——无形资产摊销　　1 100
　贷：累计摊销——K1　　600
　　　累计摊销——M1　　500

借：其他业务成本　　400
　贷：累计摊销——K2　　400

借：银行存款　　1 000
　贷：其他业务收入　　1 000

（4）根据任务描述中经济业务（4），编制如下会计分录。

借：银行存款　　35 000
　　累计摊销　　30 500
　　无形资产减值准备　　10 000
　贷：无形资产　　70 000
　　　营业外收入　　3 750
　　　应交税费——应交增值税（销项数额）　　1 750

（5）根据任务描述中经济业务（5），其财务处理如下。

K1 账面价值 71 400 元（72 000−600），可收回金额 65 000 元。可收回金额低于其账面价值，应按其差额 6 400 元（71 400−65 000）计提减值准备。编制如下会计分录。

借：资产减值损失　　6 400
　贷：无形资产减值准备——K1　　6 400

K2 账面价值 95 600 元（96 000−400），可收回金额 96 500 元，无需计提减值准备。

典型任务示例

【典型任务示例 6-2】

湖南怡清源茶叶有限公司 8 月份部分经济业务如下。

（1）公司研发的一项制茶技术，代号为 K4，经测试已经处于开发阶段。发生材料费用 4 000 元，开发人员薪酬 6 000 元，申请专利权、支付注册费、律师费 20 000 元。假定符合《企业会计准则第 6 号——无形资产》规定的开发支出资本化的条件。

（2）8 月 30 日，K4 的研发活动已经结束，准备投入使用。该技术共发生开发支出 200 000 元。

要求： 编制上述经济业务的会计分录。

（1）根据任务描述中经济业务（1），编制如下会计分录。

借：研发支出——K4——资本化支出　　30 000
　贷：银行存款　　20 000
　　　原材料　　4 000
　　　应付职工薪酬　　6 000

（2）根据任务描述中经济业务（2），编制如下会计分录。

借：无形资产——K4　　200 000
　贷：研发支出——K4——资本化支出　　200 000

实践训练

【实践训练 6-5】

创维有限公司自行研究、开发一项技术，截至 2017 年 12 月 31 日，发生研发支出合计 200 000 元。其中，人员工资 80 000 元，原材料 60 000 元，用银行存款支付其他费用 60 000 元。经测试该项研发活动完成了研究阶段，从 2018 年 1 月 1 日开始进入开发阶段。2018 年发生开发支出 300 000 元。其中，原材料 160 000 元，人员工资 70 000 元，用银行存款支付其他费用 70 000 元。假定符合《企业会计准则第 6 号——无形资产》规定的开发支出资本化的条件。2018 年 6 月 30 日，该项研发活动结束，最终开发出一项非专利技术。

要求： 编制该企业的会计分录。

【实践训练 6-6】

某企业出租商标权，取得租金收入 100 000 元，存入银行。应交增值税 6 000 元。

要求： 编制相关的会计分录。

【实践训练 6-7】

红星公司 2018 年 1 月 1 日用银行存款 400 000 元购入一项专利权。该专利权法定的有效期为 10 年，合同规定的有效期为 8 年，按直线法摊销。2020 年 1 月 1 日，企业将该专利权出售，取得收入 290 000 元存入银行，该专利权已计提减值准备 5 000 元。

要求：编制该项专利权购入、摊销和转让的会计分录。

【实践训练 6-8】

红星公司 2018 年 1 月 1 日用银行存款 155 400 元购买土地使用权，土地使用权的增值税税率 11%，请编制相关分录。

任务三　长期股权投资的核算

学习目标

【知识目标】

理解长期股权投资的概念、成本法的核算范围，掌握成本法的核算方法。

【技能目标】

能够熟练地对长期股权投资的取得、持有期间被投资单位宣告发放现金股利或利润等业务做出正确的会计处理。

任务导入

湖南怡清源茶业有限公司 2017 年 3 月部分经济业务如下（计算过程中涉及的小数一律保留两位）。

（1）3 月 5 日购买长信公司 51%的股份并准备长期持有，价格为 305 000 元。该公司于 3 月 2 日宣告分派 2016 年度的现金股利，每股 0.2 元。另外，公司购买该股票时发生有关税费 5 000 元，款项已用银行存款支付。

（2）3 月 12 日，购买北方股份有限公司发行的股票 5 000 000 股，准备长期持有，占北方股份有限公司股份的 10%。每股买入价为 5 元。另外，购买该股票时发生有关税费 75 000 元，款项已用银行存款支付。北方股份有限公司于 2017 年 4 月 1 日宣告分派 2016 年度现金股利 2 000 000 元。2017 年 4 月 10 日，宣告发放现金股利 3 000 000 元。

要求：以湖南怡清源茶业有限公司会计的身份对上述业务进行会计核算。

任务分析

为了准确核算公司的长期股权投资，会计人员需要参与或负责完成以下工作。

（1）设置“长期股权投资”等账户，并按照核算方法的不同，正确设置账务明细账户。

（2）理解长期股权投资的成本法的核算范围。

（3）能够正确对成本法下的经济业务进行核算，如股权的取得、现金股利的宣告和取得。

知识准备

阅读材料：《企业会计准则第 2 号——长期股权投资》、会计账户的相关规定等。

一、长期股权投资概述

（一）长期股权投资的概念

长期股权投资包括企业持有的其子公司、合营企业及联营企业的权益性投资及企业持有的对被投资单位不具有控制、共同控制或重大影响，且在活跃市场中没有报价、公允价值不能可靠计量的权益性投资。

企业能够对被投资单位实施控制的，被投资单位为本企业的子公司。控制，是指有权决定一个企业的财务和经营政策，并能据此从该企业的经营活动中获取利益。

企业与其他方对被投资单位实施共同控制的，被投资单位为本企业的合营企业。共同控制，是指按照合同约定对某项经济活动所共有的控制，仅在与该项经济活动相关的重要财务和经营决策需要分享控制权的投资方一致同意时存在。

企业能够对被投资单位施加重大影响的，被投资单位为本企业的联营企业。重大影响，是指对一个企业的财务或经营政策有参与决策的权力，但并不能控制或者与其他方一起共同控制这些政策的制定。

（二）长期股权投资的核算方法

长期股权投资的核算方法有两种：一是成本法；二是权益法。本书仅介绍成本法，成本法核算的长期股权投资的范围如下所述。

（1）企业能够对被投资单位实施控制的长期股权投资，即企业对子公司的长期股权投资。企业对子公司的长期股权投资应当采用成本法核算，编制合并财务报表时按权益法进行调整。

（2）企业对被投资单位不具有控制、共同控制或重大影响，且在活跃市场中没有报价、公允价值不能可靠计量的长期股权投资。

为了核算企业的长期股权投资，企业应当设置“长期股权投资”“投资收益”等账户。“长期股权投资”账户借方登记长期股权投资取得时的成本，贷方登记收回长期股权投资的价值，期末借方余额，反映企业持有的长期股权投资的价值。

二、采用成本法核算长期股权投资

（一）长期股权投资初始投资成本的确定

除企业合并形成的长期股权投资以外，以支付现金取得的长期股权投资，应当按照实际支付的购买价款作为初始投资成本。企业所发生的与取得长期股权投资直接相关的费用、税金及其他必要支出应计入长期股权投资的初始投资成本。

此外，企业取得长期股权投资，实际支付的价款中包含已宣告但尚未发放的现金股利或利润，作为应收股利处理，不构成长期股权投资的成本。

（二）长期股权投资的取得

取得长期股权投资时，应按照初始投资成本计价。除企业合并形成的长期股权投资以外，以支付现金、非现金资产等其他方式取得的长期股权投资，应按照上述规定确定的长期股权投资初始投资成本，借记“长期股权投资”账户，贷记“银行存款”等账户。在取得投资时，如果实际支付的价款中包含已宣告但尚未发放的现金股利或利润，还应借记“应收股利”账户。

（三）长期股权投资持有期间被投资单位宣告发放现金股利或利润

企业在投资当年分得的利润或现金股利，是由投资前被投资单位实现的利润分配得来的，不能作为当期投资收益，而应作为初始投资成本的收回，借记“应收股利”账户，贷记“长期股权投资”账户。

企业在投资年度以后分得的利润或现金股利确认为投资收益，借记“应收股利”账户，贷记“投资收益”账户。

任务实施

（1）根据任务描述中经济业务（1），应编制如下会计分录。

借：长期股权投资——长信股份　　305 000

　　应收股利　　10 000

　贷：银行存款　　315 000

股票投资成本=（6.2−0.2）×50 000+5 000=305 000（元）

应收股利=0.2×50 000=10 000（元）

（2）根据任务描述中经济业务（2），应编制如下会计分录。

2017 年 3 月 12 日，投资时：

借：长期股权投资——北方股份　　25 075 000

　贷：银行存款　　25 075 000

2017 年 4 月 1 日，分派投资前现金股利时：

借：应收股利　　200 000（2 000 000×10%）

　贷：长期股权投资　　200 000

2017 年 4 月 10 日，宣派发放股利：

借：应收股利　　300 000（300 000×10%）

　贷：投资收益　　300 000

典型任务示例

【典型任务示例 6-3】

湖南怡清源茶业有限公司 2017 年 8 月份部分经济业务如下。

8 月 20 日，以银行存款购入星海公司 60%的表决权股份准备长期持有，初始成本 220 000 元。星海公司于 2017 年 10 月 10 日宣告分派 2016 年度的现金股利 200 000 元。2017 年 10 月 10 日宣告分派现金股利 600 000 元。

要求：针对上述经济业务编制会计分录。

（1）2017 年 8 月 20 日投资时：

借：长期股权投资　　220 000

　贷：银行存款　　220 000

（2）2017 年 10 月 10 日宣告分派 2016 年度的现金股利时：

借：应收股利　　120 000（2 000 000×60%）

　贷：长期股权投资　　120 000

（3）2017 年 10 月 10 日宣告分派现金股利时：

借：应收股利　　360 000（600 000×60%）

　贷：投资收益　　360 000

实践训练

【实践训练 6-9】

甲公司 2017 年 1 月 20 日购买东方股份有限公司发行的股票 6 000 000 股，准备长期持有，占东方股份有限公司股份的 40%，能够控制该公司相关决策。每股买入价为 6 元。另外，购买该股票时发生有关税费 300 000 元，款项已用银行存款支付。2017 年 4 月 1 日，东方股份有限公司宣告发派 2016 年度现金股利 3 000 000 元。2017 年 4 月 1 日，收到 2016 年的现金股利。

要求：根据上述经济业务编制会计分录。

【实践训练 6-10】

甲股份有限公司（以下简称甲公司）2017 年 3 月至 2019 年 3 月对丙股份有限公司（以下简称丙公司）投资业务的有关资料如下：

（1）2017 年 3 月 1 日，甲公司以银行存款 2 000 万元购入丙公司 20%股份，另支付相关税费 10 万元。甲公司对丙公司的财务和经营决策具有重大影响，并准备长期持有该股份。2017 年 3 月 1 日，丙公司可辨认净资产的公允价值 9 500 万元。

甲公司取得该项投资时，丙公司一管理用固定资产账面原价 6 000 万元，原预计使用年限 10 年，已使用 5 年，预计净残值 0，采用直线法计提折旧，其公允价值 4 200 万元，丙公司所得税率为 25%。

（2）2017 年 4 月 1 日，丙公司宣告分派 2016 年度的现金股利 100 万元。

（3）2017 年 5 月 10 日，甲公司收到丙公司分派的 2016 年度现金股利。

（4）2017 年 11 月 1 日，丙公司因合营企业资本公积增加而调整增加资本公积 150 万元。

（5）丙公司 2017 年度实现净利润 900 万元，其中 1～2 月份实现净利润为 100 万元，3～12 月份实现净利润（账面） 800 万元，

（6）2018 年 4 月 2 日，丙公司召开股东大会，审议董事会于 2018 年 3 月 1 日提出的 2017 年度利润分配方案。审议通过的利润分配方案为：按净利润的 10%提取法定盈余公积；分配现金股利 120 万元。该利润分配方案于当日对外公布。

（7）2018 年，丙公司发生净亏损 600 万元。

（8）2018 年 12 月 31 日，由于丙公司当年发生亏损，甲公司对丙公司投资的预计可收回金额为 1 900 万元。

（9）2019 年 3 月 20 日甲公司出售对丙公司的全部投资，收到出售价款 1920 万元，已存入银行。

要求：编制甲公司对丙公司长期股权投资的会计分录。

（“长期股权投资”和“资本公积”科目要求写出明细科目；答案中的金额单位用万元表示。）

任务四　其他非流动资产的核算

学习目标

【知识目标】

理解其他非流动资产的核算范围，掌握长期待摊费用的核算方法。

【技能目标】

能熟练地对固定资产大修理费用支出及租入固定资产改良支出等业务做出会计处理。

任务导入

湖南怡清源茶业有限公司部分经济业务如下（计算过程中涉及的小数一律保留两位）。

2017 年 12 月 29 日，从恒丰公司租入一栋办公房，租期 5 年。根据租赁合同，可以对该办公用房进行装修，装修费由湖南怡清源茶业有限公司自己承担。2018 年 1 月 1 日，湖南怡清源茶业有限公司将装修工程出包给金典装修公司。按装修合同规定，湖南怡清源茶业有限公司先预付工程款 100 000 元，工程完工后，又补付工程款 80 000 元。工程于 2018 年 5 月 31 日完工。

要求：以湖南怡清源茶业有限公司会计的身份对上述有关装修业务进行会计核算。

任务分析

为了准确核算公司的其他非流动资产，会计人员需要参与或负责完成以下工作。

（1）设置“长期待摊费用”等账户，并正确设置明细账户。

（2）正确进行固定资产大修理费用支出及租入固定资产改良支出等业务的会计处理。

知识准备

阅读材料：会计账户的相关规定等。

其他非流动资产是指不包括在流动资产、对外投资、固定资产和无形资产等以内的资产，主要包括长期待摊费用和其他长期资产。

一、长期待摊费用

长期待摊费用是指企业已经支出，但摊销期在一年以上的各项费用，包括固定资产大修理支出、租入固定资产改良支出及摊销期限在一年以上的其他待摊费用。

长期待摊费用本身没有价值，不可转让，不能为企业带来经济利益。因此，长期待摊费用应当单独核算，在费用项目的受益期限内分期平均摊销。企业不得随意增加费用项目，不得将应计入当期损益的费用计入长期待摊费用。

如果长期待摊费用项目不能使以后会计期间受益，应当将尚未摊销的该项目的摊余价值全部转入当期损益。

为了核算和监督长期待摊费用的发生、摊销和结存等情况，企业应设置“长期待摊费用”账户。“长期待摊费用”账户在性质上属于资产类账户，借方登记企业发生的各项长期待摊费用支出，贷方登记摊销数额，期末余额在借方，反映尚未摊销的长期待摊费用的余额。

（一）固定资产大修理支出

固定资产大修理支出采用待摊方法核算时，其摊销期限超过一年的，应在下一次大修理前的期间内平均摊销，并计入相关费用项目。

（二）租入固定资产改良支出

企业为了提高租入固定资产的效率或改变其性能，有时会对租入固定资产加以改良。由于以经营租赁方式租入的固定资产企业无所有权，仅有使用权，因此，按双方合同或协议规定，应由租入企业承担的改良支出，不能计入租入固定资产的价值。在对租入固定资产进行改良过程中发生的支出，通过“长期待摊费用”账户予以反映，并在租赁有效期限内，分别平均摊入有关成本费用。

二、其他长期资产

其他长期资产主要包括特准储备物资、银行冻结存款、冻结物资、临时设施及涉及诉讼中的财产等。

任务实施

（1）编制预付工程款的会计分录如下。

借：在建工程——装修工程　　100 000

　贷：银行存款　　100 000

（2）编制补付工程款的会计分录如下。

借：在建工程——装修工程　　80 000

　贷：银行存款　　80 000

（3）编制装修工程完工转账的会计分录和有关核算如下。

借：长期待摊费用——租入固定资产改良支出　　180 000

　贷：在建工程——装修工程　　180 000

租入固定资产尚可使用 4.5 年，计算如下：

每月摊销额=180 000÷（12×4.5）≈3 333.33（元）

每月摊销装修费用时：

借：管理费用　　3 333.33

　贷：长期待摊费用——租入固定资产改良支出　　3 333.33

典型任务示例

【典型任务示例 6-4】

湖南怡清源茶业有限公司部分经济业务如下。

2017 年 4 月 1 日，公司对车间机器设备进行维修，用银行存款支付大修理费支出 45 000 元。该设备大修理的周期为 15 个月。

要求：针对上述经济业务编制会计分录。

（1）支付大修理费时：

借：长期待摊费用　　45 000

　贷：银行存款　　45 000

（2）各月摊销费用时：

借：制造费用　　3 000

　贷：长期待摊费用　　3 000

实践训练

【实践训练 6-11】

红星公司用银行存款支付厂部运输设备大修理支出 19 200 元。该运输设备的大修理间隔期为 2 年。

要求：编制该企业相关的会计分录。

【实践训练 6-12】

A 企业租用 B 企业一仓库用于存放材料，租期 10 年。租入后进行改造，发生改造支出 60 万元，均用银行存款支付。

要求：根据以上经济业务编制相关会计分录。

【实践训练 6-13】

2017 年 4 月 1 日，丙公司对其以经营租赁方式新租入的办公楼进行装修，发生以下有关支出：领用生产用材料 500 000 元，购进该批原材料时支付的增值税进项税额 85 000 元；辅助生产车间为该装修工程提供的劳务支出 180 000 元；有关人员工资等职工薪酬 435 000 元。2017 年 12 月 1 日，该办公楼装修完工，达到预定可使用状态并交付使用，并按租赁期 10 年开始进行摊销。假定不考虑其他因素，丙公司应做何会计处理。

综合实训

一、单选题

1．某固定资产使用年限为 5 年，在采用年数总和法计提折旧的情况下，第一年的年折旧率为（　　）。

A．20%　　B．33%　　C．40%　　D．50%

2．某固定资产原值 250 000 元，预计净残值 6 000 元，预计可以使用 8 年，按照双倍余额递减法计算，第二年应计提的折旧（　　）元。

A．46 875　　B．45 750　　C．61 000　　D．30 500

3．某项固定资产原值 40 000 元，预计净残值 2 000 元，折旧年限为 4 年，采用年数总和法计提折旧，则第三年折旧额为（　　）元。

A．7 600　　B．8 000　　C．3 800　　D．12 000

4．一台机器设备原值 80 000 元，估计净残值 8 000 元，预计可使用 12 年，按直线法计提折旧，则第二年应计提折旧（　　）元。

A．6 600　　B．6 000　　C．7 000　　D．8 000

5．甲企业对一项原值 100 万元、已提折旧 40 万元的固定资产进行改建，发生改建支出

50 万元，取得变价收入 5 万元。则改建后该项固定资产的入账价值为（　　）万元。

A．105　　B．110　　C．145　　D．150

6．企业自行开发研制的无形资产，应当（　　）。

A．将开发过程中符合资本化条件的支出予以资本化

B．将开发过程中的支出予以费用化

C．只按发生的申请等费用入账

D．按有关部门评估确认的价值入账

7. 企业为建造固定资产通过出让方式取得土地使用权而支付的土地出让金，应记入（　　）科目。

A．在建工程　　B．无形资产　　C．管理费用　　D．固定资产

8．企业在研究开发无形资产项目并研发成功后，为运行该项无形资产发生的培训费用应记入（　　）科目。

A．无形资产　　B．研发支出　　C．管理费用　　D．销售费用

9．如果无形资产预期不能为企业带来未来经济利益，不再符合无形资产定义，应将其转销作报废处理。转销时无形资产的账面价值转入（　　）科目。

A．营业外支出　　B．管理费用　　C．资产减值损失　　D．其他业务成本

10. 某企业出售一项 3 年前取得的专利权，该专利权取得时的成本 20 万元，按 10 年摊销，出售时取得收入 20 万元，不考虑其他税费，则出售该项专利权时影响当期的损益（　　）万元。

A．5　　B．6　　C．15　　D．16

二、多选题

1．下列关于无形资产说法正确的有（　　）。

A．无形资产不具有实物形态

B．无形资产不具有可辨认性

C．专利权和非专利技术都属于无形资产

D．为了反映和监督无形资产的取得、摊销和处置等情况，企业应当设置“无形资产”“累计折旧”等科目进行核算

2．下列资产减值准备中，在符合相关条件时不可以转回的是（　　）。

A．固定资产减值准备　　B．投资性房地产减值准备

C．坏账准备　　D．无形资产减值准备

3．下列关于无形资产会计处理的表述中正确的有（　　）。

A．无形资产均应确定预计使用年限并分期摊销

B．有偿取得的自用土地使用权应确认为无形资产

C．内部研发项目开发阶段支出应全部确认为无形资产

D．无形资产减值损失一经确认在以后会计期间不得转回

4．企业对使用寿命有限的无形资产进行摊销时，其摊销额应根据不同情况分别计入

（　　）。

A．管理费用　　B．制造费用　　C．主营业务成本　　D．其他业务成本

5．下列情况下，投资方应采用权益法核算长期股权投资的有（　　）。

A．控制　　B．重大影响　　C．无重大影响　　D．共同控制

6．2017 年 1 月 2 日，甲公司以银行存款取得乙公司 30%的股权，初始投资成本为 4 000 万元；当日，乙公司可辨认净资产公允价值为 14 000 万元，与其账面价值相同。甲公司取得投资后即派人参与乙公司的生产经营决策，但未能对乙公司形成控制。乙公司 2017 年实现净利润 1 000 万元。假定不考虑所得税等其他因素，2017 年甲公司下列各项与该项投资相关的会计处理中，正确的有（　　）。

A．确认商誉 200 万元　　B．确认营业外收入 200 万元

C．确认投资收益 300 万元　　D．确认资本公积 200 万元

7．企业计提固定资产折旧时，下列会计分录正确的有（　　）。

A．计提行政管理部门固定资产折旧：
借记“管理费用”科目，贷记“累计折旧”科目

B．计提生产车间固定资产折旧：
借记“制造费用”科目，贷记“累计折旧”科目

C．计提专设销售机构固定资产折旧：
借记“销售费用”科目，贷记“累计折旧”科目

D．计提自建工程使用的固定资产折旧：
借记“在建工程”科目，贷记“累计折旧”科目

8．下列各项中，属于加速折旧方法的有（　　）。

A．双倍余额递减法　　B．工作量法　　C．平均年限法　　D．年数总和法

9．固定资产的后续支出可能记入的科目有（　　）。

A．管理费用　　B．在建工程　　C．销售费用　　D．财务费用

10．下列各项支出应计入无形资产成本的有（　　）。

A．购入专利权发生的支出　　B．购入商标权发生的支出

C．取得土地使用权发生的支出　　D．研发新技术在研究阶段发生的支出

三、判断题

1．自行开发并按法律程序申请取得的无形资产，按在研究与开发过程中发生的材料费用、直接参与开发人员的工资及福利费、开发过程中发生的租金、借款费用，以及注册费、聘请律师费等费用作为无形资产的实际成本。（　　）

2．无形资产均应进行摊销，且摊销时，应该冲减无形资产的成本。（　　）

3．企业以经营租赁方式租入的固定资产发生的改良支出，企业应通过“固定资产”科目核算。（　　）

4．固定资产盘盈先通过“待处理财产损溢”科目核算，批准后再转入“营业外收入”账户中。（　　）

5．对于企业取得的所有无形资产，均应当按期摊销。（　　）

6．权益法核算下，被投资企业宣告分配股票股利时应该通过“应付股利”科目核算，投资企业应按照持股比例同时调减长期股权投资的账面价值。（　　）

7．固定资产出售、报废及由于各种不可抗拒的自然灾害而产生的毁损，均应通过“固定资产清理”科目核算，计算处置固定资产的净损益。（　　）

8．固定资产的各组成部分具有不同使用寿命、适用不同折旧率的，应当分别将各组成部分确认为单项固定资产。（　　）

9．企业的长期待摊费用如果不能使以后会计期间受益的，应将其摊余价值全部转入当期损益。（　　）

10．企业持有的长期股权投资发生减值的，减值损失一经确认，即使以后期间价值得以回升，也不得转回。（　　）

四、业务题

1．坤舆公司为增值税一般纳税人，适用的增值税税率 17%。2017 年发生固定资产业务如下。

（1）1 月 15 日，公司管理部门购入一台不需安装的甲设备，取得的增值税专用发票上注明的设备价款 760 万元，增值税税额 129.2 万元，另发生运输费 6 万元，款项均以银行存款支付。

（2）甲设备经过调试后，于 1 月 25 日投入使用，预计使用 16 年，预计净残值 42 万元，决定采用双倍余额递减法计提折旧。

（3）7 月 18 日，公司生产车间购入一台需要安装的乙设备，取得的增值税专用发票上注明的设备价款 819 万元，增值税税额 139.23 万元，另发生保险费 11 万元，款项均以银行存款支付。

（4）8 月 15 日，将乙设备投入安装，以银行存款支付安装费 10 万元。乙设备于 8 月 26 日达到预定使用状态，并投入使用。

（5）乙设备采用工作量法计提折旧，预计净残值 30 万元，预计总工时 5 万小时。9 月，乙设备实际使用工时 720 小时。

假设除上述资料外，不考其他因素。

要求：

（1）编制坤舆公司 2017 年 1 月 15 日购入甲设备的会计分录；

（2）计算坤舆公司 2017 年 2 月甲设备的折旧额并编制会计分录；

（3）编制坤舆公司 2017 年 7 月 18 日购入乙设备的会计分录；

（4）编制坤舆公司 2017 年 8 月安装乙设备及其投入使用的会计分录；

（5）计算坤舆公司 2017 年 9 月乙设备的折旧额并编制会计分录。

2．企业自行研制开发一项技术，经申请获得专利权。有关资料如下。

（1）2016 年 5 月以银行存款支付研发支出 20 000 元，其中符合资本化条件的是 16 500 元。

（2）2016 年 12 月 1 日无形资产研发成功并申请专利，以银行存款支付律师费 1 000 元，注册费 500 元。

（3）企业按规定在 5 年内平均分摊，并于每月末摊销。

（4）2017 年 12 月 1 日，企业以 49 500 元将此专利出售给 A 公司，款项已存银行。

要求：

（1）计算该专利权的入账价值，并编制研制过程与注册业务的相关付款业务分录；

（2）计算每月末的摊销额，并编制摊销的会计分录；

（3）计算该专利权的出售损益，并编制相应会计分录。

项目七 主管岗位的会计核算

任务一　期间费用的核算

学习目标

【知识目标】

理解管理费用、销售费用及财务费用的核算范围，掌握各种期间费用的核算方法。

【技能目标】

根据业务凭证，能正确归集期间费用，熟练编制记账凭证，登记账簿。

任务导入

湖南怡清源茶业有限公司 2017 年 6 月发生如下相关经济业务（计算过程中涉及的小数一律保留两位）。

（1）6 月 8 日，开出现金支票一张用于购买办公用品一批计 3 000 元，直接分发给各个职能部门。

（2）6 月 12 日，以银行存款支付省电视台广告费 200 000 元。

（3）6 月 15 日，向银行提出申请，开立银行汇票一张用于采购毛茶，金额 450 000 元，另银行扣取汇票手续费 50 元。

（4）6 月 8 日，签发现金支票一张用于支付行政办公室设备修理费 3 510 元，取得的增值税专用发票注明修理费 3 000 元，增值税税额 510 元。

（5）6 月 19 日，以现金支付办公室接待客户费用 520 元。

（6）6 月 25 日，以银行存款偿还湘银支行到期的短期借款 600 000 元及本季度利息 7 500 元（已预提两个月利息 5 000 元）。

（7)6 月 26 日，计提本月固定资产折旧费 296 000 元。其中，生产用固定资产折旧费 276 000 元，出租用固定资产折旧费 1 000 元，行政管理用固定资产折旧费 9 000 元，销售用固定资产折旧费 10 000 元。

（8）6 月 26 日，摊销本月无形资产费用 20 000 元。

（9）6 月 30 日，计算分配本月职工工资总额 2 100 000 元。其中，生产工人工资 1 000 000 元，车间管理人员工资 200 000 元，行政管理人员工资 400 000 元，销售人员工资 500 000 元。

（10）8 月 30 日，按工资总额的 14%计提本月职工福利费。

要求：以湖南怡清源茶业有限公司会计的身份对上述业务进行会计核算。

任务分析

为了准确核算湖南怡清源茶业有限公司的期间费用，会计人员需要参与或负责完成以下工作。

（1）设置“管理费用”“销售费用”“财务费用”账户，并按费用项目进行明细核算。

（2）区分管理费用、销售费用和财务费用的核算范围，仔细审核、填写相关凭证，填写记账凭证，登记账簿。

（3）期末将账户余额结转入“本年利润”账户。

知识准备

阅读材料：《企业会计制度》第六章——成本和费用、会计账户的相关规定等。

期间费用是企业当期发生费用中的重要组成部分，是指本期发生的不能直接归属于某个特定商品、产品成本而应直接计入当期损益的费用，包括管理费用、销售费用和财务费用。

一、管理费用的核算

（一）管理费用的核算内容

管理费用是指企业行政管理部门为组织和管理生产经营活动而发生的各项费用。管理费用的核算内容具体包括：公司经费、工会经费、董事会费、咨询费、审计费、诉讼费、排污费、绿化费、土地使用费、土地损失补偿费、技术转让费、技术开发费、无形资产摊销、开办费摊销、业务招待费等。

（1）公司经费，包括总部管理人员职工薪酬费、差旅费、办公费、折旧费、修理费、物料消耗、低值易耗品摊销及其他公司经费。

（2）董事会费，指企业最高权力机构及其成员为执行其职能而发生的各项费用，包括差旅费、会议费等。

（3）咨询费，指企业向有关咨询机构进行科学技术、经营管理咨询所支付的费用，包括聘请经济技术顾问、法律顾问等支付的费用。

（4）审计费，指企业聘请中国注册会计师进行查账、验资及进行资产评估等发生的费用。

（5）诉讼费，指企业因起诉或应诉而发生的各项费用。

（6）排污费，指企业按规定缴纳的排污费用。

（7）绿化费，指企业对厂区、矿区进行绿化而发生的零星绿化费用。

（8）土地使用费，指企业使用土地而支付的费用。

（9）土地损失补偿费，指企业在生产经营过程中破坏的国家不征用的土地所支付的土地损失补偿费。

（10）技术转让费，指企业使用非专利技术而支付的费用。

（11）技术开发费，指企业研究开发新产品、新技术、新工艺所产生的各种费用。

（12）业务招待费，指企业为业务经营的合理需要而支付的费用。

（二）管理费用的账务处理

企业发生的各项管理费用，应设置“管理费用”账户进行核算，并按费用类别设置明细分类账户，进行明细分类核算。各项管理费用发生时，记入该账户的借方；期末将借方归集的管理费用全部从贷方结转至“本年利润”账户，结转后该账户无余额。

二、销售费用的核算

（一）销售费用的核算内容

销售费用是指企业在销售产品和提供劳务过程中发生的各项费用，以及专设销售机构的各项经费。其具体内容包括：企业负担的运输费、装卸费、包装费、保险费、委托代销手续费、广告费、展览费、租赁费（不包括融资租赁费）及专设销售机构的经费。其中，专设销售机构的经费包括：职工薪酬费、差旅费、办公费、折旧费、修理费、物料消耗、低值易耗品摊销及其他经费。

（二）销售费用的账务处理

企业发生的销售费用，应设置“销售费用”账户，并按费用类别设置明细分类账户，进行明细分类核算。发生各项销售费用时应借记“销售费用”账户；期末将本期发生的销售费用结转时，贷记“销售费用”账户，结转后该账户应无余额。

三、财务费用的核算

（一）财务费用的核算内容

财务费用是指企业为筹集生产经营资金而发生的各项费用。其具体内容包括：企业生产经营期间发生的利息净支出（减利息收入后的支出）、汇兑净损失（减汇兑收益后的损失）、金融机构手续费及为筹集经营资金发生的其他费用。

（1）利息净支出，指企业支付流动负债和经营期间长期负债应计利息。其中，流动负债利息包括：短期银行借款利息、其他借款利息、应付票据贴现利息、应付债券利息等。

（2）汇兑净损失，指企业因外币业务发生的折合记账本位币的差额。

（3）金融机构手续费，指企业与金融机构往来过程中发生的有关费用。它主要包括：企业通过金融机构以银行汇票、商业汇票、汇兑、银行本票、支票、定额支票、委托收款、托收承付等方式结算，以及为保证所需资金委托银行或其他金融机构代理发行债券时，按国家规定向银行或其他金融机构支付的有关费用。

（二）财务费用的账务处理

企业发生的财务费用，应设置“财务费用”账户进行核算，并按费用类别设置明细分类账户，进行明细分类核算。企业发生各项财务费用时，借记该账户；期末将本期发生的财务费用结转时，贷记该账户；结转后该账户应无余额。

任务实施

（1）根据任务描述中经济业务（1），编制如下会计分录。

借：管理费用　　3 000

　贷：银行存款　　3 000

（2）根据任务描述中经济业务（2），编制如下会计分录。

借：销售费用　　200 000

　贷：银行存款　　200 000

（3）根据任务描述中经济业务（3），编制如下会计分录。

借：其他货币资金——银行汇票　　450 000

　　财务费用　　50

　贷：银行存款　　450 050

（4）根据任务描述中经济业务（4），编制如下会计分录。

借：管理费用　　3 000

　　应交税费——应交增值税（进项税额）　　510

　贷：银行存款　　3 510

（5）根据任务描述中经济业务（5），编制如下会计分录。

借：管理费用　　520

　贷：库存现金　　520

（6）根据任务描述中经济业务（6），编制如下会计分录。

借：短期借款　　600 000

　　应付利息　　5 000

　　财务费用　　2 500

　贷：银行存款　　607 500

（7）根据任务描述中经济业务（7），编制如下会计分录。

借：制造费用　　276 000
　　管理费用　　9 000
　　销售费用　　10 000
　　其他业务成本　　1 000
　贷：累计折旧　　296 000

（8）根据任务描述中经济业务（8），编制如下会计分录。

借：管理费用　　20 000
　贷：累计摊销　　20 000

（9）根据任务描述中经济业务（9），编制如下会计分录。

借：生产成本　　1 000 000
　　制造费用　　200 000
　　管理费用　　400 000
　　销售费用　　500 000
　贷：应付职工薪酬——工资　　2 100 000

（10）根据任务描述中经济业务（10），编制如下会计分录。

借：生产成本　　140 000
　　制造费用　　28 000
　　管理费用　　56 000
　　销售费用　　70 000
　贷：应付职工薪酬——职工福利　　294 000

典型任务示例

【典型任务示例 7-1】

湖南怡清源茶业有限公司 2017 年 6 月份发生如下经济业务。

（1）6 月 5 日，为拓展市场，发生业务招待费 20 000 元。

（2）6 月 17 日，向开户银行申请，签发一张期限为 5 个月的银行承兑汇票，用银行存款支付银行承兑手续费 50 元。

（3）本月销售部共发生费用 520 000 元。其中，销售人员薪酬 400 000 元，销售部专用办公设备折旧费 50 000 元，业务费 70 000 元（均用银行存款支付）。

（4）预提本月短期借款的利息费用。该短期借款系 4 月 30 日从银行借入，用于生产经营，金额 360 000 元，期限 6 个月，年利率 5%。该借款本金到期后一次归还，利息分月预提，按季支付。假定所有利息均不符合利息资本化条件。

（5）本月发生新产品研究费用 4 500 元。其中，领用原材料 1 500 元，研究人员工资 2 000 元，计提福利费 280 元，用银行存款支付其他研究费用 720 元。假设上述费用不符合资本化条件（不考虑增值税）。

要求：针对上述经济业务编制会计分录。

（1）6月5日，发生业务招待费时：

借：管理费用　　20 000

　贷：银行存款　　20 000

（2）6月17日，支付银行承兑汇票手续费时：

借：财务费用　　50

　贷：银行存款　　50

（3）月末将销售部发生相关费用计入销售费用时：

借：销售费用　　520 000

　贷：应付职工薪酬　　400 000

　　　累计折旧　　50 000

　　　银行存款　　70 000

（4）预提本月短期借款利息，计提金额为1 500元（36 000×5%÷12）。其会计分录如下：

借：财务费用　　1 500

　贷：应付利息　　1 500

（5）发生研发费用时：

借：研发支出——费用化支出　　4 500

　贷：原材料　　1 500

　　　应付职工薪酬　　2 280

　　　银行存款　　720

月末将该研发支出计入管理费用时：

借：管理费用　　4 500

　贷：研发支出——费用化支出　　4 500

实践训练

【实践训练7-1】

红星公司发生如下经济业务。

（1）为拓展产品销售市场发生业务招待费50 000元。均用银行存款支付。

（2）当月生产车间发生设备大修理费用45 000元（以银行存款支付），行政管理部门发生设备日常修理费用1 000元（以现金支付）（均不满足固定资产确认条件）。

（3）行政部9月份共发生费用216 000元。其中，行政人员薪酬150 000元，行政部专用办公设备折旧费45 000元，报销行政人员差旅费21 000元。

（4）当月按规定计算确定的应交房产税3 000元、应交车船使用税2 600元、应交土地使用税4 300元。

要求：编制上述经济业务的会计分录。

任务二　收入的核算

学习目标

【知识目标】

理解收入的特征、分类、收入的确认条件，掌握销售收入、劳务收入及让渡资产使用权收入等业务的核算方法。

【技能目标】

能够根据业务凭证，正确对收入进行确认，并对各种收入业务进行会计处理。

任务导入

湖南怡清源茶业有限公司销售的产品按照 17%的增值税税率计算销项税额。对外销售的价格除特别指明的外，均为不含税销售单价。黑玫瑰产品的单件成本为 2 436.54 元，野针王产品的单件产品为 5 052.38 元。2017 年 6 月发生如下相关经济业务（计算过程中涉及的小数一律保留两位）。

（1）6 月 1 日，委托友阿集团销售黑玫瑰 200 件、野针王 200 件，商品已经发出。合同约定友阿集团应按黑玫瑰每件 5 000 元、野针王每件 10 000 元对外销售。本公司按售价的 10%向友阿集团支付手续费。

（2）6 月 1 日，将本企业的一栋闲置仓库出租给新邦物流公司，每月租金 20 000 元，并预收了前 3 个月的租金 60 000 元。本月租金按全月计算。

（3）6 月 4 日，销售产品黑玫瑰 100 件给湖南通程商业集团集团公司，单价 5 000 元；销售野针王 50 件，单价 10 000 元。开出增值税专用发票。代垫运费 50 000 元给负责运输的新邦物流公司。款项暂未收到。

（4）6 月 5 日，采用托收承付结算方式向广贸公司销售黑玫瑰 120 件，单价 5 000 元，开出增值税专用发票。在销售该批商品时已得知广贸公司资金流转发生暂时困难，但为了减少存货积压，同时也为了维持与广贸公司长期以来建立的商业关系，仍将商品发出，并办妥托收手续。

（5）6 月 7 日，向远大公司销售野针王 200 件，单价 10 000 元；黑玫瑰 100 件，单价 5 000 元。开出增值税专用发票，收到银行承兑汇票一张。由于是成批销售，故给予购货方有 10%的商业折扣，并在销售合同中规定现金折扣条件为 2/10，1/20，*n*/30。商品于当日发出。

（6）6 月 10 日，销售产品黑玫瑰 100 件给湖南通程商业集团公司，单价 5 000 元。开出增值税专用发票。代垫运费30 000元给负责运输的新邦物流公司。款项暂未收到。

（7）6月14日，收到湖南通程商业集团公司因质量问题退还的黑玫瑰产品10件。该批货物系本公司今年6月10日出售的产品，每件商品售价5 000元，货款尚未收到。因湖南通程商业集团公司提出的退货要求符合销售合同约定，本公司同意退货，并按规定向湖南通程商业集团公司开具了增值税专用发票（红字）。

（8）6月19日，远大公司支付购货款项。假定计算现金折扣时不考虑增值税。

（9）6月30日，本月委托友阿集团销售的产品，其对外实际销售黑玫瑰150件、野针王180件。开出的增值税专用发票上注明的销售价格2 550 000元，增值税税额433 500元。款项已经收到。本公司收到友阿集团开具的代销清单时，向友阿集团开具一张相同金额的增值税专用发票。假定情况是：本公司发出商品时纳税义务尚未发生；本公司采用实际成本法核算，友阿集团采用进价法核算代销商品。

（10）6月30日，确认本月出租的仓库租金收入。

要求：以湖南怡清源茶叶有限公司会计的身份对上述业务进行会计核算。

任务分析

为了准确核算湖南怡清源茶业有限公司收入，会计人员需要参与或负责完成以下工作。

（1）设置“主营业务收入”“主营业务成本”“其他业务收入”账户及“其他业务成本”等损益账户，并按业务种类进行明细核算。

（2）区分商品销售收入、劳务收入、让渡资产使用权等业务类型，判别是否满足收入确认条件。

（3）审核收入业务的原始凭证，填写记账凭证，登记账簿。

（4）期末将上述损益账户余额结转入“本年利润”账户。

知识准备

阅读材料：《企业会计准则第14号——收入》、《企业会计制度》第五章——收入、会计账户的相关规定、《中华人民共和国增值税暂行条例实施细则》等。

一、收入的概念和特点

收入是指企业在日常活动中形成的、会导致所有者权益增加的、与所有者投入资本无关的经济利益的总流入。

收入具有以下特点。

（一）收入是企业在日常活动中形成的经济利益的总流入

日常活动，是指企业为完成其经营目标所从事的经常性活动及与之相关的活动。工业企业销售产品、商业企业销售商品、咨询公司提供咨询服务、软件开发企业为客户开发软件、安装公司提供安装服务、商业银行对外贷款、租赁公司出租资产等活动，均属于企业为完成其经营目标所从事的经常性活动。由此形成的经济利益的总流入构成收入。工业企业对外出售不需用的原材料、对外转让无形资产使用权、对外进行权益性投资（取得现金股利）或债权性投资（取得利息）等活动，虽不属于企业的经常性活动，但属于企业为完成其经营目标所从事的与经常性活动相关的活动，由此形成的经济利益的总流入也构成收入。

收入形成于企业日常活动的特征使其与产生于非日常活动的利得相区分。企业所从事或发生的某些活动也能为企业带来经济利益，但不属于企业为完成其经营目标所从事的经常性活动，也不属于与经常性活动相关的活动。例如，工业企业处置固定资产、无形资产，因其他企业违约收取罚款等，这些活动形成的经济利益的总流入属于企业的利得而不是收入。利得通常不经过经营过程就能取得，属于企业不曾期望获得的收益。

（二）收入会导致企业所有者权益的增加

收入形成的经济利益总流入的形式多种多样，既可能表现为资产的增加，如增加银行存款、应收账款，也可能表现为负债的减少，如减少预收账款，还可能表现为两者的组合，如销售实现时，部分冲减预收账款，部分增加银行存款。收入形成的经济利益总流入能增加资产或减少负债或两者兼而有之，根据“资产-负债=所有者权益”的会计等式，收入一定能增加企业的所有者权益。这里所说的收入能增加所有者权益，仅指收入本身的影响，而收入扣除与之相配比的费用后的净额，既可能增加所有者权益，也可能减少所有者权益。

企业为第三方或客户代收的款项，如企业代国家收取的增值税等，一方面增加企业的资产，另一方面增加企业的负债，并不增加企业的所有者权益，因此不构成本企业的收入。

（三）收入与所有者投入资本无关

所有者投入资本主要是为了谋求享有企业资产的剩余权益，由此形成的经济利益的总流入不构成收入，而应确认为企业所有者权益的组成部分。

二、收入的分类

（一）收入按企业从事日常活动的性质不同，分为销售商品收入、提供劳务收入和让渡资产使用权收入

（1）销售商品收入。销售商品收入是指企业通过销售商品实现的收入。这里的商品包括企业为销售而生产的产品和为转售而购进的商品。企业销售的其他存货（如原材料、包装物等）也视同商品。

（2）提供劳务收入。提供劳务收入是指企业通过提供劳务实现的收入。例如，企业通过提

供旅游、运输、咨询、代理、培训、产品安装等劳务所实现的收入。

（3）让渡资产使用权收入。让渡资产使用权收入是指企业通过让渡资产使用权实现的收入，包括利息收入和使用费收入。利息收入主要是指金融企业对外贷款形成的利息收入，以及同业之间发生往来形成的利息收入等。使用费收入主要是指企业转让无形资产（如商标权、专利权、专营权、版权）等资产的使用权形成的收入。企业对外出租固定资产收取的租金、进行债权投资收取的利息、进行股权投资取得的现金股利等，也构成让渡资产使用权收入。

（二）收入按企业经营业务的主次不同，分为主营业务收入和其他业务收入

1. 主营业务收入

主营业务收入是指企业为完成其经营目标所从事的经常性活动实现的收入。主营业务收入一般占企业总收入的较大比重，对企业的经济效益产生较大影响。不同行业企业的主营业务收入所包括的内容不同。例如，工业企业的主营业务收入主要包括销售商品、自制半成品、代制品、代修品，提供工业性劳务等实现的收入；商业企业的主营业务收入主要包括销售商品实现的收入；咨询公司的主营业务收入主要包括提供咨询服务实现的收入；安装公司的主营业务收入主要包括提供安装服务实现的收入。

企业实现的主营业务收入通过“主营业务收入”账户核算，并通过“主营业务成本”账户核算为取得主营业务收入发生的相关成本。

2. 其他业务收入

其他业务收入是指企业为完成其经营目标所从事的与经常性活动相关的活动实现的收入。其他业务收入属于企业日常活动中次要交易实现的收入，一般占企业总收入的比重较小。不同行业企业的其他业务收入所包括的内容不同。例如，工业企业的其他业务收入主要包括对外销售材料，对外出租包装物、商品或固定资产，对外转让无形资产使用权，对外进行权益性投资（取得现金股利）或债权性投资（取得利息），提供非工业性劳务等实现的收入。

企业实现的原材料销售收入、包装物租金收入、固定资产租金收入、无形资产使用费收入等，通过“其他业务收入”账户核算；企业进行权益性投资或债权性投资取得的现金股利收入和利息收入，通过“投资收益”账户核算。通过“其他业务收入”账户核算的其他业务收入，须通过“其他业务成本”账户核算为取得其他业务收入发生的相关成本。

三、销售商品收入的确认

销售商品收入同时满足下列条件的，才能予以确认。

（一）企业已将商品所有权上的主要风险和报酬转移给购货方

企业已将商品所有权上的主要风险和报酬转移给购货方，是指与商品所有权有关的主要风险和报酬同时转移。与商品所有权有关的风险，是指商品可能发生减值或毁损等形成的损失；与商品所有权有关的报酬，是指商品价值增值或通过使用商品等形成的经济利益。企业已将商

品所有权上的主要风险和报酬转移给购货方，是构成确认销售商品收入的重要条件。

判断企业是否已将商品所有权上的主要风险和报酬转移给购货方，应当关注交易的实质，并结合所有权凭证的转移进行判断。如果与商品所有权有关的任何损失均不需要销货方承担，与商品所有权有关的任何经济利益也不归销货方所有，就意味着商品所有权上的主要风险和报酬转移给了购货方。

通常情况下，转移商品所有权凭证并交付实物后，商品所有权上的所有风险和报酬也随之转移，如大多数商品零售、预收款销售商品等。对于商品零售交易，销货方在售出商品时将商品交付给购货方，同时收到购货方支付的货款，这一交付行为发生后，购货方一般不能退货，售出商品发生的任何损失均不再需要销货方承担，售出商品带来的经济利益也不再归销货方所有，因此可以认为该售出商品所有权上的风险和报酬已转移给了购货方。

某些情况下，转移商品所有权凭证但未交付实物，商品所有权上的主要风险和报酬随之转移，企业只保留商品所有权上的次要风险和报酬，如交款提货方式销售商品。有时，已交付实物但未转移商品所有权凭证，商品所有权上的主要风险和报酬未随之转移，如采用支付手续费方式委托代销商品。

（二）企业既没有保留通常与所有权相联系的继续管理权，也没有对已售出的商品实施有效控制

通常情况下，企业售出商品后不再保留与商品所有权相联系的继续管理权，也不再对售出商品实施有效控制，说明商品所有权上的主要风险和报酬已经转移给购货方，通常应在发出商品时确认收入。如果企业在商品销售后保留了与商品所有权相联系的继续管理权，或能够继续对其实施有效控制，说明商品所有权上的主要风险和报酬没有转移，销售交易不能成立，不应确认收入，如售后租回等。

（三）相关的经济利益很可能流入企业

在销售商品的交易中，与交易相关的经济利益主要表现为销售商品的价款。相关的经济利益很可能流入企业，是指销售商品价款收回的可能性大于不能收回的可能性，即销售商品价款收回的可能性超过50%。企业在销售商品时，如果估计销售价款不是很可能收回，即使收入确认的其他条件均已满足，也不应当确认为收入。

企业在确定销售商品价款收回的可能性时，应当结合以前和买方交往的直接经验、政府有关政策、其他方面取得信息等因素进行分析。企业销售的商品符合合同或协议要求，已将发票账单交付买方，买方承诺付款，通常表明相关的经济利益很可能流入企业。如果企业判断销售商品收入满足确认条件而予以确认，同时确认了一笔应收债权，以后由于购货方资金周转困难无法收回该债权时，不应调整原会计处理，而应对该债权计提坏账准备、确认坏账损失。如果企业根据以前与买方交往的直接经验判断买方信誉较差，或销售时得知买方在另一项交易中发生了巨额亏损、资金周转十分困难，或在出口商品时不能肯定进口企业所在国政府是否允许将款项汇出等，就可能出现与销售商品相关的经济利益不能流入企业的情况，不应确认为收入。

（四）收入的金额能够可靠地计量

收入的金额能够可靠地计量，是指收入的金额能够合理地估计。收入金额能否合理地估计是确认收入的基本前提，如果收入的金额不能够合理估计，就无法确认。企业在销售商品时，商品销售价格通常已经确定。但是，由于在销售商品过程中某些不确定因素的影响，也有可能存在商品销售价格发生变动的情况。在这种情况下，新的商品销售价格未确定前通常不应确认销售商品收入。

（五）相关的已发生或将发生的成本能够可靠地计量

根据收入和费用配比原则，与同一项销售有关的收入和费用应在同一会计期间予以确认，即企业应在确认收入的同时或同一会计期间结转相关的成本。因此，如果成本不能可靠计量，相关的收入就不能确认。

相关的已发生或将发生的成本能够可靠地计量，是指与销售商品有关的已发生或将发生的成本能够合理地估计。通常情况下，销售商品相关的已发生或将发生的成本能够合理地估计，如库存商品的成本、商品运输费用等。如果库存商品是本企业生产的，其生产成本能够可靠计量；如果是外购的，购买成本能够可靠计量。有时，销售商品相关的已发生或将发生的成本不能够合理地估计，此时企业不能确认，若已收价款，则应将已收到的价款确认为负债。

熟悉销售商品收入的确认条件，是销售商品收入核算的一个关键点。本节“销售商品收入的账务处理”部分所提到的具体收入的确认依据的都是上述五个条件。

四、销售商品收入的账务处理

销售商品收入的账务处理主要涉及一般销售商品业务、已经发出商品但不符合收入确认条件的销售业务、销售折让、销售退回、采用预收款方式销售商品、采用支付手续费方式委托代销商品等情况。

（一）一般销售商品业务

在进行销售商品的账务处理时，首先要考虑销售商品收入是否符合收入确认条件。符合收入准则所规定的5项确认条件的，企业应及时确认收入并结转相关销售成本。通常情况下，销售商品采用托收承付方式的，在办妥托收手续时确认收入；交款提货销售商品的，在开出发票账单收到货款时确认收入。

（二）已经发出但不符合销售商品收入确认条件的业务的处理

如果企业售出商品不符合销售商品收入确认的5项条件，不应确认为收入。为了单独反映已经发出但尚未确认销售收入的商品成本，企业应增设“发出商品”账户。“发出商品”账户核算一般销售方式下，已经发出但尚未确认销售收入的商品成本。

这里应注意的是，尽管发出的商品不符合收入确认条件，但如果销售该商品的纳税义务已经发生，如已经开出增值税专用发票，则应确认应交的增值税销项税额，借记“应收账款”等账户，贷记“应交税费——应交增值税（销项税额）”账户。如果纳税义务没有发生，则不须进行上述处理。

（三）商业折扣、现金折扣和销售折让的处理

企业销售商品收入的金额通常按照从购货方已收或应收的合同或协议价款确定。在确定销售商品收入的金额时，应注意区分现金折扣、商业折扣和销售折让及其不同的账务处理方法。总的来讲，确定销售商品收入的金额时，不应考虑预计可能发生的现金折扣、销售折让，即按总价确认，但应是扣除商业折扣后的净额。现金折扣、销售折让的相关账务处理方法如下。

1. 现金折扣

现金折扣发生在企业销售商品之后，企业销售商品后现金折扣是否发生及发生多少要视买方的付款情况而定，企业在确认销售商品收入时不能确定现金折扣金额。因此，企业销售商品涉及现金折扣的，应当按照扣除现金折扣前的金额确定销售商品收入金额。现金折扣实际上是企业为了尽快回笼资金而发生的理财费用，应在实际发生时计入当期财务费用。

在计算现金折扣时，还应注意销售方是按不包含增值税的价款提供现金折扣，还是按包含增值税的价款提供现金折扣，两种情况下购买方享有的现金折扣金额不同。例如，销售价格为1 000 元的商品，增值税税额 170 元，购买方应享有的现金折扣为 1%。如果购销双方约定计算现金折扣时不考虑增值税，则购买方应享有的现金折扣金额为 10 元；如果购销双方约定计算现金折扣时一并考虑增值税，则购买方享有的现金折扣金额为 11.7 元。

2. 销售折让

销售折让是指企业因售出商品的质量不合格等原因而在售价上给予的减让。企业将商品销售给买方后，如果买方发现商品在质量、规格等方面不符合要求，可以要求卖方在价格上给予一定的减让。

销售折让如果发生在确认销售收入之前，则应在确认销售收入时直接按扣除销售折让后的金额确认；已确认销售收入的售出商品发生销售折让，且不属于资产负债表日后事项的，应在发生时冲减当期销售商品收入，如果按规定允许扣减增值税的，还应冲减已确认的应交增值税销项税额。

（四）销售退回的处理

企业销售商品除了可能发生销售折让外，还有可能发生销售退回。企业售出商品发生的销售退回，应当分不同情况进行账务处理：一是尚未确认销售商品收入的售出商品发生销售退回的，应当冲减“发出商品”，同时增加“库存商品”；二是已确认销售商品收入的售出商品发生销售退回的，除属于资产负债表日后事项外，一般应在发生时冲减当期销售商品收入，同时冲减当期销售商品成本，如果按规定允许扣减增值税的，应同时冲减已确认的应交增值税销项税额。如果该项销售退回已发生现金折扣，应同时调整相关财务费用的金额。

（五）采用预收款方式销售商品的处理

预收款销售方式下，销售方直到收到最后一笔款项才将商品交付购货方，表明商品所有权上的主要风险和报酬只有在收到最后一笔款项时才转移给购货方，销售方通常应在发出商品时确认收入，在此之前预收的货款应确认为预收账款。

（六）采用支付手续费方式委托代销商品的处理

采用支付手续费方式委托代销商品的，委托方在发出商品时，商品所有权上的主要风险和报酬并未转移给受托方，委托方在发出商品时通常不应确认销售商品收入，而应在收到受托方开出的代销清单时确认销售商品收入，同时将应支付的代销手续费计入销售费用；受托方应在代销商品销售后，按合同或协议约定的方法计算确定代销手续费，确认劳务收入。

受托方可通过“受托代销商品”“受托代销商品款”等账户，对受托代销商品进行核算。确认代销手续费收入时，借记“受托代销商品款”账户，贷记“其他业务收入”等账户。

（七）销售材料等存货的处理

企业在日常活动中还可能发生对外销售不需用的原材料、随同商品对外销售单独计价的包装物等业务。企业销售原材料、包装物等存货也视同商品销售，其收入确认和计量原则比照商品销售。企业销售原材料、包装物等存货实现的收入作为其他业务收入处理，结转的相关成本作为其他业务成本处理。

企业销售原材料、包装物等存货实现的收入及结转的相关成本，通过“其他业务收入”“其他业务成本”账户核算。

五、劳务收入的确认、计量和财务处理

企业对外提供劳务，目的是获取劳务收入。企业对外提供劳务获取的收入，可能在劳务完成时确认，也可能按完工比例确认，即采用完工百分比法确认。

企业提供劳务的收入，应按下列不同情况予以确认和计量。

（一）不跨年度劳务收入的确认、计量和账务处理

企业对外提供劳务，如果属于企业的主营业务，则所实现的收入应作为主营业务收入处理，结转的相关成本应作为主营业务成本处理；如果属于主营业务以外的其他经营活动，所实现的收入应作为其他业务收入处理，结转的相关成本应作为其他业务成本处理。企业对外提供劳务发生的支出一般先通过“劳务成本”账户予以归集，待确认为费用时，再由“劳务成本”账户转入“主营业务成本”或“其他业务成本”账户。

企业提供的劳务能在一个会计年度内完成，其劳务收入应当在劳务完成时确认，其账务处理如下。

（1）劳务收入确认时，借记“银行存款”或“应收账款”等账户，贷记“主营业务收入”账户。

（2）结转成本时，借记“主营业务成本”账户，贷记“劳务成本”账户。

（二）跨年度劳务收入的确认、计量和账务处理

跨年度劳务收入的确认，应根据是否能对劳务交易的结果做出可靠的估计而定。如果劳务的开始和完成分属不同的会计年度，且在资产负债表日对该项交易的结果能做出可靠的估计，应按完工百分比法确认收入。

提供劳务的交易如果能同时满足以下条件，则交易的结果能够可靠地计量。

（1）收入的金额能够可靠地计量。收入一般根据双方签订的劳务合同注明的交易额确定，若劳务量发生变化，则交易额也随之变化，企业应及时调整收入。

（2）与交易相关的经济利益很可能流入企业。只有当与交易相关的经济利益很可能流入企业时，企业才能确认收入。企业可以根据接受劳务方的信誉及双方就结算方式和付款期限达成的协议等因素进行判断，若企业估计收入收回的可能性不大，就不应确认为收入。

（3）劳务的完成程度能够可靠地确定。劳务的完成程度能够可靠地确定，对于按完成进度确认劳务收入是至关重要的。在资产负债表日，确定劳务完成程度有多种方法，通常方法有以下几种。

① 已完成工作的测量。

② 已经提供的劳务占应提供的劳务总量的比例。

③ 已发生成本占估计总成本的比例。

（4）交易中已发生的和将发生的成本能够可靠计量。合同总成本是指至资产负债表日止已经发生的成本和完成劳务将要发生的成本总和。企业应加强成本核算和控制，对将要发生的成本做出科学、合理、可靠的估计。

如果提供的劳务交易结果不能可靠地估计，企业应当在资产负债表日对收入分情况予以确认。

① 如果已经发生的劳务成本预计能够得到补偿，应按已经发生的劳务成本金额确认提供劳务收入，并按相同金额结转劳务成本。

② 如果已经发生的劳务成本预计不能得到补偿，应当将已发生的劳务成本计入当期损益，不确认提供劳务收入。

采用完工百分比法确认收入时，收入和相关的成本按以下公式计算。

当年确认的收入=劳务总收入×本年末累计劳务的完成程度-以前年度已确认的收入

当年确认的成本=劳务总成本×本年末累计劳务的完成程度-以前年度已确认的成本

（三）劳务收入确认计量的具体运用

（1）安装费收入。如果安装费是与商品销售分开的，则应在会计期末时根据安装的完工程度确认收入；如果安装费是商品销售收入的组成部分，则应与所出售的商品同时确认收入。

（2）广告费收入。宣传媒体的佣金收入应在相关的广告或商业行为开始出现于观众面前时予以确认，广告的制作佣金收入则应在会计期末时根据项目的完成程度确认。

（3）入场费收入。艺术与体育表演、招待宴会及其他特殊活动等产生的收入，应在这些活

动发生时予以确认；如果是一笔预收几项活动的费用，则这笔预收款应合理分配给每项活动。

（4）申请入会费和会员费收入。申请入会费和会员费收入的确认，以所提供服务的性质为依据。如果所收费用只允许取得会籍，而所有其他服务或商品都要另行收费，则在款项收回不存在任何不确定性时确认为收入；如果所收费用能使会员在会计期间内得到各种免费或低价服务（或商品），则该项收费应在整个收益期内分期确认收入，尚未确认的收入记入“递延收益”账户。

（5）特许权费收入。特许权费收入包括提供初始及后续服务、设备和其他有形资产及专门技术等方面的收入。其中，属于提供设备和其他有形资产的部分，应在这些资产的所有权转移时确认为收入；属于提供初始及后续服务的部分，在提供服务时确认为收入。

（6）定制软件收入。定制软件主要是指为特定客户开发的软件，不包括开发的商品化软件。定制软件收入应在资产负债表日根据开发的完工程度确认收入。

（7）定期收费。有的企业与客户签订合同，长期为客户提供某一种或几种重复的劳务，客户按期支付劳务费。企业应按合同约定的收款日期将应收的劳务费确认为收入，而不管是否实际收到。

（8）商品售价中含有服务费。如果商品的售价内含有可区分的在售后一定期限内的服务费，应将售价扣除服务费后的余额确认为商品销售收入，服务费递延到提供服务的时候确认为收入；如果商品的售价内含有不可区分的在售后一定期限内的服务费，则服务费不单独核算，应并入商品销售收入。

六、让渡资产使用权收入的确认、计量和财务处理

（一）让渡资产使用权收入的确认和计量

让渡资产使用权的收入包括如下几种。

（1）因他人使用本企业货币资金而收取的利息收入，主要是指金融企业存、贷款形成的利息收入及同业之间发生往来形成的利息收入。

（2）因他人使用本企业的无形资产（如商标权、专利权、特许专营权、版权等）而形成的使用费收入。

（3）因他人使用本企业的固定资产而取得的租金收入。

（4）因债权投资和股权投资而取得的利息收入。

利息收入和使用费收入的确认应遵循以下原则。

（1）与交易相关的经济利益很可能流入企业。这是任何交易均应遵循的一项重要原则，企业应根据对方的信誉情况、当年的效益情况及双方就结算方式、付款期限等达成的协议诸因素进行判断。

（2）收入的金额能够可靠地计量。利息收入根据合同或协议规定的存、贷款利率确定；使用费收入按企业与资产使用者签订的合同或协议确定。只有当收入的金额能够可靠地计量时，才能确认为收入。

（二）让渡资产使用权收入的财务处理

（1）利息收入的财务处理。对于利息收入，企业应在每个会计期末，按未收回的存款或贷款的本金、存续期间和规定的利率计算并确认利息收入。企业会计期末按规定计算应确认的利息收入，借记“应收利息”等账户，贷记“其他业务收入”等账户。

（2）使用费收入的财务处理。使用费收入应按企业与使用本企业资产者签订的合同或协议，按照收入确认的原则确认收入。不同的使用费收入，其收费时间和收费方式各不相同，有一次收回一笔固定金额的，如一次收一年的场地使用费；有在协议规定的有效期内分期等额收回的，如合同规定每月收取一笔固定的场地使用费；有分期不等额收回的，如合同规定按资产使用方每期销售额的百分比收取使用费。在确认使用费收入时应按确认的收入金额借记“应收账款”或“银行存款”等账户，贷记“主营业务收入”或“其他业务收入”等账户。

任务实施

（1）根据任务描述中经济业务（1），编制如下会计分录。

借：委托代销商品——友阿集团——黑玫瑰　　487 308
　　　　　　　　　　　　　　——野针王　　1 010 476
　贷：库存商品　　1 497 784

（2）根据任务描述中经济业务（2），编制如下会计分录。

借：银行存款　　60 000
　贷：预收账款——新邦物流公司　　60 000

（3）根据任务描述中经济业务（3），编制如下会计分录。

借：应收账款——湖南通程商业集团公司　　1 220 000
　贷：主营业务收入——黑玫瑰　　500 000
　　　　　　　　　——野针王　　500 000
　　　应交税费——应交增值税（销项税额）　　170 000
　　　银行存款　　50 000

（4）根据任务描述中经济业务（4），编制如下会计分录。

借：发出商品——黑玫瑰　　292 384.8
　贷：库存商品——黑玫瑰　　292 384.8
借：应收账款——广贸公司　　102 000
　贷：应交税费——应交增值税（销项税额）　　102 000

（5）根据任务描述中经济业务（5），编制如下会计分录。

借：应收票据——远大公司　　2 632 500
　贷：主营业务收入——黑玫瑰　　450 000
　　　　　　　　　——野针王　　1 800 000
　　　应交税费——应交增值税（销项税额）　　382 500

其中，营业收入需要在原价的基础上给予 10%的折扣。

黑玫瑰产品的主营业务收入 = 5 000 × 100 × (1 − 10%) = 450 000（元）

野针王产品的主营业务收入 = 10 000 × 200 × (1 − 10%) = 1 800 000（元）

（6）根据任务描述中经济业务（6），编制如下会计分录。

借：应收账款——湖南通程商业集团公司　　615 000
　贷：主营业务收入——黑玫瑰　　500 000
　　　应交税费——应交增值税（销项税额）　　85 000
　　　银行存款　　30 000

（7）根据任务描述中经济业务（7），编制如下会计分录。

借：主营业务收入　　50 000
　　应交税费——应交增值税（销项税额）　　8 500
　贷：应收账款——湖南通程商业集团公司　　58 500

（8）根据任务描述中经济业务（8），编制如下会计分录。

20 日之内付款，可给予 1%的折扣。

折扣金额 = (200 × 10 000 + 100 × 5 000) × 0.9 × 1% = 22 500（元）

借：银行存款　　2 610 000
　　财务费用　　22 500
　贷：应收票据　　2 632 500

（9）根据任务描述中经济业务（9），编制如下会计分录。

收到代销清单时。

借：应收账款——友阿集团　　2 983 500
　贷：主营业务收入——黑玫瑰　　750 000
　　　　　　　　　——野针王　　1 800 000
　　　应交税费——应交增值税（销项税额）　　433 500

借：销售费用　　255 000
　贷：应收账款——友阿集团　　255 000

代销手续费金额=2 550 000×10%=255 000（元）

收到友阿集团支付的货款时。

借：银行存款——友阿集团　　2 728 500
　贷：应收账款　　2 728 500

（10）根据任务描述中经济业务（10），编制如下会计分录。

借：预收账款——新邦物流公司　　20 000
　贷：其他业务收入　　20 000

本月黑玫瑰产品累计自销数量=100+100+100−10+120=410（件）

本月黑玫瑰产品委托代销数量=150（件）

本月黑玫瑰产品自销成本=2 436.54×410=998 981.4（元）

本月黑玫瑰产品委托代销成本=2 436.54×150=365 481（元）

本月野针王产品累计自销数量=50+200=250（件）

其中，野针王产品委托代销数量=180（件）

本月野针王产品自销成本=5 052.38×250=1 263 095（元）

本月野针王委托代销成本=5 052.38×180=909 428.40（元）

结转本月销售成本，会计分录编制如下。

借：主营业务成本——黑玫瑰　　1 364 462.4

　　　　　　　　——野针王　　2 172 523.4

　贷：库存商品——黑玫瑰　　998 981.4

　　　　　　　——野针王　　1 263 095

　　　委托代销商品——黑玫瑰　　365 481

　　　　　　　　　——野针王　　909 428.4

典型任务示例

【典型任务示例 7-2】

湖南怡清源茶业有限公司 2017 年 12 月份发生如下经济业务。

（1）12 月 5 日，向海昌公司销售商品一批，开出的增值税专用发票上注明的价款 60 万元，增值税税额 10.2 万元，销售商品实际成本 45 万元。提货单和增值税专用发票已交购货方，并收到购货方开出的商业承兑汇票。

（2）12 月 10 日，向鸿运茶业公司销售毛茶一批，销售价格 5 万元，增值税税额 0.85 万元，毛茶实际成本 4 万元。材料已发出，销售款项存入银行。

（3）12 月 15 日，向友谊集团销售野针王茶叶一批，销售价格 200 万元。由于是成批销售，给予客户 10%的商业折扣并开具了增值税专用发票。款项尚未收回。该批商品实际成本为 98 万元。

（4）12 月 17 日，向绿源茶业公司转让一项非专利技术使用权，一次性收取使用费 20 万元并存入银行，且不再提供后续服务。

要求：请为上述经济业务编制会计分录。

（1）12 月 5 日，向海昌公司销售商品时：

借：应收票据——海昌公司　　702 000

　贷：主营业务收入　　600 000

　　　应交税费——应交增值税（销项税额）　　102 000

借：主营业务成本　　450 000

　贷：库存商品　　450 000

（2）12 月 10 日，向鸿运茶业公司销售材料时：

借：银行存款　　58 500

贷：其他业务收入　　50 000

　　应交税费——应交增值税（销项税额）　　8 500

借：其他业务成本　　40 000

　贷：原材料——毛茶　　40 000

（3）12 月 15 日，销售商品时：

借：应收账款——友谊集团　　2 106 000

　贷：主营业务收入　　1 800 000

　　应交税费——应交增值税（销项税额）　　306 000

借：主营业务成本　　980 000

　贷：库存商品　　980 000

（4）12 月 17 日，向绿源茶业公司转让一项非专利技术使用权时：

借：银行存款　　200 000

　贷：其他业务收入　　200 000

实践训练

【实践训练 7-2】

新兴金属科技有限公司生产 A、B 两种产品。A 产品单位成本 80 元，单价 100 元；B 产品单位成本 60 元，单价 80 元。这两种产品的增值税税率 17%，B 产品须缴纳消费税，消费税税率 5%。2017 年 4 月 A、B 两种产品的具体销售情况如下。

（1）4 月 10 日，收到海维有限公司汇来的预付款 12 000 元。

（2）4 月 15 日，发往新兴化工厂 A 产品 400 件，B 产品 600 件，代垫运杂费 2 500 元。已向银行办妥托收手续，预计款项可在 10 日内全部收回。

（3）4 月 20 日，银行转来承付通知，收到新兴化工厂承付的货款和代垫运杂费。

（4）4 月 22 日，发出海维有限公司预订的 A 产品 100 件，代垫运杂费 100 元。所汇余额退回海维有限公司。

（5）4 月 25 日，收到 A 产品退货 20 件。该退货系去年售出，因质量问题退回，当时每件售价 120 元，单位成本 80 元。

（6）4 月 25 日，以收取手续费方式发出委托代销 A 产品 500 件。

（7）4 月 30 日，收到委托代销清单，售出 A 产品 400 件。受托单位扣除按照 5%计算的手续费后，将余额汇回。

要求：根据上述业务编制会计分录。

【实践训练 7-3】

海维有限公司销售一批商品给海利公司，开出的增值税专用发票上注明的售价 100 000 元，增值税税额 17 000 元。该批商品的成本 70 000 元。货到后海利公司发现商品质量不合格，要求在价格上给予5%的折让。海利公司提出的销售折让要求符合原合同的约定，海维有限公司同意并办妥了相关手续，开具了增值税专用发票（红字）。假定此前海维有限公司已确认该批商品的销售收入，销售款项尚未收到，发生的销售折让允许扣减当期增值税销项税额。

要求：编制海维有限公司相关销售业务的会计分录。

【实践训练7-4】

东方股份公司于2017年3月3日采用托收承付结算方式向欣欣百货公司销售一批商品，开出的增值税专用发票上注明的售价100 000元，增值税税额17 000元。该批商品成本60 000元。东方股份公司在销售该批商品时已得知欣欣百货公司资金流转发生暂时困难，但为了减少存货积压，同时也为了维持与欣欣百货公司长期以来建立的商业关系，东方股份公司仍将商品发出，并办妥托收手续。假定东方股份公司销售该批商品的纳税义务已经发生。

要求：编制东方股份公司关于该业务的会计分录。

任务三　利润的核算

学习目标

【知识目标】

理解利润的概念，资产和负债的计税基础，应纳税暂时性差异和可抵扣暂时性差异的计算方法；熟悉利润的组成；掌握营业外收入、营业外支出的核算；熟练地进行所得税及本年利润结转的核算。

【技能目标】

能够对营业外收入、营业外支出、所得税及本年利润结转业务做出正确的会计处理。

任务导入

湖南怡清源茶业有限公司2017年6月发生如下相关经济业务（计算过程中涉及的小数一律保留两位）。

（1）6月10日，出售一台不需用的设备，原价400 000元，已提折旧300 000元，已提固定资产减值准备20 000元。出售价款50 000元，收到转账支票一张交存银行。另外，以银行存款支付运杂费2 000元。清理完毕。

（2）6月23日，报废一台设备，原价240 000元，已提折旧220 000元，拆除的残料一部分作价15 000元，收到转账支票一张交存银行。同时，签发现金支票一张支付清理费1 000元，清理完毕。

（3）6月24日，将一项专利权使用权转让，取得收入50 000元，增值税税额3 000元，收到转账支票并填进账单一张交银行。该非专利技术的账面余额100 000元，累计摊销额60 000

元，未计提减值准备。

（4）6 月 25 日，为希望工程捐款 100 000 元。

要求：以湖南怡清源茶业有限公司会计的身份为上述业务编制会计分录。

任务分析

为了准确进行利润核算，会计人员需要参与或负责完成以下工作。

（1）准确进行营业利润、营业外收入和营业外支出的核算。

（2）进行所得税的核算，其主要工作包括：确定资产和负债的计税基础；计算可抵扣暂时性差异、应纳税暂时性差异；计算暂时性差异的增加或减少金额；计算本期应纳税所得额，本期所得税金额、所得税费用；编制所得税业务的会计分录。

（3）将本期所有损益类账户结转至“本年利润”账户。

（4）完成利润分配的核算。

知识准备

阅读材料：《企业会计准则第 18 号——所得税》《企业会计制度》第七章——利润及利润分配、会计账户的相关规定、《中华人民共和国企业所得税法实施条例》等。

一、利润概述

（一）利润的概念

利润是指企业在一定时期内实现的能用货币表现的经营成果，是收入减去有关成本和费用后的余额。余额为正数，企业有利润；余额为负数，企业亏损。企业生产经营的主要目的，就是要不断地提高企业的赢利能力，提高获利水平。利润是衡量企业生产经营水平的一个综合性指标。

（二）利润的组成

企业的利润总额由营业利润、营业外收入和营业外支出构成。

1. 营业利润

企业作为独立核算的经济实体，应当以自己的经营收入抵补其支出，并获得利润。营业利润是企业利润的主要来源。其计算公式如下：

营业利润=营业收入−营业成本−税金及附加−销售费用−管理费用−财务费用−资产减值损失+公允价值变动收益+投资收益

（1）营业收入是指企业从事生产经营活动所取得的各种收入。其计算公式如下：

营业收入=主营业务收入+其他业务收入

主营业务收入是指企业在某一时期内从事主要的、基本的经营活动获取的收入，扣除应列入当期的销售退回、销售折扣与折让后的余额；其他业务收入是企业经营主营业务以外的其他经营性业务取得的收入。

（2）营业成本是指企业为获得营业收入而发生或支付的能直接归属于营业活动的各种耗费。其计算公式如下：

营业成本=主营业务成本+其他业务成本

（3）税金及附加是指对企业获取的营业收入按一定的比例计算缴纳，并由本企业负担的税金，以及按所缴纳税金的一定比例计算缴纳的有关附加税、费，如城市维护建设税、教育费附加等。

（4）期间费用是指企业在一定时期内管理和组织经营活动所发生的开支，以及企业为筹资而发生的费用，包括管理费用、销售费用和财务费用。

（5）资产减值损失，是指企业各项资产发生的减值损失，如坏账损失、存货跌价损失、固定资产减值损失、无形资产减值损失等。

（6）公允价值变动收益，是指企业按照相关准则规定应当计入当期损益的资产或负债公允价值变动净收益，如交易性金融资产公允价值变动损益等。

（7）投资收益是指企业对外投资所取得的收益减去投资损失和计提的投资减值准备后的净额。企业出于获利的目的或经营战略考虑，对外进行投资，以期获得相应的经济利益。例如，购买债券获取利息收入，购买股票获得股利分红或资本利得。

2. 营业外收支

营业外收支是指与企业生产经营活动没有直接关系的各项收入和各项支出。营业外收入包括非流动资产处置利得、非货币性资产交换利得、债务重组利得、政府补助、盘盈利得和捐赠利得等。营业外支出包括非流动资产处置损失、非货币性资产交换损失、债务重组损失、公益性捐赠支出、非常损失、盘亏损失等。

二、营业外收入和营业外支出的核算

（一）营业外收入的核算

营业外收入并不是由企业经营资金耗费所产生的，不需要企业付出代价，实际上是企业的一种纯收入，不需要与有关费用进行配比。为了核算企业发生的各项营业外收入，需要设置“营业外收入”账户。该账户贷方登记企业发生的各项营业外收入，借方登记期末转入“本年利润”账户的营业外收入，期末结转后该账户无余额。为了反映营业外收入的明细情况，须在“营业外收入”账户下按收入内容设明细账户进行核算。

（二）营业外支出的核算

企业应通过“营业外支出”账户，核算营业外支出的发生及结转情况。该账户借方登记企业发生的各项营业外支出，贷方登记期末结转入本年利润的营业外支出，结转后该账户应无余额。该账户应按照营业外支出的项目进行明细核算。

三、所得税的核算

企业在取得资产、负债时，应当确定其计税基础。资产、负债的账面价值与其计税基础存在差异的，应当确认所产生的递延所得税资产或递延所得税负债。

（一）资产、负债的计税基础

1. 资产的计税基础

资产的计税基础是指在企业收回资产账面价值过程中，计算应纳税所得额时按照税法规定可以自应税经济利益中抵扣的金额。如果有关的经济利益不纳税，则资产的计税基础即为其账面价值。例如，红星公司 2017 年 12 月 1 日购入一项固定资产，取得时按照会计规定及税法规定确定的成本均为 200 万元，企业预计该项固定资产的使用年限为 8 年，税法规定该类固定资产的折旧年限为 5 年，净残值为 0。会计核算及计税时均按照直线法计提折旧，则在 2017 年年末，该资产的计税基础为 160 万元，即按照税法规定可以通过折旧或是最终处置时从未来期间的应税经济利益中抵扣的金额。

2. 负债的计税基础

负债的计税基础是指负债的账面价值减去未来期间计算应纳税所得额时按照税法规定可予以抵扣的金额。例如，企业销售商品后承诺提供 3 年的免费保修，按照会计准则规定，企业在销售商品的期间，在确认销售收入的同时，应估计该项保修义务的金额，并作为预计负债确认。按照税法规定，有关的保修费用只有在实际发生时才能够在税前扣除。企业当期如果按照会计规定确认了 50 万元的预计负债，而该项保修义务预计在以后 3 年逐期发生，则按照税法规定，有关的保修费用在实际发生时可从税前扣除，即未来期间可从税前扣除的金额总计为 50 万元，则该项负债的账面价值 50 万元减去未来期间按照税法规定可予以抵扣的 50 万元，其计税基础为 0。

（二）暂时性差异与永久性差异

暂时性差异是指资产或负债的账面价值与其计税基础之间的差额。未作为资产和负债确认的项目，按照税法规定可以确定其计税基础的，该计税基础与其账面价值之间的差额也属于暂时性差异。根据暂时性差异对未来期间应税金额影响的不同，暂时性差异分为应纳税暂时性差异和可抵扣暂时性差异。

1. 应纳税暂时性差异

应纳税暂时性差异是指在确定未来收回资产或清偿负债期间的应纳税所得额时，将导致产生应税金额的暂时性差异。资产的账面价值大于其计税基础或是负债的账面价值小于其计税基础时，会产生应纳税暂时性差异。如上述所举固定资产的例子，在 2017 年年末，在不考虑其他因素的情况下，该项固定资产的账面价值为 175 万元（200−200÷8），其计税基础为 160 万元（200−200÷5）。从当年年末的情况来看，企业在未来期间自该项资产至少可以取得 175 万元的经济利益流入，但其中只有 160 万元按照税法规定可以自未来应税所得中扣除，两者之间的差额 15 万元即为未来期间的应税金额，形成应纳税暂时性差异。应纳税暂时性差异一般会导致当期税前会计利润大于当期应纳税所得额，当期不需要缴纳所得税，而是递延至以后期间再缴纳。

2. 可抵扣暂时性差异

可抵扣暂时性差异是指在确定未来收回资产或清偿负债期间的应纳税所得额时，将导致产生可抵扣金额的暂时性差异。资产的账面价值小于其计税基础或是负债的账面价值大于其计税基础时，会产生可抵扣暂时性差异。如上述所举预计保修费用的例子，企业按照会计规定预计的 50 万元负债，在未来期间实际发生时可税前扣除，即其账面价值 50 万元与计税基础 0 之间的差额 50 万元可以减少未来期间的应税金额，形成可抵扣暂时性差异。可抵扣暂时性差异一般会导致当期税前会计利润小于当期应纳税所得额，当其计算应缴纳的所得税时要计入当期的应纳税所得额并计算缴纳所得税，在以后转回期间可以从税前利润中抵减，即先调增当期的应纳税所得额，以后期间再抵减转回。

3. 永久性差异

暂时性差异是由于会计准则和税法对同一会计项目的确认时间不同所产生的差异，这种差异发生在某一时期，但在下一时期或若干时期内逆转，永久性差异是指会计准则和税法对收入、费用等会计项目确认范围不同所产生的差异，这种差异在某一时期发生，以后时期还可能继续发生，并且在以后的时间内不能逆转，所以是一种绝对性差异。下面以我国的会计收益和应税收益为例来具体分析、比较永久性差异和暂时性差异项目的形成原因（见表 7.1）。

表 7.1　永久性差异与暂时性差异项目的比较

序　号	业务内容	企业会计准则规定	税法规定	差异种类
1	工资性支出	除构成资产成本的工资性支出外，允许将以各种形式支付给职工的报酬计入费用	合理的工资薪金可税前扣除	永久性差异
2	非资本化利息支出	业务经营所发生的借款利息支出，均可计入财务费用，并无利率高低限制	向非金融机构借款的利息支出，只能按不高于金融机构同类同期借款利率计算的数额作为费用扣除	永久性差异

续表

序　号	业务内容	企业会计准则规定	税法规定	差异种类
3	捐赠支出	用于公益、救济性捐赠可直接在“营业外支出”列支	企业所得税法规定企业发生的公益性捐赠支出超过年度利润税额 12%的部分准予扣除	永久性差异
4	投资收益	会计收益中包括购买国债的利息收入、对外投资分红等投资收益	国债利息免税；对外投资分红已“先税后分”的，不计入应税收益；“先分后税”和需要补税的，待实现时计入应税收益	永久性差异或暂时性差异
5	罚款支出	违法违约和被罚没财产损失，在“营业外支出”列支	罚款和被罚没财产损失计入应税收入，依法纳税	永久性差异
6	业务招待费开支	允许按合法的报销凭证在费用项目据实列支	按实际发生额的 60%扣除，最高不超过营业收入的 5‰，即双重约束条件	永久性差异
7	固定资产折旧、无形资产摊销	在规定的使用年限内采用直线法或工作量法折旧、摊销，技术密集型企业可以采用加速法折旧	除经税务机关批准的技术密集型企业采用加速法折旧外，其余一律不准加速折旧和摊销	暂时性差异
8	其他经费计提	按照配比原则，凡能够预计准确金额的费用和损失可以预提，如产品保修费	强调确定性原则，凡费用列支均不得超过税法及有关国家规定标准	暂时性差异或永久性差异
9	计提资产减值准备	根据谨慎性原则，资产减值的金额计入当期损益	不考虑谨慎性原则，除了对应收款项期末余额 5‰计提的坏账准备之外，不承认资产减值	暂时性差异
10	长期待摊费用——开办费	在企业实际发生开办费时计入当期损益	从企业取得首笔营业收入的当期开始，分 5 年摊销计入应税收益	暂时性差异

（三）永久性差异与暂时性差异的财务处理

1. 永久性差异的财务处理

对于永久性差异，企业在当期应当将会计利润按照税法规定进行调整，计算出应纳税所得额，再根据应纳税所得额计算应交所得税。计算应交的所得税作为当期所得税费用处理，借记“所得税费用”账户，贷记“应交税费——应交所得税”账户。

2. 暂时性差异的财务处理

暂时性差异是由于收入项目和费用项目计入应税收益和计入会计收益在时间上的不一致

而产生的，具体包括以下 4 种类型。

（1）某些收入包括在税前账面会计收益中的期间早于其包括在应税收益中的期间，由此而产生的差异形成应纳税暂时性差异。

（2）某些费用包括在税前账面会计损益中的期间早于其包括在应税损益中的期间，由此而产生的差异形成可抵扣暂时性差异。

（3）某些收入包括在税前账面会计收益中的期间迟于其包括在应税收益中的期间，由此而产生的差异形成可抵扣暂时性差异。

（4）某些费用包括在税前账面会计损益中的期间迟于其包括在应税损益中的期间，由此而产生的差异形成应纳税暂时性差异。

对于暂时性差异进行财务处理，须设置“所得税费用”“递延所得税资产”“递延所得税负债”和“应交税费——应交所得税”账户。对于当期应纳税暂时性差异产生的纳税影响金额，借记“所得税费用”账户，贷记“递延所得税负债”账户，以后转回时做相反会计分录。对于可抵扣暂时性差异产生的纳税影响金额，借记“递延所得税资产”账户，贷记“所得税费用”账户，以后转回时做相反会计分录。

四、本年利润的结转

利润是企业生产经营成果的综合反映，是企业会计核算的主要目标。为了准确核算企业获利情况，应设置“本年利润”账户，用来核算企业本年度内实现的净利润或者亏损。会计期末，企业应将各类收益账户的余额转入“本年利润”账户的贷方；将各类成本、费用账户的余额转入“本年利润”账户的借方。如果“本年利润”账户出现贷方余额，反映本会计期间有净利润；如果“本年利润”账户出现借方余额，反映本会计期间发生亏损。年度终了，应将“本年利润”账户的余额转入“利润分配”账户。

任务实施

（1）根据任务描述中经济业务（1），编制如下会计分录。

借：固定资产清理	80 000	
累计折旧	300 000	
固定资产减值准备	20 000	
贷：固定资产		400 000
借：固定资产清理	2 000	
贷：银行存款		2 000
借：银行存款	50 000	
贷：固定资产清理		50 000
借：营业外支出	32 000	
贷：固定资产清理		32 000

（2）根据任务描述中经济业务（2），编制如下会计分录。

借：固定资产清理　　20 000
　　累计折旧　　220 000
　贷：固定资产　　240 000

借：固定资产清理　　1 000
　贷：银行存款　　1 000

借：银行存款　　15 000
　贷：固定资产清理　　15 000

借：营业外支出　　6 000
　贷：固定资产清理　　6 000

（3）根据任务描述中经济业务（3），编制如下会计分录。

借：银行存款　　53 000
　　累计摊销　　60 000
　贷：无形资产　　100 000
　　　应交税费——应交增值税（销项税额）　　3 000
　　　营业外收入　　10 000

（4）根据任务描述中经济业务（4），编制如下会计分录。

借：营业外支出　　100 000
　贷：银行存款　　100 000

典型任务示例

【典型任务示例 7-3】

湖南怡清源茶业有限公司 2017 年 12 月份部分经济业务如下。

（1）出售一项专利技术，售价 25 万元，增值税税额 1.5 万元，款项存入银行。该项专利技术实际成本 50 万元，累计摊销售额 38 万元。未计提减值准备。

（2）被投资企业安康药业公司可供出售金融资产的公允价值净值增加 300 万元。本公司采用权益法按 30%持股比例确认应享有的份额。

（3）结转固定资产清理净收益 50 万元。

（4）年末某研发项目完成并形成无形资产。该项目研发支出资本化金额为 200 万元。

（5）除上述经济业务外，当年实现营业收入 10 500 万元，发生营业成本 4 200 万元、税金及附加 600 万元、销售费用 200 万元、管理费用 300 万元、财务费用 200 万元。经计算确定营业利润为 5 000 万元。

按税法规定当年准予税前扣除的职工福利费为 120 万元，实际发生并计入当年利润总额的职工福利费为 150 万元。除此之外，不存在其他纳税调整项目，也未发生递延所得税。所得税税率 25%。

（6）确认并结转全年所得税费用。

（7）年末将“本年利润”账户贷方余额 3 789.75 万元结转至未分配利润。

（8）年末提取法定盈余公积 378.975 万元，提取任意盈余公积 360 万元。

（9）年末将“利润分配——提取法定盈余公积”“利润分配——提取任意盈余公积”明细账户余额结转至未分配利润。

假定除上述资料外，不考虑其他相关因素。

要求：为湖南怡清源茶业有限公司的上述经济业务编制会计分录。

（1）出售专利技术时：

借：银行存款　　265 000
　　累计摊销　　380 000
　贷：无形资产　　500 000
　　应交税费——应交增值税（销项税额）　　15 000
　　营业外收入　　130 000

（2）被投资企业安康药业公司可供出售金融资产的公允价值净值增加时：

借：长期股权投资　　900 000
　贷：资本公积——其他资本公积　　900 000

（3）结转固定清理净收益时：

借：固定资产清理　　500 000
　贷：营业外收入　　500 000

（4）年末研发完成某无形资产时：

借：无形资产　　2 000 000
　贷：研发支出——资本化支出　　2 000 000

（5）当年利润总额=5 000+13+50=5 063（万元）

应纳税所得额=5 063+30=5 093（万元）

应交所得税额=5 093×25%=1 273.25（万元）

编制如下会计分录。

借：所得税费用　　12 732 500
　贷：应交税费——应交所得税　　12 732 500

（6）确认并结转全年所得税费用时：

借：本年利润　　12 732 500
　贷：所得税费用　　12 732 500

（7）年末将“本年利润”账户贷方余额结转至未分配利润时：

借：本年利润　　37 897 500
　贷：利润分配——未分配利润　　37 897 500

（8）采用年末提取法确定盈余公积和任意盈余公积时：

借：利润分配——提取法定盈余公积金　　3 789 750
　　　　　　——提取任意盈余公积金　　3 600 000

贷：盈余公积——法定盈余公积金　　3 789 750

——任意盈余公积金　　3 600 000

（9）年末将“利润分配——提取法定盈余公积”“利润分配——提取任意盈余公积”明细账户余额结转至未分配利润时：

借：利润分配——未分配利润　　7 389 750

贷：利润分配——提取法定盈余公积金　　3 789 750

——提取任意盈余公积金　　3 600 000

实践训练

【实践训练7-5】

红星公司2017年终结账前有关损益类账户的年末余额如表7.2所示。

表7.2　损益类账户余额表

2017年12月31日

单位：元

收入账户	期末余额	费用账户	期末余额
主营业务收入	800 000	主营业务成本	500 000
其他业务收入	160 000	其他业务成本	110 000
投资收益	15 000	税金及附加	36 000
营业外收入	60 000	销售费用	40 000
		管理费用	120 000
		财务费用	25 000
		营业外支出	90 000

12月31日又发生下列业务。

（1）王宏公司欠款2 000元无法收回，经批准作为坏账处理（采用备抵法）。

（2）经查企业营业外支出中有1 500元为税款滞纳金。

要求：

（1）根据上述业务编制有关会计分录；

（2）计算企业当年应纳所得税并编制有关会计分录（所得税税率25%。除上已指出的外，无其他纳税调整因素）；

（3）将损益类账户结转至“本年利润”账户（该企业平时采用表结法计算利润）。

【实践训练7-6】

万发公司2017年12月份发生如下经济业务。

（1）销售甲产品100件，每件售价24 000元，货款2 400 000元，增值税税率17%。已收到货款。

（2）销售乙产品50件，每件售价2 100元，增值税税率17%。已收到货款。

（3）以前销售的甲产品本月退回 10 件，货款已通过银行退回。

（4）企业转让无形资产所有权一项。该项无形资产的账面价值 240 000 元，转让收入 300 000 元，增值税税率 6%。

（5）结转本月销售产品的成本。甲、乙产品的单位成本分别为 15 000 元和 1 200 元。

（6）有一项应付款无法支付，金额 60 000 元。

（7）本月固定资产盘盈净损失 54 000 元。

（8）本月发生管理费用 18 000 元、销售费用 15 000 元、财务费用 60 000 元。均用银行存款支付。

（9）计算营业利润、利润总额、所得税费用、净利润等指标。

（10）若 1～11 月份共实现利润 6 000 000 元，应交所得税 1 980 000 元，再根据上述资料的计算结果，进行全年利润的分配，提取盈余公积 10%，分配现金股利 60%。

要求：根据上述资料编制会计分录，并进行相应的计算。

综合训练

一、单选题

1. 下列关于工业企业商品销售收入确认的表述中，不正确的是（　　）。

A. 企业已将商品所有权上的主要风险和报酬转移给购货方是销售商品收入确认的必备条件

B. 企业发生售后租回业务可能不会确认收入

C. 企业确认商品销售收入后得知购货方资金周转发生困难无法收回该货款时，应当冲减原确认的商品销售收入

D. 企业新商品销售价格未确定前通常不能确认商品销售收入

2. 委托方采用支付手续费的方式委托代销商品，受托方在商品销售后应按（　　）确认收入。

A. 销售价款和手续费之和　　B. 销售价款和增值税之和

C. 商品售价　　D. 收取的手续费

3. 益兴公司于 2017 年 10 月 5 日接受一项安装劳务，合同期为 8 个月，合同总收入 180 万元，已经预收 70 万元，余款在安装完成时收回。至 2017 年 12 月 31 日已发生的成本为 67.5 万元，预计完成劳务还将发生成本 45 万元。公司按照已经发生的成本占估计总成本的比例确定完工进度，则该公司 2017 年应确认的收入为（　　）万元。

A. 108　　B. 180　　C. 70　　D. 72

4. 下列关于销售折让的表述中，不正确的是（　　）。

A. 销售折让是企业销售商品由于质量不符合合同规定等原因给予购买方在价格上的减让

B. 企业发生销售折让时，如果企业尚未确认商品销售收入，则按折让后的金额确认商品销售收入

C. 企业发生销售折让要同时冲减所对应商品的销售成本

D．企业发生销售折让时，如果企业已经确认收入且该折让不属于资产负债表日后事项的。应当在发生时冲减当期的销售商品收入

5．下列各项中不应记入“主营业务成本”科目核算的是（　　）。

A．销售商品结转的成本　　B．提供劳务发生的成本

C．工业企业投资性房地产的摊销额　　D．租赁企业出租机器设备的折旧额

6．下列各项中属于企业“营业成本”核算内容的是（　　）。

A．委托方代销商品收取的手续费　　B．销售固定资产缴纳的增值税

C．出售无形资产的账面成本　　D．让渡资产使用权发生的摊销额

7．甲公司为增值税一般纳税人，2017 年 7 月缴纳的增值税税额 20 万元，消费税税额 10 万元，印花税税额 0.2 万元，房产税税额 2.3 万元，城市维护建设税税额 2.45 万元，教育费附加 1.05 万元，则甲公司当月应记入“税金及附加”科目的金额为（　　）万元。

A．41　　B．18.5　　C．21　　D．38.5

8．甲公司 2017 年度发生主营业务收入 5 000 万元，其他业务收入 100 万元，营业外收入 200 万元，主营业务成本 3 500 万元，其他业务成本 60 万元，税金及附加 50 万元，管理费用 120 万元，资产减值损失 20 万元，则甲公司 2017 年度的营业利润为（　　）万元。

A．1 350　　B．1 550　　C．1 370　　D．1 570

9．企业发生的下列交易或事项不会影响利润总额项目的是（　　）。

A．出售存货结转的成本　　B．捐赠利得

C．固定资产盘盈　　D．计提无形资产减值准备

10．甲公司 2017 年 8 月 13 日取得 7 月即征即退的增值税税额 20 万元，下列各项中甲公司正确的会计处理为（　　）。

A．借：银行存款　　20
　　贷：主营业务收入　　20

B．借：银行存款　　20
　　贷：营业外收入　　20

C．借：银行存款　　20
　　贷：递延收益　　20

D．借：银行存款　　20
　　贷：应交税费——应交增值税（已交税金）　　20

二、多选题

1．下列有关收入的表述中，正确的有（　　）。

A．以前年度销售并确认收入的商品，在上年度财务会计报告批准报出后，本报告年度终了前退回的，应冲减上年度的收入与成本

B．工业企业销售材料取得的收入应列入其他业务收入

C．对于提供劳务，若资产负债表日不能对交易的结果做出可靠地估计，已经发生的劳务成本预计部分能够得到补偿的，应按已经发生并预计能够得到部分补偿的劳务成本确

认收入，并结转已经发生的成本

D．在预收款的销售方式下，企业应当在发出商品时确认收入

2．在完工百分比法中，确定完工比例的方法有（　　）。

A．按专业测量师测量的结果确定

B．按提供的劳务量占应提供劳务总量的比例确定

C．按劳务各期耗时长短来确定

D．按已发生成本占估计总成本的比例来确定

3．下列关于让渡资产使用权的表述中，正确的有（　　）。

A．如果合同或协议规定使用费一次支付，且不提供后续服务的，视同销售该资产一次性确认收入

B．如果合同或协议规定使用费一次支付，但需要提供后续服务的，在合同协议规定的有效期内分期确认收入

C．如果合同或协议规定分期收取使用费的，按合同或协议规定的收款时间和金额或合同协议规定的收费方法计算确定的金额分期确认收入

D．让渡资产使用权的使用费收入金额，应当按照合同或协议约定的收费时间和方法计算确定

4．下列关于商品销售收入确认的时间表述中，正确的有（　　）。

A．采用支付手续费委托代销方式销售商品，在收到代销清单时确认收入

B．采用预收款方式销售商品的，在收到全部货款时确认收入

C．采用托收承付方式销售商品的，在办妥托收手续时确认收入

D．采用交款提货方式销售商品，在开出发票账单收到货款时确认收入

5．下列关于利润的表述中，正确的有（　　）。

A．利润是指企业一定会计期间的经营成果

B．利润包括收入减费用后的净额及直接计入当期利润的利得和损失

C．企业的利得一定会增加企业当期利润

D．利润的增加一般会导致企业所有者权益的增加

6．某企业当期取得 1 000 万元政府扶持基金，根据规定企业应将此项资金购入某项科研设备，购入设备价款 1 000 万元，预计使用 5 年。下列说法中正确的有（　　）。

A．企业取得 1 000 万元政府扶持基金属于与资产相关的政府补助

B．取得政府补助时应确认递延收益的增加

C．1 000 万元政府补助应按资产的预计使用年限平均分摊到各期营业外收入中

D．如果设备提前处置应将剩余的递延收益一次性结转到营业外收入

7．下列各项中，能够增加企业营业利润的项目有（　　）。

A．出售无形资产净收益　　B．工业企业出售原材料净收益

C．处置投资性房地产净收益　　D．存货盘盈净收益

8．下列各项中应当在企业“财务费用”科目核算的有（　　）。

A．贴现手续费　　B．现金折扣　　C．汇兑收益　　D．利息支出

9．下列关于费用特征的表述中，正确的有（　　）。

A．费用会导致经济利益流出企业

B．费用包括销售产品的成本

C．所有者权益的减少一定伴随着费用的增加

D．费用是企业日常活动中发生的

10．工业企业支付的下列税金应通过“管理费用”科目核算有（　　）。

A．车船税　　B．房产税　　C．印花税　　D．资源税

三、判断题

1．企业向银行或其他金融机构借入的各种款项，用于日常经营生产的所发生的利息均应计入财务费用中。（　　）

2．制造费用属于企业的期间费用。（　　）

3．工业企业为拓展销售市场所发生的业务招待费，应记入“销售费用”科目中。（　　）

4．企业生产经营期间的长期借款利息支出应该全部计入财务费用中。（　　）

5．购买商品支付货款取得的现金折扣列入利润表“财务费用”项目。（　　）

6．收回出租包装物因不能使用而报废的残料价值，应通过“销售费用”科目核算。（　　）

7．“税金及附加”科目核算的内容不包括印花税、契税、增值税和城市建设维护税。（　　）

8．企业将生产的应税消费品直接对外销售的，按规定应交纳的消费税，通过“税金及附加”科目核算。（　　）

9．企业确实无法支付的应付账款应计入营业外收入核算。（　　）

10．企业支付的中介机构的咨询费应列入利润表“管理费用”项目核算。（　　）

四、业务题

甲股份有限公司（以下简称甲公司）为增值税一般纳税人，适用的增值税税率17%，销售单价均为不含增值税价格，存货均未计提存货跌价准备。甲公司2017年10月发生如下业务：

（1）10月3日，向乙企业赊销A产品100件，单价40 000元，单位销售成本20 000元。

（2）10月15日，向丙企业销售材料一批，价款700 000元，该材料发出成本500 000元。上月已经预收账款600 000元。当日丙企业支付剩余货款。

（3）10月18日，丁企业要求退回本年9月25日购买的40件B产品。该产品销售单价40 000元，单位销售成本20 000元，其销售收入1 600 000元已确认入账，价款已于销售当日收取。经查明退货原因系发货错误，同意丁企业退货，并办理退货手续和开具红字增值税专用发票，并于当日退回了相关货款。

（4）10月20日，收到外单位租用本公司办公用房下一年度租金300 000元，款项已收存银行。

（5）10月31日，计算本月应缴纳的城市维护建设税36 890元，其中销售产品应缴纳28 560元，销售材料应缴纳8 330元；教育费附加15 810元，其中销售产品应缴纳12 240元，销售材料应缴纳3 570元。

要求：

（1）根据上述（1）～（5）业务编制相关的会计分录；

（2）计算甲公司 2017 年 10 月份发生的费用总额；

（答案中的金额以元为单位；“应交税费”科目须写出二级和三级明细科目，其他科目可不写出明细科目）。

项目八　会计报表编制

会计报表是反映公司财务状况、经营成果和现金流量的结构性表述。每个公司编制会计报表的目标，是向会计报表使用者提供与该公司财务状况、经营成果和现金流量等有关的会计信息，反映该公司管理层受托责任的履行情况，有助于会计报表使用者做出正确的经济决策。

任务一　资产负债表的编制

学习目标

【知识目标】

理解资产负债表的作用、内容、结构，掌握资产负债表的编制方法。

【技能目标】

根据有关账户余额，熟练完成资产负债表的编制。

任务导入

湖南怡清源茶业有限公司 2017 年 12 月 31 日的账户余额如表 8.1 所示。

表 8.1　账户余额表

单位：元

账户名称		借方余额	贷方余额
库存现金		8 760	
银行存款		578 940	
交易性金融资产		185 000	
应收票据		50 000	
应收账款		858 790	
	友阿集团	400 000	

续表

账户名称		借方余额	贷方余额
	湖南通程商业集团公司	518 790	
	白沙集团公司		60 000
预付款项	星沙农产品公司	40 000	
其他应收款		23 450	
材料采购		325 860	
原材料		689 068	
周转材料		25 678	
生产成本		400 000	
库存商品		2 547 890	
长期股权投资		250 000	
固定资产		1 888 900	
在建工程		650 000	
无形资产		546 000	
长期待摊费用		54 680	
短期借款			180 000
应付票据			126 000
应付账款			408 242
	福建安溪茶厂		458 242
	桃源茶厂	50 000	
其他应付款			83 500
应付职工薪酬			35 600
应交税费			60 572
预收款项		150 000	
	加盟商	150 000	
长期借款			640 000
	2014-8-5 借 3 年期限		500 000
	2012-8-1 借 5 年期限		140 000
股本			5 000 000
盈余公积			580 000
利润分配			885 342
本年利润			382 000
固定资产减值准备			48 000
累计折旧			400 000
累计摊销			87 680
存货跌价准备			307 000

续表

账户名称		借方余额	贷方余额
坏账准备			3 300
材料成本差异			45 780
总账账户合计		9 273 016	9 273 016

要求：以湖南怡清源茶业有限公司财务经理的身份根据上述数据编制该公司 2017 年 12 月的资产负债表（年初余额略）。

任务分析

为了准确编制湖南怡清源茶业有限公司的资产负债表，财务经理需要根据有关账户的余额完成以下工作。

（1）根据某些总账账户余额直接填列资产负债表的相关项目。

（2）根据某些总账账户的明细账户余额直接或分析填列资产负债表的相关项目。

（3）根据总账及相关备抵账户余额分析填列资产负债表的相关项目。

（4）对资产负债表的有关项目进行小计和总计。

知识准备

阅读材料：《企业会计准则第 30 号——财务报表列报》《企业会计准则第 30 号——财务报表列报》应用指南等。

一、资产负债表的作用

资产负债表是反映企业某一特定日期（如月末、季末、年末）财务状况的会计报表。它是根据“资产=负债+所有者权益”这一会计等式，依照一定的分类标准和顺序，将企业在一定日期的全部资产、负债和所有者权益项目进行适当分类、汇总、排列后编制而成的。

资产负债表反映企业资产、负债和所有者权益的全貌。通过编制资产负债表，可以反映企业在某一日期所拥有的经济资源及其分布情况，分析企业资产的构成及其状况；可以反映企业某一日期的负债总额及其结构，分析企业目前与未来需要支付的债务数额；可以反映企业所有者权益的情况，了解企业现有的投资者在企业资产总额中所占有的份额。总之，通过资产负债表，可以帮助报表使用者全面了解企业的财务状况，分析企业的债务偿还能力，从而为未来的经济决策提供参考。

二、资产负债表的内容和结构

（一）资产负债表的内容

资产负债表一般由表头、表体和表尾三部分组成，表头部分列示报表的名称、编制单位、编报时间、报表编号、货币单位等；表体部分是资产负债表的主体和核心，主要列示资产、负债、所有者权益等项目；表尾部分主要是对表体内容的补充说明，提供企业和有关部门需要了解的有关指标的详细内容，如已贴现的商业承兑汇票、融资租入固定资产原值等。

（二）资产负债表的结构

目前，国际上流行的资产负债表格式主要有账户式和报告式两种。按照我国《企业会计准则》的规定，企业的资产负债表一般采用账户式。

账户式资产负债表分左右两方，左方为资产项目，大体按资产的流动性大小排列，流动性大的资产（如“货币资金”“应收账款”等）排在前，流动性小的资产（如“长期股权投资”、“固定资产”等）排在后。右方为负债及所有者权益项目，一般按要求清偿时间的先后顺序排列：“短期借款”“应付票据”“应付账款”等需要在一年以内或者长于一年的一个正常营业周期内偿还的流动负债排在前面；“长期借款”等在一年以上才需偿还的非流动负债排在中间；在该公司清算之前不需要偿还的所有者权益项目排在后面。账户式资产负债表的参考格式如表 8.2 所示。

表 8.2　资产负债表

会企 01 表

编制单位：　　　　　　年　月　日　　　　　　单位：元

资　产	期末余额	年初余额	负债和所有者权益（或股东权益）	期末余额	年初余额
流动资产：			流动负债：		
货币资金			短期借款		
以公允价值计量且其变动计入当期损益的金融资产			以公允价值计量且其变动计入当期损益的金融负债		
应收票据			应付票据		
应收账款			应付账款		
预付款项			预收款项		
应收利息			应付职工薪酬		
应收股利			应交税费		
其他应收款					
存货			应付利息		
一年内到期的非流动资产			应付股利		
			其他应付款		
其他流动资产			一年内到期的非流动负债		

续表

资　　产	期末余额	年初余额	负债和所有者权益（或股东权益）	期末余额	年初余额
流动资产合计			其他流动负债		
非流动资产：			流动负债合计		
可供出售金融资产			非流动负债：		
持有至到期投资			长期借款		
长期应收款			应付债券		
长期股权投资			长期应付款		
投资性房地产			专项应付款		
固定资产			预计负债		
在建工程			递延所得税负债		
工程物资			其他非流动负债		
固定资产清理			非流动负债合计		
生产性生物资产			负债合计		
油气资产					
无形资产			所有者权益（或股东权益）：		
开发支出			实收资本（或股本）		
商誉			资本公积		
长期待摊费用			减：库存股		
递延所得税资产			盈余公积		
其他非流动资产			未分配利润		
非流动资产合计			所有者权益（或股东权益）合计		
资产总计			负债和所有者权益（或股东权益）总计		

三、资产负债表的编制方法

资产负债表各项目均需填列“年初余额”和“期末余额”两栏。其中，“年初余额”栏内各项数字，应根据上年末资产负债表的“期末余额”栏内所列数字填列。

“期末余额”栏主要有以下几种填列方法。

（一）根据总账账户余额直接填列

如“以公允价值计量且其变动计入当期投资的金融资产”“短期借款”“应交税费”“应付职工薪酬”等项目，要根据相应总账账户的余额直接填列。

根据任务描述，湖南怡清源茶业有限公司 2017 年 12 月 31 日资产负债表中的“以公允价值计量且其变动计入当期投资的金融资产”项目直接填列 185 000，“应收票据”项目直接填列 50 000，“短期借款”项目直接填列 180 000。

（二）根据几个总账账户的期末余额计算填列

如“货币资金”项目须根据“库存现金”“银行存款”“其他货币资金”三个总账账户期末余额的合计数填列；“未分配利润”项目须根据“利润分配”和“本年利润”两个总账账户期末余额的合计数填列。

根据任务描述，湖南怡清源茶业有限公司 2017 年 12 月 31 日资产负债表中的“货币资金”项目应填列 587 700（8 760+578 940），“未分配利润”项目应填列 1 267 342（885 342+382 000）。

（三）根据明细账账户余额计算填列

如“预付款项”项目，须根据“应付账款”和“预付款项”两个账户所属的相关明细账户的期末借方余额计算填列；“应付账款”项目须根据“应付账款”和“预付款项”两个账户所属的相关明细账户的期末贷方余额计算填列。“预收”“其他应收款”和“其他应付款”项目与此类似。

根据任务描述，湖南怡清源茶业有限公司 2017 年 12 月末往来款项所属明细账户的期末余额如表 8.3 所示。

表 8.3　“应付账款”和“预付款项”所属明细账户的期末余额

单位：元

科 目 名 称	明细账户借方余额合计	明细账户贷方余额合计
预付账款	40 000	—
应付账款	50 000	458 242
应收账款	918 790	60 000
预收账款	150 000	—

该公司 2017 年 12 月 31 日资产负债表中相关项目的金额如下。

（1）“预付款项”项目金额为：40 000+50 000=90 000（元）。

（2）“应付账款”项目金额为 458 242（元）。

（3）“预收款项”项目金额为 60 000（元）。

备注：“应收账款”项目余额还要考虑“坏账准备”账户余额。

（四）根据总账账户和明细账账户余额分析计算填列

如“长期借款”项目，须根据“长期借款”总账账户余额扣除“长期借款”账户所属的明细账户中将在一年内到期，且该公司不能自主地将清偿义务展期的长期借款后的金额计算填列。“长期待摊费用”“应付债券”等项目与此类似。

根据任务描述，湖南怡清源茶业有限公司 2017 年 12 月末“长期借款”账户总额 640 000 元，具体明细数据如表 8.4 所示。

该公司 2017 年 12 月 31 日资产负债表中“长期借款”项目应填列 140 000；将在一年内到期的长期借款 500 000 元，应当填列在“流动负债”下的“一年内到期的非流动负债”项目中。

表 8.4　长期借款明细

单位：元

借款起始日期	借款期限（年）	金　额	到期期限
2014 年 8 月 5 日	3	500 000	1 年内
2012 年 8 月 1 日	5	140 000	超过 1 年

（五）根据有关账户余额减去其备抵账户余额后的净额填列

如“固定资产”项目应当根据“固定资产”账户的期末余额减去“累计折旧”“固定资产减值准备”备抵账户余额后的净额填列。“无形资产”“长期股权投资”等项目与此相似。

根据任务描述，湖南怡清源茶业有限公司 2017 年 12 月 31 日资产负债表中“固定资产”项目应填列 1 440 900（1 888 900−400 000−48 000），“无形资产”项目应填列 458 320（546 000−87 680），“长期股权投资”项目应填列 250 000。

（六）综合运用上述填列方法分析填列

如“应收账款”应当根据“应收账款”和“预收账款”所属的相关明细账户的期末借方余额合计减去“坏账准备”账户余额后的净额填列；“存货”项目应当根据“材料采购”“原材料”“库存商品”“周转材料”“生产成本”“委托加工物资”“发出商品”“材料成本差异”和“存货跌价准备”等总账账户期末余额分析填列。

根据任务描述，湖南怡清源茶业有限公司 2017 年 12 月末“应收账款”和“预收账款”两个账户所属的相关明细账户的期末借方余额合计数（见表 8.3）为：918 790+150 000=1 068 790（元）

所以该公司 2017 年 12 月 31 日资产负债表中“应收账款”项目金额为：1 068 790−3 300=1 065 490（元）

该公司 2017 年 12 月 31 日资产负债表中的“存货”项目金额为：

325 860+689 068+25 678+400 000+2 547 890−45 780−307 000=3 635 716（元）

注意：该公司“材料成本差异”总账账户的余额，若为贷方余额应减去，若为借方余额则应加上。

任务实施

根据任务描述，湖南怡清源茶业有限公司 2017 年 12 月 31 日的资产负债表的编制结果如表 8.5 所示。

表 8.5　资产负债表

会企 01 表

编制单位：湖南怡清源茶业有限公司　　2017 年 12 月 31 日　　单位：元

资　产	期末余额	年初余额（略）	负债和所有者权益	期末余额	年初余额（略）
流动资产：			流动负债：		
货币资金	587 700		短期借款	180 000	
交易性金融资产	185 000		交易性金融负债	0	
应收票据	50 000		应付票据	126 000	
应收账款	1 065 490		应付账款	458 242	
预付款项	90 000		预收款项	60 000	
应收利息	0		应付职工薪酬	35 600	
应收股利	0		应交税费		
其他应收款	23 450		应付利息	60 572	
存货	3 635 716		应付股利	0	
一年内到期的非流动资产			其他应付款	0	
其他流动资产	0		一年内到期的非流动负债	83 500	
流动资产合计	0		其他流动负债	500 000	
非流动资产：	5 637 356		流动负债合计	0	
可供出售金融资产			非流动负债：	1 503 914	
持有至到期投资	0		长期借款		
长期应收款	0		应付债券	140 000	
长期股权投资	0		长期应付款	0	
投资性房地产	250 000		专项应付款	0	
固定资产	0		预计负债	0	
在建工程	1 440 900		递延所得税负债	0	
工程物资	650 000		其他非流动负债	0	
固定资产清理	0		非流动负债合计		
生产性生物资产	0		负债合计	140 000	
油气资产	0			1 643 914	
无形资产	0		所有者权益（或股东权益）：		
开发支出	458 320		实收资本（或股本）		
商誉	0		资本公积	5 000 000	

续表

资　产	期末余额	年初余额（略）	负债和所有者权益	期末余额	年初余额（略）
长期待摊费用	54 680		减：库存股	0	
递延所得税资产	0		盈余公积	580 000	
其他非流动资产	0		未分配利润	1 267 342	
非流动资产合计	2 853 900		所有者权益（或股东权益）合计	6 847 342	
资产总计	8 491 256		负债和所有者权益（或股东权益）总计	8 491 256	

典型任务示例

【典型任务示例 8-1】

湖南怡清源茶业有限公司 2017 年有关账户的期初余额和本年发生额如表 8.6 所示。

表 8.6　账户余额及发生额

2017 年　　单位：元

账户名称	年初余额		本年发生额	
	借　方	贷　方	借　方	贷　方
库存现金	7 600		600 000	600 000
银行存款	580 000		3 482 600	3 123 400
交易性金融资产	500 000			200 000
应收票据	15 000			
应收账款	400 000		210 600	200 000
坏账准备		800		5 000
其他应收款	18 000			
材料采购	18 000			
原材料	180 000		300 000	200 000
周转材料	80 000			
生产成本	100 000		678 800	
制造费用			336 800	336 800
库存商品	1 020 000			920 000
发出商品			300 000	120 000
长期股权投资	500 000		1 000 000	
固定资产	1 500 000			280 000
累计折旧		400 000	160 000	200 000

续表

账户名称	年初余额		本年发生额	
	借　方	贷　方	借　方	贷　方
在建工程	2 000 000		343 600	
无形资产	800 000			
累计摊销				60 000
短期借款		300 000	200 000	
应付票据		50 000		
应付账款		890 000	390 000	
应付职工薪酬		99 000	600 000	684 000
应付股利				400 000
其他应付款		66 000	4 000	4 000
预计负债		5 000	25 000	50 000
应交税费		20 000	131 000	747 840
长期借款		1 600 000	1 000 000	610 000
其中：一年内到期的长期借款		1 000 000	1 000 000	
股本		4 000 000		
盈余公积		100 000		355 340
利润分配（未分配利润）		187 800	755 340	1 421 360
合　计	7 718 600	7 718 600	10 517 740	10 517 740

要求：以财务经理的身份根据上述资料编制该公司2017年12月31日的资产负债表。

操作步骤如下。

（1）根据表8.6编制湖南怡清源茶业有限公司2017年的账户余额表，如表8.7所示。

表8.7　账户余额

2017年　　　　单位：元

账户名称	年初余额		年末余额	
	借　方	贷　方	借　方	贷　方
库存现金	7 600		7 600	0
银行存款	580 000		939 200	0
交易性金融资产	500 000		300 000	0
应收票据	15 000		15 000	0
应收账款	400 000		410 600	0
坏账准备		800	0	5 800
其他应收款	18 000		18 000	0
材料采购	18 000		18 000	0
原材料	180 000		280 000	0

续表

账户名称	年初余额		年末余额	
	借方	贷方	借方	贷方
周转材料	80 000		80 000	0
生产成本	100 000		778 800	0
制造费用			0	0
库存商品	1 020 000		100 000	0
发出商品			180 000	0
长期股权投资	500 000		1 500 000	0
固定资产	1 500 000		1 220 000	0
累计折旧		400 000	0	440 000
在建工程	2 000 000		2 343 600	0
无形资产	800 000		800 000	0
累计摊销			0	60 000
短期借款		300 000	0	100 000
应付票据		50 000	0	50 000
应付账款		890 000	0	500 000
应付职工薪酬		99 000	0	183 000
应付股利			0	400 000
其他应付款		66 000	0	66 000
预计负债		5 000	0	30 000
应交税费		20 000	0	636 840
长期借款		1 600 000	0	1 210 000
股本		4 000 000	0	4 000 000
盈余公积		100 000	0	455 340
利润分配		187 800	0	853 820
合计	7 718 600	7 718 600	8 990 800	8 990 800

（2）根据表8.7编制该公司2017年的资产负债表，如表8.8所示。

表8.8 资产负债表

会企01表

编制单位：湖南怡清源茶业有限公司　　2017年12月31日　　单位：元

资产	期末余额	年初余额	负债和所有者权益（或股东权益）	期末余额	年初余额
流动资产：			流动负债：		
货币资金	946 800	587 600	短期借款	100 000	300 000
交易性金融资产	300 000	500 000	交易性金融负债	0	0
应收票据	15 000	15 000	应付票据	50 000	50 000

续表

资　　产	期末余额	年初余额	负债和所有者权益（或股东权益）	期末余额	年初余额
应收账款	404 800	399 200	应付账款	500 000	890 000
预付款项	0	0	预收款项	0	0
应收利息	0	0	应付职工薪酬	183 000	99 000
应收股利	0	0	应交税费	636 840	20 000
其他应收款	18 000	18 000	应付利息	0	0
存货	1436 800	1 398 000	应付股利	400 000	0
一年内到期的非流动资产	0	0	其他应付款	66 000	66 000
其他流动资产	0	0	一年内到期的非流动负债	0	1 000 000
流动资产合计	3 121 400	2 917 800	其他流动负债	0	0
非流动资产：			流动负债合计	1 935 840	2 425 000
可供出售金融资产	0	0	非流动负债：		
持有至到期投资	0	0	长期借款	1 210 000	600 000
长期应收款	0	0	应付债券	0	0
长期股权投资	1 500 000	500 000	长期应付款	0	0
投资性房地产	0	0	专项应付款	0	0
固定资产	780 000	1 100 000	预计负债	30 000	5 000
在建工程	2 343 600	2 000 000	递延所得税负债	0	0
工程物资	0	0	其他非流动负债	0	0
固定资产清理	0	0	非流动负债合计	1 240 000	605 000
生产性生物资产	0	0	负债合计	3 175 840	3 030 000
油气资产	0	0			
无形资产	740 000	800 000	所有者权益（或股东权益）：		
开发支出	0	0	实收资本（或股本）	4 000 000	4 000 000
商誉	0	0	资本公积	0	0
长期待摊费用	0	0	减：库存股	0	0
递延所得税资产	0	0	盈余公积	455 340	100 000
其他非流动资产	0	0	未分配利润	853 820	187 800
非流动资产合计	5 363 600	4400 000	所有者权益（或股东权益）合计	5 309 160	4 287 800
资产总计	8 485 000	7 317 800	负债及所有者权益（或股东权益）总计	8 485 000	7 317 800

实践训练

【实践训练 8-1】

湖南怡清源茶业有限公司采用计划成本法核算材料。2017 年 12 月 31 日结账后有关账户余额：“材料采购”账户余额 140 000 元（借方），“原材料”账户余额 2 400 000（借方），“周转材料”账户余额 1 800 000 元（借方），“库存商品”账户余额 1 600 000 元（借方），“生产成本”账户余额 600 000 元（借方），“材料成本差异”账户余额 120 000 元（贷方），“存货跌价准备”账户余为 210 000 元。

要求：计算该公司 2017 年 12 月 31 日资产负债表中的“存货”项目金额。

【实践训练 8-2】

湖南怡清源茶业有限公司 2017 年 12 月 31 日结账后有关往来账户和所属明细账户的余额如表 8.9 所示。

表 8.9　往来明细账户余额

单位：元

账户名称	明细账户借方余额合计	明细账户贷方余额合计
应收账款	1 600 000	100 000
预付款项	800 000	60 000
应付账款	400 000	1 800 000
预收款项	600 000	1 400 000

该公司对应收账款计提了坏账准备 11 000 元。

要求：计算该公司 2017 年 12 月 31 日资产负债表中的“应收账款”“预付款项”“应付账款”和“预收款项”项目的金额。

【实践训练 8-3】

新兴金属科技有限公司为工业企业一般纳税人，其适用的所得税税率 25%，增值税税率 17%；销售价格中均不含应向购买者收取的增值税；库存材料采用实际成本法核算。该公司 2017 年 1 月 1 日的账户余额表如表 8.10 所示。

表 8.10　账户余额表

2017 年 1 月 1 日

单位：元

账 户 名 称	借 方 金 额	贷 方 金 额
库存现金	8 900	
银行存款	1 168 902	
交易性金融资产	160 000	
应收票据	138 000	
应收账款	1 800 000	
坏账准备		5 400
预付款项	300 000	
其他应收款	15 000	

续表

账户名称	借方金额	贷方金额
原材料	3 624 400	
周转材料	592 500	
库存商品	3 507 200	
长期股权投资	750 000	
固定资产	2 953 000	
累计折旧		510 000
在建工程	5 634 000	
无形资产	320 000	
累计摊销		100 000
短期借款		310 000
应付票据		300 000
应付账款		861 400
其他应付款		650 000
应付职工薪酬		540 000
应交税费		491 399
长期借款		3 480 000
实收资本		12 500 000
盈余公积		566 055
未分配利润		657 648
合　计	20 971 902	20 971 902

该公司 2017 年度发生如下经济业务。

（1）购入原材料一批，用银行存款支付货款 400 000 元。其中，增值税专用发票上注明购入材料支付的增值税税额 68 000 元。货款已付，材料收到。

（2）购入需要安装的设备一台，价款 200 000 元，同时支付包装费、运杂费 2 000 元。价款及包装、运杂费等均用银行存款支付。

（3）持有至到期投资到期进行兑付，收到款项 180 000 元，该债券账面成本为 160 000 元。款项已存入银行。

（4）提取现金 500 000 元准备支付职工薪酬。

（5）支付职工薪酬 500 000 元。

（6）分配支付的职工薪酬。其中，生产人员 320 000 元，车间管理人员 50 000 元，行政管理人员 100 000 元，在建工程人员 30 000 元。

（7）工程完工，计算应负担的借款利息 100 000 元。

（8）基本生产车间报废一台设备，原价 180 000 元，已提折旧 160 000 元，清理费用 1 000 元，残值收入 2 000 元。已用银行存款收支。

（9）从银行借入五年期借款 600 000 元，借款存入银行。该项借款用于在建工程。

（10）销售产品一批，销售价款 2 000 000 元，应收的增值税税额 340 000 元，销售产品的实际成本为 1 000 000 元。货款已收到并存入银行。

（11）计提生产车间用固定资产年折旧，其原价为 1 000 000 元。该设备系上年 12 月份购入，折旧年限为 5 年，采用直线法折旧，预计净残值为 0。

（12）销售材料一批，销售价款 400 000 元，增值税税额 68 000 元。款项已收到并存入银行。该批材料的实际成本 300 000 元。

（13）计提本年销售应负担的城市维护建设税 50 000 元，其中产品销售应负担的城市维护建设税 40 000 元。

（14）计提本年销售应负担的教育费附加 5 000 元，其中产品销售应负担的教育费附加 4 000 元。

（15）用银行存款支付违反税收规定的罚款 10 000 元、公益性捐赠支出 50 000 元。

（16）计提应计入本期损益的短期借款利息 20 000 元。

（17）归还短期借款本金 300 000 元及利息 5 000 元（利息已提取）。

（18）摊销无形资产 40 000 元。

（19）收到应收账款 1 200 000 元，款项存入银行；计提本年坏账准备 6 000 元。

（20）用银行存款支付广告费 100 000 元、退休人员薪酬 10 000 元、其他管理费用 100 000 元。

（21）用银行存款缴纳增值税 100 000 元、教育费附加 5 000 元。

（22）偿还长期借款本金 1 000 000 元，偿还上年所欠货款 390 000 元。

（23）将各损益类账户结转本年利润。

（24）计算所得税费用和应交所得税。

（25）按净利润的 10%提取法定盈余公积金，按净利润的 15%提取任意盈余公积金。

（26）分配现金股利 300 000 元。

（27）将利润分配各明细账户的余额转入“未分配利润”账户。

要求：

（1）根据该公司 2017 年度的经济业务编制会计分录。

（2）根据期初余额和会计分录编制该公司的试算平衡表。

（3）编制该公司 2017 年 12 月 31 日的资产负债表。

任务二　利润表的编制

学习目标

【知识目标】

理解利润表的作用和格式，掌握利润表的编制方法。

【技能目标】

根据有关账户的发生额，熟练完成利润表的编制。

任务导入

湖南怡清源茶业有限公司 2017 年 12 月损益类账户发生额情况如表 8.11 所示。

表 8.11　损益类账户发生额情况

2017 年 12 月　　　　　　　　　　　　　　　　　　　　单位：元

项　目	本月累计数	
	借　方	贷　方
主营业务成本	740 000	
税金及附加	63 000	
销售费用	10 000	
管理费用	379 000	
财务费用	50 000	
其他业务成本	221 000	
营业外支出	239 000	
所得税费用	266 640	
公允价值变动收益	100 000	
主营业务收入		1 880 000
其他业务收入		380 000
投资收益		1 030 000

要求：以湖南怡清源茶业有限公司财务经理的身份根据上述业务资料编制该公司 2017 年 12 月的利润表（上期金额略）。

任务分析

为了准确编制湖南怡清源茶业有限公司的利润表，财务经理需要根据损益类账户的本月发生额完成利润表的编制。具体操作如下。

（1）以营业收入为基础，减去相关的成本费用计算出营业利润。

（2）以营业利润为基础，加上营业外收入，减去营业外支出，计算出利润总额。

（3）以利润总额为基础，减去所得税费用，计算出净利润（或亏损）。

知识准备

阅读材料：《企业会计准则第30号——财务报表列报》《企业会计准则第30号——财务报表列报》应用指南等。

一、利润表的作用和格式

1. 利润表的作用

利润表又称损益表，是反映企业在一定会计期间经营成果的报表。通过利润表可以从总体上了解企业收入、成本和费用及净利润（或亏损）的实现及构成情况；同时，通过利润表提供的不同时期的比较数字（本月数、本年累计数、上年数），可以分析企业的获利能力及利润的未来发展趋势，了解投资者投入资本的保值、增值情况。由于利润既是企业经营业绩的综合体现，又是企业进行利润分配的主要依据，因此，利润表是会计报表中的一张主要报表。

2. 利润表的格式

利润表主要有多步式利润表和单步式利润表两种格式。目前我国《企业会计准则》规定，企业的利润表要求采用多步式格式，如表8.12所示。

单步式利润表是将本期所有的收入加在一起，然后将所有的费用加总在一起，通过一次计算求出本期损益。采用单步式利润表对于营业收入和一切费用支出一视同仁，不分先后。

多步式利润表的计算步骤如下。

（1）以营业收入为基础，减去营业成本、税金及附加、销售费用、管理费用、财务费用、资产减值损失，加上公允价值变动收益、投资收益，计算求出营业利润。

（2）以营业利润为基础，加上营业外收入，减去营业外支出，计算出利润总额。

（3）以利润总额为基础，减去所得税费用，计算出净利润（或亏损）。

多步式利润表的优点是：便于对企业生产经营情况进行分析，有利于不同企业之间进行比较，更重要的是利用多步式利润表有利于预测企业今后的赢利能力。

表8.12　利润表

会企02表

编制单位：　　　　　　年　　月　　　　　　单位：元

项　目	本期金额	上期金额
一、营业收入		
减：营业成本		
税金及附加		
销售费用		

续表

项　目	本期金额	上期金额
管理费用		
财务费用		
资产减值损失		
加：公允价值变动收益（损失以“-”填列）		
投资收益（损失以“-”号填列）		
其中：对联营企业和合营企业的投资收益		
二、营业利润（亏损以“-”号填列）		
加：营业外收入		
其中：非流动资产处置利得		
减：营业外支出		
其中：非流动资产处置损失		
三、利润总额（亏损总额以“-”号填列）		
减：所得税费用		
四、净利润（净亏损以“-”号填列）		
五、每股收益		
（一）基本每股收益		
（二）稀释每股收益		

二、利润表的编制方法

表 8.12 中“上期金额”栏内各项数字，应根据上期利润表“本期金额”栏内所列数字填列。如果上期利润表的各个项目的名称和内容与本期不一致，应对上期利润表各项目的名称和数字按本期的规定进行调整，填入“上期金额”栏内。

表 8.12 中“本期金额”栏内各项数字一般应反映以下内容。

（1）“营业收入”项目，反映企业经营主要业务和其他业务所确认的收入总额。本项目应根据“主营业务收入”“其他业务收入”等账户的发生额填列。如果该账户借方记录有销售退回等，应抵减本期的销售收入，按其销售收入净额填列本项目。

（2）“营业成本”项目，反映企业经营主要业务和其他业务发生的实际成本总额。本项目应根据“主营业务成本”“其他业务成本”账户发生额分析填列。

（3）“税金及附加”项目，反映企业经营业务应负担的消费税、城市维护建设税、资源税、土地增值税和教育费附加等，但不包括增值税。本项目应根据“税金及附加”账户的发生额分析填列。

（4）“销售费用”项目，反映企业在销售商品过程中发生的包装费、广告费等，以及为销售本企业商品而专设的销售机构的职工薪酬、业务费等经营费用。

（5）“管理费用”项目，反映企业组织和管理生产经营发生的管理费用。

（6）“财务费用”项目，反映企业筹集生产经营所需资金等而发生的筹资费用，应根据相关账户的发生额分析填列。

（7）“资产减值损失”项目，反映企业各项资产发生的减值损失。本项目应根据“资产减值损失”账户发生额分析填列。

（8）“公允价值变动收益”项目，反映企业按照相关准则规定应当计入当期损益的资产或负债公允价值变动净收益。本项目应根据“公允价值变动损益”账户发生额分析填列。若当期公允价值的变动额为净损失，以“-”号填列。

（9）“投资收益”项目，反映企业以各种方式对外投资所取得的扣除投资损失后的净损益。本项目应根据“投资收益”账户发生额分析填列。企业持有的交易性金融资产在处置和出售时，处置收益部分应当自“公允价值变动损益”项目转出，列入本项目。

（10）“营业外收入”项目和“营业外支出”项目，反映企业发生的与生产经营无直接关系的各项收入和支出。这两个项目分别根据“营业外收入”和“营业外支出”账户的发生额分析填列。

（11）“利润总额”项目，反映企业实现的利润。若为亏损，以“-”号填列。

（12）“所得税费用”项目，反映企业从当期损益中扣除的所得税费用。本项目应根据“所得税费用”账户的余额分析填列。

（13）“净利润”项目，反映企业扣除所得税费用后的利润。若为净亏损，以“-”号填列。

（14）“基本每股收益”和“稀释每股收益”项目，应当根据每股收益准则的规定所计算的金额填列。

任务实施

根据任务描述，该公司 2017 年 12 月的利润表中，相关项目计算如下。

“营业收入”项目的金额：1 880 000+380 000=2 260 000（元）

“营业成本”项目的金额：740 000+221 000=961 000（元）

“公允价值变动损益”项目的金额：-100 000（元）

根据任务资料编制该公司 2017 年 12 月的利润表，如表 8.13 所示。

表 8.13　利润表

会企 02 表

编制单位：湖南怡清源茶业有限公司　　2017 年 12 月　　单位：元

项　　目	本期金额	上期金额
一、营业收入	2 260 000	
减：营业成本	961 000	
税金及附加	63 000	
管理费用	379 000	
财务费用	50 000	

续表

项　　目	本期金额	上期金额
资产减值损失	0	
加：公允价值变动收益（损失以“-”填列）	-100 000	
投资收益（损失以“-”号填列）	1 030 000	
二、营业利润（亏损以“-”号填列）	1 727 000	
加：营业外收入	0	
其中：非流动资产处置利得	0	
减：营业外支出	239 000	
其中：非流动资产处置损失	0	
三、利润总额（亏损总额以“-”号填列）	1 488 000	
减：所得税费用	266 640	
四、净利润（净亏损以“-”号填列）	1 221 360	
五、每股收益		
（一）基本每股收益	（略）	
（二）稀释每股收益	（略）	

【实践训练 8-4】

要求：根据【实践训练 8-3】的资料编制新兴金属科技有限公司 2017 年的利润表。

任务三　现金流量表的编制

学习目标

【知识目标】

理解现金流量表的概念、现金的概念、现金流量的分类及现金流量表的内容和格式，熟悉现金流量表的编制方法。

【技能目标】

能够根据业务资料，正确完成现金流量表的编制。

任务导入

湖南怡清源茶业有限公司 2017 年年初现金及现金等价物余额 3 886 500 元，本年发生了如下经济业务。

（1）本企业与长沙银行湘银支行签订了一项三年期的借款合同，当天办妥手续，从银行取得 1 000 000 元的借款用于生产经营，利率 6%。利息于每月末计算，每年末支付，本金到期归还。收到银行进账通知。

（2）开出现金支票一张，从银行提取现金3 000元。

（3）从农业生产者个人处收购一批毛茶50 000千克，价款600 000元；收购玫瑰花5 000千克，价款115 000元；从新邦物流公司取得运费发票金额为55 000元。毛茶及玫瑰花验收入库，运费按重量分配，以现金支票支付所有款项。

（4）采购员张立新出差借支2 000元，用现金支付。

（5）生产产品领用毛茶一批20 000千克（生产黑玫瑰用料10 000千克、野针王10 000千克）、玫瑰花1 000千克（全部用于生产黑玫瑰）、包装箱400个（黑玫瑰和野针王各耗用200个）。验收完工黑玫瑰产品一批计40件、野针王20件。

（6）用银行存款支付职工（无在建工程人员）工资180 000元，代交个人所得税1 800元。

（7）将持有的股票全部出售，成本价200 000元，收到出售价款280 000元。

（8）收到银行收款通知单，湖南通程商业集团公司前欠货款936 000元已到账。

（9）收到银行付款通知单，扣缴上月的增值税300 000元、城市维护建设税21 000元、教育费附加9 000元、预缴企业所得税38 500元。

（10）收到银行付款通知单，支付上月的自来水费5 300元、电费11 700元。

（11）转让一项专利权，开具增值税专用发票：价款50 000元，增值税率为6%，增值税额3 000元。全部款项收到转账支票，并填进账单一张交银行。

（12）开出现金支票一张用于购买办公用品一批计3 000元，直接分发给各个职能部门。

（13）向湖南通程商业集团公司购进生产用包装箱1 000个，取得的增值税专用发票注明价款5 000元、增值税税额850元。包装箱验收入库，开出转账支票一张。

（14）向湖南通程商业集团公司销售产品黑玫瑰100件，单价5 000元；野针王50件，单价10 000元。增值税税率17%，开出增值税专用发票。款项暂未收到。

（15）将本企业的一栋闲置仓库出租给新邦物流公司，每月租金20 000元，并预收了前3个月的租金60 000元。

（16）出售一台不需用的设备，原价400 000元，已提折旧300 000元，已提固定资产减值准备20 000元，出售价款50 000元。收到现金支票一张。另外，以银行存款支付清理费用2 000元。

（17）将一张到期的不带息银行承兑汇票交银行，收到票据款项620 000元。存入银行。

（18）用银行存款支付省电视台广告费200 000元。

（19）向银行提出申请开立银行汇票一张准备用于采购毛茶，金额450 000元，银行另扣取汇票手续费50元。

（20）生产领用毛茶一批40 000千克（生产黑玫瑰用料15 000千克、野针王25 000千克）、玫瑰花2 000千克（全部用于生产黑玫瑰）、包装箱300个（黑玫瑰和野针王各耗用150个）。验收完工黑玫瑰产品一批计130件、野针王产品110件。

（21）从外地一加工企业购进毛茶一批计30 000千克，价款360 000元，增值税税额39 600元，运费30 000元。用银行汇票进行结算。毛茶验收入库，收到增值税专用发票，余款收到银行进账通知单一张。

（22）向湖南通程商业集团公司销售野针王产品一批100件，单价10 000元；黑玫瑰产品

100 件，单价 5 000 元。增值税税率 17%，开出增值税专用发票。收到银行承兑汇票一张。

（23）销售黑玫瑰产品 200 件，含税单价 5 850 元。款存银行。

（24）签发现金支票一张用于支付设备修理费 3 510 元，取得的增值税专用发票注明修理费 3 000 元、增值税税额 510 元。

（25）向湖南通程商业集团公司购买复印机 2 台、空调 4 台，取得的增值税专用发票注明复印机价款 10 000 元、空调价款 30 000 元、增值税税额 6 800 元。另外，发生零星运费 200 元。签发转账支票一张支付价款。空调和复印机交各职能科室使用。复印机预计可使用 3 年，空调预计可使用 8 年。

（26）采购员张立新出差归来，报销差旅费 1 880 元，收到多余的借支 120 元。

（27）用现金支付办公室接待客户费用 520 元。

（28）用现金支付职工王丹困难补助费 500 元。

（29）收到子公司分配的 2016 年的现金股利 350 000 元。存入银行。

（30）用银行存款偿还前欠桃源茶厂货款 20 000 元。

（31）去年签发的一张不带息商业承兑汇票到期，通过银行支付汇票款 240 000 元。

（32）用银行存款偿还湘银支行到期的短期借款本金 600 000 元、借款利息 5 000 元。

（33)收到云南白溪茶业有限公司投资 650 万元现金，占增资后注册资本 6 000 万元的 10%。

（34）与另外 3 家公司协商共同投资成立注册资金 1 000 万元的安化怡清源茶业有限公司。本公司投资 700 万元现金，占新公司注册资本 70%的份额。

要求：以湖南怡清源茶业有限公司财务经理的身份根据上述业务编制该公司 2017 年的现金流量表（上期金额略）。

任务分析

为了准确编制湖南怡清源茶业有限公司的现金流量表，财务经理需要根据有上述业务完成以下工作。

（1）根据“现金”的定义判断每笔业务是否属于现金流量表的编制范围。

（2）将属于现金流量表编制范围的每笔业务根据业务类型归属到“经营活动产生的现金流量”或“投资活动产生的现金流量”或“筹资活动产生的现金流量”中的某个项目下。

（3）汇总每个项目的总数，分别计算 3 个活动的现金流入小计、流出小计和流量净额。

（4）查阅资产负债表中“货币资金”的期初余额和期末余额，并将其填列到现金流量表中。

知识准备

阅读材料：《企业会计准则第 31 号——现金流量表》《企业会计准则第 30 号——财务报表列报》《企业会计准则应用指南》等。

一、现金流量表概述

1. 现金流量表的定义

现金流量表是以现金及现金等价物为编制基础，以收付实现制为原则，反映企业在一定会计期间现金流量信息的会计报表。

2. 现金的定义

现金流量表的“现金”是广义的现金，是指能立即转换为可以对外支付的现金及现金等价物，具体包括库存现金、银行存款、其他货币资金和现金等价物 4 项。

其中，现金等价物是指企业持有的期限短、流动性强、易于转换为已知金额现金、价值变动风险很小的投资。一般来说，现金等价物包括从购买日至到期日在 3 个月内或即可转换为已知金额的债券投资。由于权益性投资变现的金额通常不确定，所以一般不属于现金等价物。

二、现金流量表的编制范围

一般来说，能够引起企业现金流量净额发生变化的交易或事项均应纳入当年的现金流量表的编制范围。企业的经济业务按照与现金流量的关系可分为以下 3 种情况。

1. 现金各项目之间增减变动的业务（包括现金与现金等价物之间的增减变动）

现金各项目主要是指库存现金、银行存款、其他货币资金和现金等价物 4 项。现金各项目之间增减变动的业务在增加现金流入量的同时，也增加了现金流出量，从而不会影响现金净流量的增减变动。例如，从银行提取现金、将现金存入银行、用存款购买两个月到期的债券等业务，均属于现金各项目之间增减变动的业务，不会引起当期现金净流量的增减变动。

2. 非现金各项目之间增减变动的业务

非现金各项目是指除了库存现金、银行存款、其他货币资金和现金等价物以外的其他项目，如原材料、固定资产等。非现金各项目之间增减变动的业务由于不涉及现金的收支，从而不会影响现金净流量的增减变动。例如，生产领用材料、提取固定资产的折旧等均属于非现金各项目之间的增减变动，不涉及现金的收支，不会引起当期现金净流量的增减变动。

3. 现金项目与非现金项目之间增减变动的业务

现金项目与非现金项目之间增减变动的业务，只会引起现金流入量或现金流出量的单方面变化，从而引起现金净流量的增加或减少。例如，用现金购买材料，此业务一方面引起非现金项目原材料增加，另一方面引起由于现金流出导致现金净流量减少；收回客户前欠货款存入银行，此业务一方面引起非现金项目应收账款减少，另一方面引起由于现金流入导致现金净流量增加。因此，现金项目与非现金项目之间增减变动的业务都会引起现金净流量的增减变动。

引起现金净流量发生变化的经济业务均应列入现金流量表的编制范围；不引起现金净流量变化的经济业务均不应列入现金流量表的编制范围。因此，现金项目与非现金项目之间增减变动的交易或事项应列入现金流量表的编制范围。

根据任务描述，湖南怡清源茶业有限公司 2017 年发生的业务中，引起现金项目与非现金项目之间增减变动的业务有（1）、（3）、（4）、（6）、（7）、（8）、（9）、（10）、（11）、（12）、（13）、（15）、（16）、（17）、（18）、（19）、（21）、（23）、（24）、（25）、（26）、（27）、（28）、（29）、（30）、（31）、（32）、（33）、（34）。这 29 笔业务均引起了现金的增减变化，应列入现金流量表编制范围。

不列入现金流量表，属于现金各项目之间增减变动的业务有（2）；属于非现金各项目之间增减变动的业务有（5）、（14）、（20）、（22）。

三、现金流量的分类

现金流量是指一定会计期间企业现金的流入和流出量，可以分为 3 类，即经营活动产生的现金流量、投资活动产生的现金流量和筹资活动产生的现金流量。

1. 经营活动产生的现金流量

经营活动是指企业投资活动和筹资活动以外的所有交易和事项，包括销售商品或提供劳务、购买商品或接受劳务、收到返还的税费、经营性租赁、支付职工薪酬、支付广告费用、缴纳各项税款等。

2. 投资活动产生的现金流量

投资活动是指企业非流动资产的购建和不包括在现金等价物范围内的投资及其处置活动。现金流量表中的“投资”既包括对外投资，又包括非流动资产的购建与处理。投资活动包括取得和收回投资、购建和处置固定资产、购买和处置无形资产等。

3. 筹资活动产生的现金流量

筹资活动是指导致企业资本即债务规模和构成发生变化的活动。筹资活动包括发行股票或接受投入资本、分派现金股利、取得和偿还银行借款、发行和偿还公司债券等。

四、现金流量表的内容和格式

根据财政部 2006 年颁布的《企业会计准则第 31 号——现金流量表》及其应用指南，一般企业现金流量表的具体格式如表 8.14 所示。

表 8.14　现金流量表

会企 03 表

编制单位：　　　　　　　　　年度　　　　　　　　　单位：元

项　目	本 期 金 额	上 期 金 额
一、经营活动产生的现金流量		
销售商品、提供劳务收到的现金		
收到的税费返还		

续表

项　目	本 期 金 额	上 期 金 额
收到其他与经营活动有关的现金		
经营活动现金流入小计		
购买商品、接受劳务支付的现金		
支付给职工以及为职工支付的现金		
支付的各项税费		
支付其他与经营活动有关的现金		
经营活动现金流出小计		
经营活动产生的现金流量净额		
二、投资活动产生的现金流量		
收回投资所收到的现金		
取得投资收益所收到的现金		
处置固定资产、无形资产和其他长期资产所收回的现金净额		
处置子公司及其他营业单位收到的现金净额		
收到其他与投资活动有关的现金		
投资活动现金流入小计		
购建固定资产、无形资产和其他长期资产所支付的现金		
投资支付的现金		
取得子公司及其他营业单位支付的现金净额		
支付其他与投资活动有关的现金		
投资活动现金流出小计		
投资活动产生的现金流量净额		
三、筹资活动产生的现金流量		
吸收投资所收到的现金		
取得借款所收到的现金		
收到其他与筹资活动有关的现金		
筹资活动现金流入小计		
偿还债务支付的现金		
分配股利、利润或偿付利息支付的现金		
支付其他与筹资活动有关的现金		
筹资活动现金流出小计		
筹资活动产生的现金流量净额		
四、汇率变动对现金及现金等价物的影响		
五、现金及现金等价物净增加额		
加：期初现金及现金等价物余额		
六、期末现金及现金等价物余额		

现金流量表附注是对现金流量表的补充说明，是用间接法将净利润调节为经营活动现金流量净额，具体格式如表 8.15 所示。

表 8.15　现金流量表附注

单位：元

补 充 资 料	本 期 金 额	上 期 金 额
1. 将净利润调节为经营活动现金流量：		
净利润		
加：资产减值准备		
固定资产折旧、油气资产折耗、生产性生物资产折旧		
无形资产摊销		
长期待摊费用摊销		
处置固定资产、无形资产和其他长期资产的损失（收益以“-”号填列）		
固定资产报废损失（收益以“-”号填列）		
公允价值变动损失（收益以“-”号填列）		
财务费用（收益以“-”号填列）		
投资损失（收益以“-”号填列）		
递延所得税资产减少（增加以“-”号填列）		
递延所得税负债增加（减少以“-”号填列）		
存货的减少（增加以“-”号填列）		
经营性应收项目的减少（增加以“-”号填列）		
经营性应付项目的增加（减少以“-”号填列）		
其他		
经营活动产生的现金流量净额		
2. 不涉及现金收支的投资和筹资活动：		
债务转为资本		
一年内到期的可转换公司债券		
融资租入固定资产		
3. 现金及现金等价物净变动情况：		
现金的期末余额		
减：现金的期初余额		
加：现金等价物的期末余额		
减：现金等价物的期初余额		
现金及现金等价物净增加额		

五、现金流量表的编制方法

现金流量表的各项目均需填列“本期金额”和“上期金额”两栏。其中，“上期金额”栏内各项数字，应根据上年末现金流量表的“本期金额”栏内所列数字填列。

“本期金额”各项目按照以下方法填列。

1. “经营活动产生的现金流量”各项目的内容和填列方法

（1）“销售商品、提供劳务收到的现金”项目。该项目反映企业销售商品、提供劳务实际收到的现金（含销售收入和应向购买者收取的增值税），包括本期销售商品、提供劳务收到的现金，以及前期销售商品、提供劳务本期收到的现金和本期预收的账款，减去本期退回本期销售的商品和前期销售本期退回的商品而支付的现金。企业销售材料和代购、代销业务收到的现金，也在本项目反映。本项目可以根据“库存现金”“银行存款”“应收账款”“应收票据”“预收账款”“主营业务收入”“其他业务收入”等账户的记录分析填列。

根据账户记录分析计算该项目的金额，通常可以采用以下公式：

销售商品、提供劳务收到的现金=当期销售商品、提供劳务收到的现金+当期收到前期的应收账款和应收票据+当期预收的账款−当期销售退回而支付的现金+当期收回前期核销的坏账损失

根据任务描述，湖南怡清源茶业有限公司 2017 年发生的业务中属于该项目的有(8)、(15)、（17）和（23）。

销售商品、提供劳务收到的现金=936 000+60 000+620 000+1 170 000=2 786 000（元）

（2）“收到的税费返还”项目。该项目反映企业收到返还的各种税费，包括收到返还的增值税、消费税、关税、所得税、教育费附加等。本项目可根据“库存现金”“银行存款”“主营业务税金及附加”“补贴收入”“应收补贴款”等账户的记录分析填列。

（3）“收到的其他与经营活动有关的现金”项目。该项目反映企业除了上述各项目外所收到的其他与经营活动有关的现金流入，如罚没收入、流动资产损失中由个人赔偿的现金收入等。若某项其他与经营活动有关的现金流入金额较大，应单列项目反映。本项目可以根据“库存现金”“银行存款”“营业外收入”等账户的记录分析填列。

根据任务描述，湖南怡清源茶业有限公司 2017 年发生的业务中属于该项目的有（26）。

收到的其他与经营活动有关的现金=120（元）

（4）“购买商品、接受劳务支付的现金”项目。该项目反映企业购买商品、接受劳务实际支付的现金，包括本期购买材料、商品、接受劳务支付的现金（包括增值税进项税额），本期支付前期购入商品、接受劳务的未付款及本期预付账款，扣除本期发生的购货退回而收到的现金。本项目可根据“库存现金”“银行存款”“应付账款”“应付票据”“预付账款”“主营业务成本”等账户的记录分析填列。

根据账户记录分析、计算该项目的金额，通常可以采用以下公式：

购买商品、接受劳务支付的现金=当期购买商品、接受劳务支付的现金+当期支付前期的应付账款和应付票据+当期预付的账款−当期因购货退回收到的现金

根据任务描述，湖南怡清源茶业有限公司 2017 年发生的业务中属于该项目的有(3)、(13)、(21)、(30)和(31)。

购买商品、接受劳务支付的现金=770 000+5850+429 600+20 000+240 000=1 465 450（元）

（5）“支付给职工以及为职工支付的现金”项目。该项目反映企业实际支付给职工，以及为职工支付的现金，包括本期实际支付给职工的薪酬，以及为职工支付的其他费用。本项目不包括支付给离退休人员的各项费用及支付给在建工程人员的薪酬及其他费用。企业支付给离退休人员的各项费用（包括支付的统筹退休金以及未参加统筹的退休人员的费用），在“支付的其他与经营活动有关的现金”项目中反映；支付给在建工程人员的薪酬及其他费用，在“购建固定资产”“无形资产”和“其他非流动资产”所支付的现金项目中反映。本项目可以根据“应付职工薪酬”“库存现金”“银行存款”等账户的记录分析填列。

企业为职工支付的养老、失业等社会保险基金、补充养老保险、住房公积金，支付给职工的住房困难补助，以及企业支付给职工或为职工支付的其他费用等，应按职工的工作性质和服务对象，分别在本项目和在“购建固定资产”“无形资产”和“其他非流动资产”所支付的现金项目中反映。

根据任务描述，湖南怡清源茶业有限公司 2017 年发生的业务中属于该项目的有（6）和（28）。

支付给职工以及为职工支付的现金=181 800+500=182 300（元）

（6）“支付的各项税费”项目。该项目反映企业按规定支付的各种税费，包括企业本期发生并支付的税费，以及本期支付以前各期发生的税费和本期预缴的税金，如预缴的、土地增值税、房产税、车船使用税、印花税、教育费附加、矿产资源补偿费等，但不包括计入固定资产价值的、实际支付的耕地占用税，也不包括本期退回的增值税、所得税。本期退回的增值税、所得税在“收到的税费返还”项目中反映。本项目可以根据“应交税金”“库存现金”“银行存款”等账户的记录分析填列。

根据任务描述，湖南怡清源茶业有限公司 2017 年发生的业务中属于该项目的有（9）。

支付的各项税费=300 000+21 000+9 000+38 500=368 500（元）

（7）“支付的其他与经营活动有关的现金”项目。该项目反映企业除上述各项目外所支付的其他与经营活动有关的现金流出，如罚款支出、支付的差旅费、业务招待费现金支出、支付的保险费等。若其他与经营活动有关的现金流出金额较大，应单列项目反映。本项目可以根据有关账户的记录分析填列。

根据任务描述，湖南怡清源茶业有限公司 2017 年发生的业务中属于该项目的有（4）、（10）、（12）、（18）、（19）、（24）和（27）。

支付的其他与经营活动有关的现金=2 000+17 000+3 000+200 000+50+3 510+520= 226 080（元）。

2. “投资活动产生的现金流量”各项目的内容和填列方法

现金流量表中的投资活动包括交易性金融资产投资、可供出售金融资产投资、持有至到期投资和长期股权投资的取得与处置、固定资产的购建与处置、无形资产的购置与转让等。单独反映投资活动产生的现金流量，能了解企业为获得未来收益和现金流量而导致对外投资或内部长期资产投资的程度，以及以前对外投资所带来的现金流入的信息。投资活动现金流量各项目的内容和填列方法如下。

（1）“收回投资所收到的现金”项目。该项目反映企业出售、转让或到期收回除现金等价物以外的交易性金融资产、长期股权投资而收到的现金，以及收回持有至到期投资本金而收到的现金，不包括收回的持有至到期投资的利息，以及收回的非现金资产。本项目可根据“交易性金融资产”“持有至到期投资”“长期股权投资”“库存现金”“银行存款”等账户的记录分析填列。

根据任务描述，湖南怡清源茶业有限公司 2017 年发生的业务中属于该项目的有（7）。

收回投资所收到的现金= 280 000（元）

（2）“取得投资收益所收到的现金”项目。该项目反映企业因股权性投资和债权性投资而取得的现金股利、利息，以及从子公司、联营企业和合营企业分回利润而收到的现金，不包括股票股利。本项目可以根据“库存现金”“银行存款”“投资收益”等账户的记录分析填列。

根据任务描述，湖南怡清源茶业有限公司 2017 年发生的业务中属于该项目的有（29）。

取得投资收益所收到的现金= 350 000（元）

（3）“处置固定资产、无形资产和其他长期资产而收到的现金净额”项目。该项目反映企业处置固定资产、无形资产和其他长期资产所收到的现金，减去为处置这些资产而支付的有关费用后的净额，包括因自然灾害所造成的固定资产等长期资产损失而收到的保险赔款收入。若所收回的现金净额为负数，则应在“支付的其他与投资活动有关的现金”项目中反映。本项目可以根据“固定资产清理”“库存现金”“银行存款”等账户的记录分析填列。

根据任务描述，湖南怡清源茶业有限公司 2017 年发生的业务中属于该项目的有（11）、（16）。

处置固定资产、无形资产和其他长期资产而收到的现金净额= 53 000+48 000=101 000（元）

（4）“收到的其他与投资活动有关的现金”项目。该项目反映企业除了上述各项目以外，所收到的其他与投资活动有关的现金流入。例如，企业收到购买股票和债券时支付的已宣告但尚未领取的现金股利或已到付息期但尚未领取的债券利息。本项目可根据有关账户的记录分析填列。

（5）“购建固定资产、无形资产和其他长期资产所支付的现金”项目。该项目反映企业本期购买、建造固定资产、取得无形资产和其他长期资产所实际支付的现金，不包括为购建固定资产而发生的借款利息资本化的部分，以及融资租入固定资产支付的租赁费。企业支付的借款利息和融资租入固定资产支付的租赁费，在“筹资活动产生的现金流量”中反映。本项目可以根据“固定资产”“在建工程”“无形资产”“库存现金”“银行存款”等账户的记录分析填列。

根据任务描述，湖南怡清源茶业有限公司 2017 年发生的业务中属于该项目的有（25）。

购建固定资产、无形资产和其他长期资产所支付的现金= 47 000（元）

（6）“投资所支付的现金”项目。该项目反映企业进行权益性投资和债权性投资支付的现金，包括企业取得的除现金等价物以外的短期股票投资、短期债券投资、长期股权投资、长期债权投资支付的现金，以及支付的佣金、手续费等附加费用。本项目可以根据“长期股权投资”“交易性金融资产”“持有至到期投资”“库存现金”“银行存款”等账户的记录分析填列。

根据任务描述，湖南怡清源茶业有限公司 2017 年发生的业务中属于该项目的有（34）。

投资所支付的现金= 7 000 000（元）

（7）“支付的其他与投资活动有关的现金”项目。该项目反映除上述各项目外所支付的其他与投资活动有关的现金流出，如企业购买股票时实际支付的价款中包含的已宣告而尚未领取的现金股利、购买债券时支付的价款中包含的已到期尚未领取的债券利息等。若某项其他与投资活动有关的现金流出金额较大，应单列项目反映。本项目可以根据有关账户的记录分析填列。

3. “筹资活动产生的现金流量”各项目的内容和填列方法

现金流量表中的筹资活动包括权益性投资的吸收与减少、银行借款的借入与偿还、债券的发行与偿还等。单独反映筹资活动产生的现金流量，能了解企业筹资活动产生现金流量的规模与能力，以及企业为获得现金流入而付出的代价。筹资活动现金流量各项目的内容和填列方法如下。

（1）“吸收投资所收到的现金”项目。该项目反映企业收到的投资者投入的现金，包括以发行股票、债券等方式筹集资金实际收到的款项净额（发行收入减去支付的佣金等发行费用后的净额）。企业以发行股票、债券等方式筹集资金而由企业直接支付的审计、咨询等费用，不从本项目内扣除，而在“支付的其他与筹资活动有关的现金”项目中反映。本项目可以根据“实收资本（或股本）”“库存现金”“银行存款”等账户的记录分析填列。

根据任务描述，湖南怡清源茶业有限公司 2017 年发生的业务中属于该项目的有（33）。

吸收投资所收到的现金=6 500 000（元）

（2）“取得借款所收到的现金”项目。该项目反映企业举借各种短期、长期借款所收到的现金。本项目可以根据“短期借款”“长期借款”“库存现金”“银行存款”等账户的记录分析填列。

根据任务描述，湖南怡清源茶业有限公司 2017 年发生的业务中属于该项目的有（1）。

取得借款所收到的现金= 1 000 000（元）

（3）“收到的其他与筹资活动有关的现金”项目。该项目反映企业除上述各项目外所收到的其他与筹资活动有关的现金流入，如接受现金捐赠等。若某项其他与筹资活动有关的现金流入金额较大，应单列项目反映。本项目可以根据有关账户的记录分析填列。

（4）“偿还债务所支付的现金”项目。该项目反映企业偿还债务本金所支付的现金，包括偿还金融企业的借款本金、偿还债券本金等。企业支付的借款利息和债券利息在“分配股利、利润或偿付利息所支付的现金”项目反映，不包括在本项目内。本项目可以根据“短期借款”“长期借款”“应付债券”“库存现金”“银行存款”等账户的记录分析填列。

根据任务描述，湖南怡清源茶业有限公司 2017 年发生的业务中属于该项目的有（32）。

偿还债务所支付的现金=600 000（元）

（5）“分配股利、利润或偿付利息所支付的现金”项目。该项目反映企业实际支付的现金股利、支付给其他投资单位的利润及支付的借款利息、债券利息等。本项目可以根据“应付股利”“财务费用”“长期借款”“库存现金”“银行存款”等账户的记录分析填列。

根据任务描述，湖南怡清源茶业有限公司 2017 年发生的业务中属于该项目的有（32）。

分配股利、利润或偿付利息所支付的现金=5 000（元）

（6）“支付的其他与筹资活动有关的现金”项目。该项目反映企业除上述各项目外所支付的其他与筹资活动有关的现金流出，如捐赠现金支出、融资租入固定资产支付的租赁费等。若某项其他与筹资活动有关的现金流出金额较大，应单列项目反映。本项目可以根据有关账户的记录分析填列。

4. “汇率变动对现金的影响”项目的内容和填列方法

该项目反映企业外币现金流量及境外子公司的现金流量折算为人民币时，所采用的现金流量发生日的汇率或平均汇率折算的人民币金额与“现金及现金等价物净增加额”中的外币现金净增加额按期末汇率折算的人民币金额之间的差额。

在编制现金流量表时，可逐笔计算外汇业务所发生的汇率变动对现金的影响，也可不必逐笔计算，而采用简化的计算方法，即通过报表补充资料中的“现金及现金等价物净增加额”数额与正表中的“经营活动产生的现金流量净额”“投资活动产生的现金净额”“筹资活动产生的现金净额”3 项之和比较，其差额即为“汇率变动对现金的影响”项目的金额。

任务实施

根据任务描述，湖南怡清源茶业有限公司 2017 年的现金流量表的编制结果如表 8.16 所示。

表 8.16 现金流量表

会企 02 表

编制单位：湖南怡清源茶业有限公司　　2017 年　　单位：元

项　目	本 年 金 额	上 期 金 额
一、经营活动产生的现金流量		（略）
销售商品、提供劳务收到的现金	2 786 000	
收到的税费返还	0	
收到的其他与经营活动有关的现金	120	
经营活动现金流入小计	2 786 120	
购买商品、接受劳务支付的现金	1 465 450	
支付给职工以及为职工支付的现金	182 300	
支付的各项税费	368 500	
支付的其他与经营活动有关的现金	226 080	
经营活动现金流出小计	2 242 330	
经营活动产生的现金流量净额	529 390	
二、投资活动产生的现金流量		
收回投资所收到的现金	280 000	

续表

项　　目	本年金额	上期金额
取得投资收益所收到的现金	350 000	
处置固定资产、无形资产和其他长期资产收回的现金净额	101 000	
收到的其他与投资活动有关的现金		
投资活动现金流入小计	731 000	
购建固定资产、无形资产和其他长期资产所支付的现金	47 000	
投资所支付的现金	7 000 000	
支付的其他与投资活动有关的现金		
投资活动现金流出小计	7 047 000	
投资活动产生的现金流量净额	−6 316 000	
三、筹资活动产生的现金流量		
吸收投资收到的现金	6 500 000	
取得借款收到的现金	1 000 000	
收到的其他与筹资活动有关的现金		
筹资活动现金流入小计	7 500 000	
偿还债务所支付的现金	600 000	
分配股利、利润或偿还利息所支付的现金	5 000	
支付的其他与筹资活动有关的现金		
筹资活动现金流出小计	605 000	
筹资活动产生的现金流量净额	6 895 000	
四、汇率变动对现金的影响	0	
五、现金及现金等价物净增加额	1 112 590	
加：期初现金及现金等价物余额	3 886 500	
六、期末现金及现金等价物余额	4 999 090	

【实践训练 8-5】

要求：根据【实践训练 8-3】的资料编制新兴金属科技有限公司 2017 年的现金流量表。

【实践训练 8-6】

一、业务资料

湖南怡清源茶业有限公司是增值税一般纳税人，所得税税率 25%，城市维护建设税税率 7%，教育费附加 3%，运费的增值税税率为 11%，产品适用 17%的增值税税率；公司的原材料主要从农业生产者处直接采购（可按照 11%的抵扣率计算抵扣）；存货发出成本采用先进先出法；制造费用按照产品生产工时进行分配，生产人员的工资按照生产工时在产品之间进行分配；企业按照年末应收账款余额的 5‰提取坏账准备；公司 2017 年 6 月 25 日向长沙银行湘银支行借入期限 6 个月，利率为 5%，到期还本每季付息的借款。账户余额表如表 8.17 所示。

表 8.17 账户余额表

2017年11月30日　　　　单位：元

总账科目	明细科目	计量单位	数量	单价	借方余额	贷方金额
库存现金					500	
银行存款					3 886 000	
交易性金融资产（10 000股宏阳股份）					300 000	
	成本				250 000	
	公允价值变动				50 000	
应收票据	新源商业公司				120 000	
应收账款					1 080 000	
	通程商业公司				936 000	
	白沙集团公司				144 000	
坏账准备						5 400
预付款项	星沙农产品公司				80 000	
其他应收款					19 400	
	王民				5 000	
	存出保证金				14 400	
在途物资	毛茶	千克	16 000	10	160 000	
原材料					750 000	
	毛茶	千克	57 000	12	684 000	
	玫瑰花	千克	3 000	22	66 000	
周转材料	包装箱	个	2 000	5	10 000	
生产成本					90 000	
	黑玫瑰	件	40	1 125	45 000	
	——直接材料				40 500	
	——直接人工				2 220	
	——制造费用				2 280	
	野针王	件	20	2 250	45 000	
	——直接材料				40 800	
	——直接人工				1 960	
	——制造费用				2 240	
委托加工物资	普洱茶				220 000	
库存商品					900 000	
	黑玫瑰	件	180	2 500	450 000	
	野针王	件	90	5 000	450 000	

续表

总账科目	明细科目	计量单位	数量	单价	借方余额	贷方金额
固定资产					6 800 000	
累计折旧						1 484 000
固定资产减值准备						20 000
无形资产	专利权				1 000 000	
累计摊销						300 000
长期待摊费用	租入固定资产改良支出				270 000	
短期借款						600 000
应付票据	华泰贸易公司					180 000
应付账款						450 000
	市自来水公司					53 000
	市电力公司					117 000
	红星农产品批发市场					280 000
预收款项	家家乐商场					100 000
应付职工薪酬						210 000
	工资					180 000
	职工福利					30 000
应交税费						368 500
	未交增值税					300 000
	应交城市维护建设税					21 000
	应交所得税					38 500
	应交教育费附加					9 000
应付利息						5 000
其他应付款						148 000
	新邦物流服务公司					20 000
	存入保证金					128 000
实收资本						8 000 000
资本公积						816 200
盈余公积						800 000
本年利润						1 785 000
利润分配	未分配利润					413 800
合计					15 685 900	15 685 900

2017 年 12 月发生如下经济业务:

(1) 1 日，本企业与长沙银行湘银支行签订一项 3 年期的借款合同，当天办妥手续，从银行取得 1 000 000 元的借款用于生产经营，利率 6%，利息于每月末计算，每年末支付，本金到期归还。收到银行进账通知。

（2）1 日，开出现金支票一张，从银行提取现金 3 000 元。

（3）2 日，从农业生产者个人处收购一批毛茶 50 000 千克，价款 600 000 元，收购玫瑰花 5 000 千克，价款 114 942.53 元，运费 55 000 元（由新邦物流公司负责运输），毛茶及玫瑰花验收入库，运费按重量分配，以现金支票支付。

（4）2 日，采购员张立新出差借支 2 000 元，以现金支付。

（5）3 日，生产产品领用毛茶一批 20 000 千克（生产黑玫瑰用料 10 000 千克，野针王 10 000 千克），玫瑰花 1 000 千克（全部用于生产黑玫瑰），包装箱 400 个（黑玫瑰和野针王各耗用 200 个）；验收完工黑玫瑰产品一批计 40 件，野针王 20 件。

（6）3 日，以存款支付 2 月份工资 180 000 元，代扣职工个人负担的养老保险费 2 000 元，医疗保险费 3 000 元，失业保险费 1 000 元，住房公积金 2 000 元，个人所得税 1 800 元。

（7）3 日，将持有的交易性金融资产全部出售，收到出售价款 280 000 元。

（8）4 日，收到银行收款通知，通程商业公司前欠货款 936 000 元已到账。

（9）5 日，收到银行付款通知单，扣划上月的增值税 300 000 元，城市维护建设税 21 000 元，教育费附加 9 000 元，预缴企业所得税 38 500 元。

（10）5 日，上月采购的毛茶 16 000 千克到达本企业，验收入库。

（11）8 日，收到银行付款通知，支付上月的自来水费 53 000 元，电费 117 000 元。

（12）8 日，开出现金支票一张购买办公用品一批 3 000 元，直接分发给各个职能部门。

（13）9 日，向湖南通程商业集团公司购进生产用包装箱 1 000 个，取得的增值税专用发票注明的价款 5 000 元，增值税税额 850 元，包装箱验收入库，开出转账支票一张。

（14）9 日，销售产品黑玫瑰一批 100 件给湖南通程商业集团公司，单价 5 000 元，野针王 50 件，单价 10 000 元，增值税税率 17%，开出增值税专用发票，款项暂未收到。

（15）10 日，将本企业的一栋闲置仓库出租给新邦物流公司，每月租金 20 000 元，并预收了前三个月的租金 60 000 元，本月租金按全月计算。

（16）10 日，出售一台不需用的设备，原价 400 000 元，已提折旧 300 000 元，已提固定资产减值准备 20 000 元，出售价款为 50 000 元，收到现金支票一张交银行，另外以银行存款支付运杂费 2 000 元。清理完毕。

（17）11 日，将一张到期的不带息、面值为 120 000 元银行承兑汇票到银行进账。

（18）12 日，以银行存款支付省电视台广告费 200 000 元。

（19）15 日，向银行提出申请开立银行汇票一张用于采购毛茶，金额 450 000 元，银行从存款账户中扣取汇票手续费 50 元。

（20）15 日，生产领用毛茶一批 40 000 千克（生产黑玫瑰用料 15 000 千克，野针王 25 000 千克），玫瑰花 2 000 千克（全部用于生产黑玫瑰），包装箱 300 个（黑玫瑰和野针王各耗用 150 个）；验收完工黑玫瑰产品一批计 130 件，野针王 110 件。

（21）16 日，向外地一加工企业购进毛茶一批计 30 000 千克，价款 360 000 元，增值税税额 39 600 元，运费 30 000 元（由新邦物流公司负责运输），以银行汇票进行结算，毛茶验收入库，收到增值专用发票，余款收到银行进账通知单一张。

（22）16 日，向通程商业公司销售野针王茶叶一批 100 件，单价 10 000 元，黑玫瑰 100 件，单价 5 000 元，增值税税率 17%，开出增值税专用发票，收到银行承兑汇票一张。

（23）17 日，向长沙银行销售黑玫瑰茶叶 2 件，含税单价 5 850 元，款存银行。

（24）18 日，签发现金支票一张用于支付设备修理费 3 510 元，取得的增值税专用发票注明的修理费 3 000 元，增值税税额 510 元。

（25）19 日，采购员张立新出差归来，报销差旅费 1 880 元，退回现金 120 元。

（26）19 日，以现金支付办公室接待客户费用 520 元。

（27）22 日，用支票购买元旦节物资 50 000 元，发放给职工。

（28）22 日，生产领用毛茶 30 000 千克（生产黑玫瑰用料 10 000 千克，野针王 20 000 千克），玫瑰花 1 500 千克（全部生产黑玫瑰），包装箱 300 个（黑玫瑰和野针王各耗用 150 个）。

（29）23 日，报废一台设备，原价 240 000 元，已提折旧 220 000 元，出售价款 30 000 元，收到转账支票一张交存银行，同时签发现金支票一张支付清理费 1 000 元，清理完毕。

（30）23 日，以银行存款偿还前欠新邦物流公司运费 20 000 元。

（31）24 日，将一项专利使用权转让，取得收入 50 000 元，收到转账支票并填进账单一张交银行。

（32）25 日，向农业生产者收购毛茶一批 30 000 千克，开出的收购凭证注明的价款 420 000 元，运费 50 000 元（由新邦物流公司负责运输），开出转账支票一张 491 400 元承付上述款项，余款用现金支票支付。

（33）25 日，以银行存款偿还湘银支行到期的短期借款 600 000 元及本季度利息（已预提两个月利息 5 000 元）。

（34）26 日，计提本月固定资产折旧费 296 000 元，其中生产用折旧 276 000 元，出租用折旧 1 000 元，行政管理用固定资产折旧费 9 000 元，销售用固定资产折旧费 10 000 元。

（35）26 日，摊销本月无形资产费用 20 000 元，长期待摊费用 10 000 元。

（36）29 日，收到增值税专用发票注明的水费 40 000 元，增值税税额 5 200 元；电费 80 000 元，增值税税额 13 600 元，水电费均未支付，本月水电费使用情况如表 8.18 所示。

表 8.18　水电耗用统计表

部　门		耗用水量（吨）	耗用电量（度）
生产车间	黑玫瑰	8 000	50 000
	野针王	10 000	70 000
	一般耗用	6 000	10 000
行政管理部门		9 000	20 000
销售部门		7 000	10 000
合计		40 000	160 000

（37）31 日，计算本月应缴的增值税、城市维护建设税和教育费附加。

（38）31 日，计算分配本月职工工资总额 210 000 元，其中生产工人工资 100 000 元，车间管理人员工资 20 000 元，行政管理人员工资 40 000 元，销售人员工资 50 000 元。生产工人工资按工时分配，本月黑玫瑰工时总额为 3 500 小时，野针王工时总额为 6 500 小时。

（39）31 日，按工资总额的 14%计提本月职工福利费。

（40）31 日，确认本月出租的仓库租金收入。

（41）31 日，计算本月应负担的长期借款利息支出。

（42）31 日，年末计提本年度应提取的坏账准备。

（43）31 日，计算结转本月生产领用原材料成本和包装箱成本（保留两位小数）。

（44）31 日，按生产工时计算分配本月制造费用并结转至生产成本中。

（45）31 日，本月投产的产品全部完工，

（46）31 日，计算本月销售产品成本。

（47）31 日，结转本月损益类账户发生额，并根据本月的利润总额计算企业所得税。

（48）31 日，按本月净利润的 10%提取盈余公积，提取任意盈余公积 60 000 元。

（49）31 日，分配现金股利 200 000 元

二、操作要求

1. 根据湖南怡清源茶业有限公司 2017 年 12 月发生的经济业务编制会计分录。
2. 编制试算平衡表、资产负债表、利润表。

综合训练

一、单选题

1. 利润表是反映企业在一定时期内（　　）情况的财务报表。

A. 财务状况　　B. 财务状况和经营成果

C. 经营成果及其分配　　D. 经营成果

2. 资产负债表中资产项目的排列顺序是（　　）。

A. 项目的重要性　　B. 项目的流动性

C. 项目的时间性　　D. 项目的收益性

3. 出租包装物收到租金 1 000 元，存入银行列入（　　）。

A. 经营活动现金流量　　B. 投资活动现金流量

C. 筹资活动现金流量　　D. 间接现金流量

4. 我国企业资产负债表的结构采用（　　）。

A. 账户式　　B. 报告式　　C. 单步式　　D. 多步式

5. 下列业务中属于筹资活动现金流入的是（　　）。

A. 租赁收取现金　　B. 出租固定资产收取现金

C. 将借款存入银行　　D. 收到现金股利

6. 下列不属于现金流量的分类是（　　）。

A. 经营活动现金流量　　B. 生产活动现金流量

C．投资活动现金流量　　D．筹资活动现金流量

7．期末，“应付账款”所属明细科目如有借方余额，在编制资产负债表时应填入（　　）。

A．应付账款　　B．应收账款　　C．预付款项　　D．预收款项

8．某企业应收账款有三个明细科目，其中应收账款甲企业有甲方余额 300 000 元，应收账款乙企业借方余额 400 000 元，应收账款丙企业贷方余额 100 000 元，坏账准备贷方余额为 3 000 元，则资产负债表的应收账款净额项目为（　　）元。

A．697 000　　B．597 000　　C．797 000　　D．703 000

9．编制资产负债表的理论依据是（　　）。

A．会计基本等式　　B．试算平衡公式　　C．平行登记原则　　D．历史成本原则

10．年末资产负债表中的“未分配利润”项目，应根据（　　）填列。

A．“利润分配”科目余额

B．“本年利润”科目余额

C．“本年利润”科目余额和“利润分配”科目余额计算

D．“盈余公积”科目

二、多选题

1．在企业利润表中，营业利润加减（　　）等于利润总额。

A．营业外收入　　B．投资收益　　C．营业外支出　　D．其他业务利润

2．下列各项属于资产负债表中货币资金项目内容的有（　　）。

A．现金等价物　　B．库存现金　　C．银行存款　　D．其他货币资金

3．资产负债表中的存货项目反映的内容包括（　　）。

A．在途物资　　B．发出商品　　C．工程物资　　D．自制半成品

4．下列各项中，属于经营活动现金流量的有（　　）。

A．支付的所得税款　　B．购买固定资产支付增值税

C．出租包装物所收到的租金　　D．为业务人员支付的保险费

5．下列影响现金流量变动的经济业务有（　　）。

A．发行债券收到现金　　B．用现金支付所欠的应付购货款

C．用固定资产对外投资　　D．用银行存款购买机器设备

6．动态报表是反映企业某一期间的会计报表，以下属于动态报表的是（　　）。

A．资产负债表　　B．利润表　　C．现金流量表　　D．财务报表附注

7．投资活动产生的现金流入包括（　　）。

A．分得股利、利润或取得的债券利息收入收到现金

B．处置固定资产、无形资产和其他长期资产收到现金

C．吸收权益性投资收到现金

D．收回投资收到现金

8．资产负债表中的下列项目，须根据明细科目余额来填列的有（　　）。

A．预收账款　　B．预付款项　　C．长期股权投资　　D．无形资产

9．下列（　　）等账户期末余额应填入资产负债表中的存货项目。

A．材料采购　　B．原材料　　C．库存商品　　D．生产成本

E．存货跌价准备

10．下列各项业务，会引起现金流量变动的有（　　）。

A．计提固定资产折旧　　B．出售固定资产取得价款

C．赊购商品　　D．用银行存款偿还短期借款

三、判断题

1. 资产负债表上的长期应收款项目应根据“长期应收款”科目的期末借方余额填列。（　　）

2．资产负债表是时点报表，而利润表和现金流量表属于时期报表。（　　）

3．资产负债表是反映企业在一定时期内全部资产、负债与所有者权益变动状况的静态报表。（　　）

4．企业发生了收入，必同时导致等量现金流入。（　　）

5．营业收入减营业成本、税金及附加、期间费用、资产减值损失就是营业利润。（　　）

6．与净利润有关的现金流量都是经营活动现金流量。（　　）

7．资产负债表的负债及所有者权益项目按求偿权先后顺序排列。（　　）

8．财务报表是财务报告中的主要组成部分。（　　）

9．编制财务报表的主要目的就是为财务报表使用者决策提供信息。（　　）

18．利润表的营业收入反映的是营业收入净额。（　　）

10．现金流量表对于不涉及现金收支的投资和筹资活动均不予以反映。（　　）

四、业务题

1．业务资料

湖南怡清源茶业有限公司是增值税一般纳税人，所得税税率 25%，城市维护建设税税率 7%，教育费附加 3%，运费的增值税税率 11%，产品适用 17%的增值税率；公司的原材料主要从农业生产者处直接采购（可按照 11%的抵扣率计算抵扣）；存货发出成本采用先进先出法；制造费用按照产品生产工时进行分配，生产人员的工资按照生产工时在产品之间进行分配；企业按照年末应收账款余额的 5‰提取坏账准备；公司 2017 年 6 月 25 日向长沙银行湘银支行借入期限 6 个月，利率 5%，到期还本每季付息的借款。账户余额表如表 8.17 所示。

表 8.17　账户余额表

2017 年 11 月 30 日

单位：元

总账科目	明细科目	计量单位	数　量	单　价	借方余额	贷方金额
库存现金					500	
银行存款					3 886 000	

续表

总账科目	明细科目	计量单位	数　量	单　价	借方余额	贷方金额
交易性金融资产（10000 股宏阳股份）					300 000	
	成本				250 000	
	公允价值变动				50 000	
应收票据	新源商业公司				120 000	
应收账款					1 080 000	
	通程商业公司				936 000	
	白沙集团公司				144 000	
坏账准备						5 400
预付款项	星沙农产品公司				80 000	
其他应收款					19 400	
	王民				5 000	
	存出保证金				14 400	
在途物资	毛茶	千克	16 000	10.00	160 000	
原材料					750 000	
	毛茶	千克	57 000	12.00	684 000	
	玫瑰花	千克	3 000	22.00	66 000	
周转材料	包装箱	个	2 000	5.00	10 000	
生产成本					90 000	
	黑玫瑰	件	40	1 125.00	45 000	
	——直接材料				40 500	
	——直接人工				2 220	
	——制造费用				2 280	
	野针王	件	20	2 250.00	45 000	
	——直接材料				40 800	
	——直接人工				1 960	
	——制造费用				2 240	
委托加工物资	普洱茶				220 000	
库存商品					900 000	
	黑玫瑰	件	180	2 500.00	450 000	
	野针王	件	90	5 000.00	450 000	
固定资产					6 800 000	
累计折旧						1 484 000
固定资产减值准备						20 000
无形资产	专利权				1 000 000	

续表

总账科目	明细科目	计量单位	数　量	单　价	借方余额	贷方金额
累计摊销						300 000
长期待摊费用	租入固定资产改良支出				270 000	
短期借款						600 000
应付票据	华泰贸易公司					180 000
应付账款						450 000
	市自来水公司					53 000
	市电力公司					117 000
	红星农产品批发市场					280 000
预收款项	家家乐商场					100 000
应付职工薪酬						210 000
	工资					180 000
	职工福利					30 000
应交税费						368 500
	未交增值税					300 000
	应交城市维护建设税					21 000
	应交所得税					38 500
	应交教育费附加					9 000
应付利息						5 000
其他应付款						148 000
	新邦物流服务公司					20 000
	存入保证金					128 000
实收资本						8 000 000
资本公积						816 200
盈余公积						800 000
本年利润						1 785 000
利润分配	未分配利润					413 800
合计					15 685 900	15 685 900

2017 年 12 月发生如下经济业务：

（1）1 日，本企业与长沙银行湘银支行签订一项 3 年期的借款合同，当天办妥手续，从银行取得 1 000 000 元的借款用于生产经营，利率 6%，利息于每月末计算，每年末支付，本金到期归还。收到银行进账通知。

（2）1 日，开出现金支票一张，从银行提取现金 3 000 元。

（3）2 日，从农业生产者个人处收购一批毛茶 50 000 千克，价款 600 000 元，收购玫瑰花 5 000 千克，价款 114 942.53 元，运费 55 000 元（由新邦物流公司负责运输），毛茶及玫瑰花验收入库，运费按重量分配，以现金支票支付。

（4）2日，采购员张立新出差借支2 000元，以现金支付。

（5)3日，生产产品领用毛茶一批20 000千克(生产黑玫瑰用料10 000千克，野针王10 000千克），玫瑰花1 000千克（全部用于生产黑玫瑰），包装箱400个（黑玫瑰和野针王各耗用200个）；验收完工黑玫瑰产品一批计40件，野针王20件。

（6）3日，以存款支付2月份工资180 000元，代扣职工个人负担的养老保险费2 000元，医疗保险费3 000元，失业保险费1 000元，住房公积金2 000元，个人所得税1 800元。

（7）3日，将持有的交易性金融资产全部出售，收到出售价款280 000元。

（8）4日，收到银行收款通知，通程商业公司前欠货款936 000元已到账。

（9）5日，收到银行付款通知单，扣划上月的增值税300 000元，城市维护建设税21 000元，教育费附加9 000元，预缴企业所得税38 500元。

（10）5日，上月采购的毛茶16 000千克到达本企业，验收入库。

（11）8日，收到银行付款通知，支付上月的自来水费53 000元，电费117 000元。

（12）8日，开出现金支票一张购买办公用品一批3 000元，直接分发给各个职能部门。

（13）9日，向湖南通程商业集团公司购进生产用包装箱1 000个，取得的增值税专用发票注明的价款为5 000元，增值税税额850元，包装箱验收入库，开出转账支票一张。

（14）9日，销售产品黑玫瑰一批100件给湖南通程商业集团公司，单价5 000元，野针王50件，单价10 000元，增值税税率为17%，开出增值税专用发票，款项暂未收到。

（15）10日，将本企业的一栋闲置仓库出租给新邦物流公司，每月租金20 000元，并预收了前三个月的租金60 000元，本月租金按全月计算。

（16）10日，出售一台不需用的设备，原价为400 000元，已提折旧300 000元，已提固定资产减值准备20 000元，出售价款为50 000元，收到现金支票一张交银行，另外以银行存款支付运杂费2 000元。清理完毕。

（17）11日，将一张到期的不带息、面值为120 000元银行承兑汇票到银行进账。

（18）12日，以银行存款支付省电视台广告费200 000元。

（19）15日，向银行提出申请开立银行汇票一张用于采购毛茶，金额为450 000元，银行从存款账户中扣取汇票手续费50元。

（20）15日，生产领用毛茶一批40 000千克（生产黑玫瑰用料15 000千克，野针王25 000千克），玫瑰花2 000千克全部用于生产黑玫瑰），包装箱300个（黑玫瑰和野针王各耗用150个）；验收完工黑玫瑰产品一批计130件，野针王110件。

（21）16日，向外地一加工企业购进毛茶一批计30 000千克，价款为360 000元，增值税额39 600元，运费30 000元（由新邦物流公司负责运输），以银行汇票进行结算，毛茶验收入库，收到增值专用发票，余款收到银行进账通知单一张。

（22）16日，向通程商业公司销售野针王茶叶一批100件，单价10 000元，黑玫瑰100件，单价5 000元，增值税税率17%，开出增值税专用发票，收到银行承兑汇票一张。

（23）17日，向长沙银行销售黑玫瑰茶叶2件，含税单价为5 850元，款存银行。

（24）18日，签发现金支票一张用于支付设备修理费3 510元，取得的增值税专用发票注明的修理费 3 000 元，增值税税额 510 元。

（25）19 日，采购员张立新出差归来，报销差旅费 1 880 元，退回现金 120 元。

（26）19 日，以现金支付办公室接待客户费用 520 元。

（27）22 日，用支票购买元旦节物资 50 000 元，发放给职工。

（28）22 日，生产领用毛茶 30 000 千克（黑玫瑰用 10 000 千克，野针王 20 000 千克），玫瑰花 1 500 千克（全部生产黑玫瑰），包装箱 300 个（黑玫瑰和野针王各耗用 150 个）。

（29）23 日，报废一台设备，原价 240 000 元，已提折旧 220 000 元，出售价款 30 000 元，收到转账支票一张交存银行，同时签发现金支票一张支付清理费 1 000 元，清理完毕。

（30）23 日，以银行存款偿还前欠新邦物流公司运费 20 000 元。

（31）24 日，将一项专利权使用权转让，取得收入 50 000 元，收到转账支票并填进账单一张交银行。

（32）25 日，向农业生产者收购毛茶一批 30 000 千克，开出的收购凭证注明的价款为 420 000 元，运费 50 000 元（由新邦物流公司负责运输），开出转账支票一张 491 400 元承付上述款项，余款用现金支票支付。

（33）25 日，以银行存款偿还湘银支行到期的短期借款 600 000 元及本季度利息（已预提两个月利息 5 000 元）。

（34）26 日，计提本月固定资产折旧费 296 000 元，其中生产用折旧 276 000 元，出租用折旧 1 000 元，行政管理用固定资产折旧费 9 000 元，销售用固定资产折旧费 10 000 元。

（35）26 日，摊销本月无形资产费用 20 000 元，长期待摊费用 10 000 元。

（36）29 日，收到增值税专用发票注明的水费为 40 000 元，增值税税额 5 200 元；电费 80 000 元，增值税税额 13 600 元，水电费均未支付，本月水电费使用情况如表 8.18 所示。

表 8.18　水电耗用统计表

部　门		耗用水量（吨）	耗用电量（度）
生产车间	黑玫瑰	8 000	50 000
	野针王	10 000	70 000
	一般耗用	6 000	10 000
行政管理部门		9 000	20 000
销售部门		7 000	10 000
合计		40 000	160 000

（37）31 日，计算本月应交的增值税、城市维护建设税和教育费附加。

（38）31 日，计算分配本月职工工资总额 210 000 元，其中生产工人工资 100 000 元，车间管理人员工资 20 000 元，行政管理人员工资 40 000 元，销售人员工资 50 000 元。生产工人工资按工时分配，本月黑玫瑰工时总额 3 500 小时，野针王工时总额 6 500 小时。

（39）31 日，按工资总额的 14%计提本月职工福利费。

（40）31 日，确认本月出租的仓库租金收入。

（41）31 日，计算本月应负担的长期借款利息支出。

（42）31 日，年末计提本年度应提取的坏账准备。

（43）31 日，计算结转本生产领用原材料成本和包装箱成本（保留两位小数）。

（44）31 日，按生产工时计算分配本月制造费用并结转至生产成本中。

（45）31 日，本月投产的产品全部完工，

（46）31 日，计算本月销售产品成本。

（47）31 日，结转本月损益类账户发生额，并根据本月的利润总额计算企业所得税。

（48）31 日，按本月净利润的 10%提取盈余公积，提取任意盈余公积 60 000 元。

（49）31 日，分配现金股利 200 000 元

2．操作要求

（1）根据湖南怡清源茶业有限公司 2017 年 12 月发生的经济业务编制会计分录。

（2）根据业务资料编制湖南怡清源茶业有限公司 2017 年 12 月的试算平衡表、资产负债表、利润表和现金流量表。

参考文献

[1] 全国会计专业技术资格考试领导小组办公室．初级会计实务（2011）[M]．北京：中国财政经济出版社，2011．

[2] 全国会计专业技术资格考试领导小组办公室．中级会计实务[M]．北京：中国财政经济出版社，2011．

[3] 财政部注册会计师考试委员会办公室．会计[M]．北京：中国财政经济出版社，2011．

[4] 中华人民共和国财政部．企业会计准则[M]．北京：经济科学出版社，2006．

[5] 企业会计准则：应用指南2006编写组．企业会计准则：应用指南2006[M]．北京：企业管理出版社，2007．

[6] 人力资源和社会保障部教材办公室．财务会计实务[M]．北京：中国劳动社会保障出版社，2009．

[7] 银样军．财务会计[M]．上海：立信会计出版社，2007．

[8] 孔德兰．企业财务会计[M]．北京：高等教育出版社，2011．

反侵权盗版声明

举报电话：（010）88254396；（010）88258888
传　　真：（010）88254397
E-mail：　dbqq@phei.com.cn
通信地址：北京市海淀区万寿路 173 信箱
　　　　　电子工业出版社总编办公室
邮　　编：100036